普通高校"十三五"规划教材·工商管理系列

商务沟通

（第2版）

黄漫宇　彭虎锋 ◎ 编著

清华大学出版社

北京

内 容 简 介

在商务活动中,唯有具备高效的沟通能力,方可在工作中左右逢源、游刃有余,从而取得令人瞩目的成就。围绕着提升商务人员沟通能力这一教学目的,本书详细介绍了商务人员在日常管理工作中所需掌握的各种技能,这些技能包括有效的口头表达、倾听、面谈、电话沟通、会议沟通、演讲与演示、求职以及跨文化沟通等内容。

本书的编写注重务实和操作性,旨在介绍关于商务沟通的一些实用技巧和技能。根据该课程教学特点,案例将穿插于整个书之间。在每章开头以案例形式引入本章的教学内容,必要时根据书的内容安排一些小案例于书中间,每章后面安排案例讨论,让读者根据所学知识解决实际问题。

本书适应的读者包括经济管理类专业的学生、MBA 学员以及企业管理人员。

图书在版编目(CIP)数据

商务沟通 / 黄漫宇,彭虎锋编著. —2 版. —北京:清华大学出版社,2019(2022.1重印)

(普通高校"十三五"规划教材. 工商管理系列)

ISBN 978-7-302-53525-6

Ⅰ. ①商…　Ⅱ. ①黄…②彭…　Ⅲ. ①商业管理－公共关系学－高等学校－教材　Ⅳ. ①F715

中国版本图书馆 CIP 数据核字(2019)第 163524 号

责任编辑:左玉冰
封面设计:李伯骥
责任校对:宋玉莲
责任印制:杨　艳

出版发行:清华大学出版社
　　　　　网　　　址:http://www.tup.com.cn,http://www.wqbook.com
　　　　　地　　　址:北京清华大学学研大厦 A 座　　　　邮　　编:100084
　　　　　社 总 机:010-62770175　　　　　　　　　　邮　　购:010-62786544
　　　　　投稿与读者服务:010-62776969,c-service@tup.tsinghua.edu.cn
　　　　　质量反馈:010-62772015,zhiliang@tup.tsinghua.edu.cn

印　装　者:三河市少明印务有限公司
经　　销:全国新华书店
开　　本:185mm×260mm　　印　张:14.75　　　字　　数:338 千字
版　　次:2016 年 8 月第 1 版　　2019 年 8 月第 2 版　　印　次:2022 年 1 月第 12 次印刷
定　　价:45.00 元

产品编号:082185-02

前　言

在社会发展过程中,沟通是人们交换信息、获取信息必不可少的环节。尤其是在经济全球化、信息大爆炸的今天,高效沟通已经成为工商界人士必备的技能。对于有志于从事管理工作的人士以及正在从事管理工作的人士而言,掌握高效沟通的精髓是增强其职场竞争力的有效保障。

鉴于沟通的重要性在现代社会中正日益显现,为了培养出具有卓越才能的企业家和高级管理人才,欧美的商学院都把"管理沟通"作为培养 MBA 的主干课程之一。为适应当今经济形势发展的需要,在我国,越来越多的高校在经济管理类专业的学生中设立了诸如"商务沟通""管理沟通"课程。虽然,有关这些课程的读物数量繁多,但是多数以翻译引进为主,即使是我国作者自己编写的相关书籍也主要是针对 MBA 学员的"管理沟通"课程。鉴于中外国情的差别、本科生教育与 MBA 教育的差异,笔者认为很有必要编写一本以经济管理专业在校学生为主要读者的商务沟通类书籍,以满足这一层次的需要。

在总结多年商务沟通课程教学经验的基础上,笔者于 2006 年、2010 年分别在机械工业出版社出版了《商务沟通》第一版和第二版,该教材在市场上受到读者的广泛认可,这说明越来越多的高等院校已经开始重视针对经济管理专业的在校学生开展沟通技能的培训,而该书的内容设置恰如其分地满足了这一市场需求。

根据近年来商务沟通教学的发展现状,笔者在前两版的基础上丰富了求职沟通、跨文化沟通等内容,增加了更具代表性的案例,于 2016 年在清华大学出版社出版了《商务沟通》一书,在随后的 3 年中,根据教学方面的积累,我们开通了微信公众号和简书账号,针对在校大学生,在以上自媒体上持续发表原创类文章助力他们提升职场软实力。

在 2016 年版的基础上,我们根据在校大学生的需求和特点,更换了部分案例,使本书的内容更具指导性,同时增加了结构化表达、微信沟通等更符合商务沟通情境的内容。改版后的内容具体包括:沟通过程、言语沟通技巧、倾听、非语言沟通、电话沟通、面谈、演讲与演示、会议沟通、求职面试技巧、无领导小组讨论技巧、求职书面材料准备与跨文化沟通等。

本书的编写注重务实和操作性,旨在介绍关于商务沟通的一些实用技巧和技能。根据该课程教学特点,案例将贯穿整本书。在每章开头以案例形式引入本章的教学内容,必要时根据书的内容安排一些小案例于书中,每章章末安排案例讨论,让读者根据所学知识解决实际问题。为了满足教学需要,作者也配备了每章的 PPT 演示材料,供教师参考使用,并开通了微信公众号和简书账号,欢迎读者关注,以便获取更多的教辅材料,通过利用碎片化时间阅读相关文章加深对书本上所介绍知识的理解。

本书所面向的读者包括经济管理类专业的学生、MBA 学员以及企业管理人员。

　　本书的出版、再版与清华大学出版社左玉冰编辑的大力支持是分不开的,左编辑在本书的出版与再版过程中投入了很多精力,给予了大力支持,在此表示感谢。此外,我也要感谢市面上现有的商务沟通类书籍的作者们,因为本书中有部分内容借鉴了你们的成果。

　　本书只是笔者在探索沟通类课程教学过程中的阶段性成果,鉴于水平有限,难免有疏漏之处,还望读者指正。

黄漫宇

2019 年 5 月于武汉

目 录

第 1 章

绪　　论

学习目的

1. 了解沟通的目标与类型；
2. 熟悉沟通过程以及了解沟通障碍产生的原因；
3. 理解商务沟通的管理职能；
4. 熟练掌握情境分析法及结构化表达在商务沟通中的应用。

引例

管理工作中的"双 70 定律"

在日常管理工作中,管理者平均花费约 70％的时间用于沟通,管理中出现的问题大约 70％来自沟通障碍。可见沟通技能的重要性,以及沟通障碍的普遍性。200 名世界500 强的 CEO 当被问及：你认为职业经理人最重要的职业技能是什么？70％的人回答是沟通技能,因为管理工作大多是沟通工作,无法沟通当然就无法管理。

案例来源：安世全.职场关键能力[M].北京:人民邮电出版社,2010.

国外有的学者曾经将管理人员的工作定义为：收集传递信息＋企业决策＋增进团结。这一系列工作内容源于沟通。在现代信息社会,管理人员对信息的搜集、加工和处理能力已经成为决定其职场竞争力的关键因素。要成为一个优秀的管理人员,必须具备良好的沟通能力。

1.1　沟通的目标与类型

1.1.1　沟通的含义

沟通不是万能的,但没有沟通却是万万不能的。

沟通是一个经常使用的词。对于什么是沟通,可以说是众说纷纭。统计结果表明,沟通的定义竟有一百多种。

在英文中,"沟通"(communication)这个词来自拉丁语词根 common,common 这个词的含义是共有、共同的意思。综合分析沟通的一百多种定义,大致有两种观点是比较普遍的。一种是说服派的观点,即强调信息的单向传播和送达。比如西蒙认为,沟通:"可视为一种程序,借此程序,组织中的每一成员将其所决定的意见或前提传送给其他有关成员。"另一种是共享派的观点,即认为沟通是信息发信者与信息接收者共享信息的过程,强调信息传递的双向性。

本书倾向于第二种观点,从管理的角度出发,特别是从领导工作职能特性的要求出发,将沟通定义为:沟通是人们在交往过程中,通过借助某种载体和渠道将信息从发信者传递给接收者,并获取理解的过程。

1.1.2 沟通的目标

按照共享派来理解沟通的含义,不难得出沟通目标的四个层次。

1. 信息的传递和接收

沟通首先是意义上的传递。如果信息和想法没有被传递到,则意味着沟通没有发生。也就是说,说话者没有听众或写作者没有读者都不能构成沟通。

2. 信息被充分理解

要使沟通成功,信息不仅需要被传递,还需要被理解。如果一个不懂英文的人阅读英文原版小说,那么他(她)所从事的活动就无法称为沟通。沟通是意义上的传递和理解。有效的沟通,应该是信息经过传递后,接收者感知到的信息与发信者发出的信息完全一致。

值得注意的是,一个观念或一项信息并不能像有形物品一样由发信者传送给接收者。在沟通过程中,所有传递于沟通者之间的,只是一些符号,而不是信息本身。语言、身体动作、表情等都是一种符号。传送者首先要把传递的信息"翻译"成符号,而接受者则进行相反的"翻译过程"。由于每个人"信息-符号储存系统"各不相同,对同一符号(例如身体语言)常存在着不同的理解。例如,在我国,人们把大拇指伸出来时,表示赞赏对方;而在意大利等国家则表示数字"一"。如果人们在交往中忽视了不同成员之间"信息-符号储存系统"的差异,自认为自己的词汇、动作等符号能被对方还原成自己欲表达的信息,则会导致不少的沟通问题。

3. 信息被对方接受

这是沟通目标的更高层次。但是信息是否可以被对方接受,这只是我们追求的目标,而不能成为判断沟通是否高效的标准。按照这一观点,如果有人与我们意见不同时,不少人认为此人未能完全领会我们的看法,但是这种理解不一定是正确的。因为,很多时候由于其他原因的存在,对方可以非常明白我们的意思但却不同意我们的看法。事实上,沟通双方能否达成一致协议,别人是否接受我们的观点,往往并不是沟通良好与否这一个因素所决定的,它还受到双方根本利益是否一致、价值观是否相同等其他关键因素的影响。例如,在谈判过程中,如果双方存在着根本利益的冲突,即使沟通过程中不存在任何噪声干扰,谈判双方技巧十分娴熟,往往也不能达成一致协议,但实际上沟通双方每个人都已充分理解了对方的观点和意见。

4. 信息引起对方反响

沟通的目的不是行为本身,而在于结果。如果对方在接收、理解、接受我们所传递信息的基础上,能够改变行为或态度,那么沟通可以产生预期的结果,这样沟通的整体目标可以得到最完美的实现。比如,通过绩效评估面谈,主管指出了某位员工工作中的问题,这位员工在接受这些批评以后,在工作态度和工作质量方面都进行了相应的改进,提高了工作效率,那么此时主管和员工的沟通则实现了最高目标。当然,对方是否会产生反响是与他(她)的性格、价值观以及个人态度和能力等因素息息相关的。

以上四个目标能够在沟通活动中全部实现是比较困难的,因为这不仅与沟通技能相关,还取决于其他一些主、客观因素的影响。但是如果我们未能实现以上四个目标中的任何一个目标,则意味着沟通的失败。

1.1.3　沟通的类型

依据不同的划分标准,可以将沟通分成不同的类型。如根据信息载体的不同,沟通可分为语言沟通和非语言沟通两种类型;按照沟通所涉及的范围不同,又可以分为自我沟通和人际沟通等。由于本书的内容侧重于介绍在各种信息载体中沟通的技能和技巧,因此在此主要介绍第一种分类。

1. 语言沟通

语言沟通建立在语言文字的基础上,又可细分为口头信息沟通和书面信息沟通两种形式。

（1）口头信息沟通

人们之间最常见的沟通方式就是交谈,即口头信息沟通。口头信息沟通方式灵活多样,既包括演讲、正式的一对一讨论或小组讨论,也包括非正式的讨论以及传闻或小道信息传播等。

口头信息沟通是所有沟通形式中最直接的方式。它的优点是快速传递和即时反馈。在这种方式下,信息可以在最短时间内被传递,并在最短时间内得到对方回复。如果接受者对信息有疑问,迅速的反馈可使发信者及时检查其中不够明确的地方并进行改正。

但是,口头信息沟通也有缺陷。信息从发信者一段段接力式传送的过程中,存在着巨大的失真的可能性。每个人都以自己的偏好增减信息,以自己的方式诠释信息,当信息经长途跋涉到达终点时,其内容往往与最初的含义存在重大偏差。如果组织中的重要决策通过口头方式,沿着权利等级链上下传递,则信息失真的可能性相当大。

（2）书面信息沟通

书面信息沟通包括信函、报告、备忘录等其他任何传递书面文字或符号的手段。书面记录具有有形展示、长期保存、法律防护依据等优点。一般情况下,发信者与接收者双方都拥有沟通记录,沟通的信息可以长期保存下去。如果对信息有疑问,过后的查询是完全可能的。对于复杂或长期的沟通来说,这尤为重要。一个新的投资计划的确定可能需要好几个月的大量工作,以书面方式记录下来,可以使计划的构思者在整个计划的实施过程中有一个依据。

通过书面信息沟通,可以促使人们对自己要表达的东西更加认真地思考。因此,书面沟通显得更加周密,逻辑性强,条理清楚。书面语言在正式发表之前能够反复修改,直至作者满意。作者所欲表达的信息能被充分、完整地表达出来,减少了情绪、他人观点等因素对信息传达的影响。书面沟通的内容易于复制、传播,这对于大规模传播来说,是一个十分重要的条件。

当然,书面沟通也有一些缺点。相对口头沟通来说,书面沟通耗费时间较长。同等时间的交流,口头沟通比书面沟通所传达的信息要多得多。此外,书面沟通不能及时提供信息反馈,结果是无法确保所发出信息能被接收到,即使接收到,也无法确保接收者对信息的解释正好是发信者的本义。发信者往往要花费很长的时间来了解信息是否已被接收并被准确地理解。

2. 非语言沟通

非语言沟通指通过某些媒介而不是讲话或文字来传递信息。非语言沟通的内涵十分丰富,包括身体语言、时间、沉默和空间等。

1.2 沟通过程图及其应用

1.2.1 沟通过程

沟通过程就是发信者将信息通过选定的渠道传递给接收者的过程,见图1.1。沟通过程包括信息发信者、编码和译码过程、信息传播渠道、信息接收者等要素。此外在这个过程中还有可能存在一些干扰或者妨碍沟通的因素。

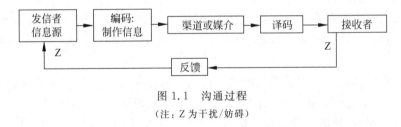

图1.1 沟通过程

(注:Z为干扰/妨碍)

1. 信息发信者

信息发信者是沟通过程的主要要素之一。发信者是利用生理或机械手段向预定对象发送信息的一方。发信者可以是个人,也可以是组织。发信者的主要任务是信息的收集、加工及传播。

2. 编码与译码

编码是发信者将信息的意义符号化,编成一定的文字等语言符号及其他形式的符号。译码则恰恰与之相反,是接收者在接收信息后,将符号化的信息还原成为思想,并理解其意义。

完美的沟通,应该是信息发信者的思想1经过编码和译码两个过程后,形成的思想2与思想1完全吻合,即编码和译码完全"对称"。对称的前提条件是双方拥有类似的经验,如果双方对信息符号及信息内容缺乏共同经验,也就是缺乏共同语言,则编码、译码过程不可避免地会出现误差。

3. 渠道或媒介

不同的信息内容要求使用不同的渠道。如工作总结报告就不宜采取口头形式而多采用正式文件作为通道。邀请朋友吃饭如果采取备忘录的形式就显得不伦不类。有时根据需要也可以使用两种或两种以上的传递渠道。此外,在各种方式的沟通中,影响力最大的仍然是面对面的沟通方式。

4. 接收者

接收者是发信者的信息传递对象。人们通过沟通分享信息、思想和感情,这种分享不是一种单向的过程,这个过程可逆向而行。在大多数情况下,发信者与接收者在同一时间既发送又接收。因此,接收者的主要任务是接收发信者的思想和情感,并及时地把自己的思想和情感反馈给对方。

5. 反馈

反馈是接收者接收发信者所发出的信息,通过消化吸收后,将产生的反应传达给发信者的过程;沟通实质上不是行为而是过程。这意味着在沟通的每一个阶段都要寻求受众的支持,更重要的是给他们回应的机会。通过反馈,才能真正使对方对沟通的过程和有效性加以正确的把握。在沟通过程中,反馈可以是有意的,也可以是无意的,如演讲者在登台演讲时就存在一个与观众之间的沟通过程,此时观众可能以喝倒彩表示他们对演讲者的不满,也可以在听演讲时显得疲惫与精神不集中,这种无意间的神情与表情的流露,同样可以反馈出他们对演讲内容和方式不感兴趣。所以,在沟通中反馈是非常重要的一环,反馈让所有发信者得知对方是否接受与理解他所发出的信息,并了解对方的感觉。

6. 噪音

噪音是沟通过程中的干扰因素,它是理解信息和准确解释信息的障碍,可以说妨碍信息沟通的任何因素都是噪音。噪音发生在发信者和接收者之间,分为外部噪音、内部噪音和语义噪音等。

1.2.2　沟通过程的障碍因素分析

在沟通的过程中,经常会出现干扰有效沟通的噪声,从而引起沟通不畅。下面分析产生这些障碍的原因,以便于在沟通中克服这些障碍,尽可能减少其影响。

1. 感觉差异

人们对于词汇的理解在很大程度上取决于过去的经验。由于人们在年龄、国籍、文化、教育、职业、性别、地位、个性等方面具有不同的背景,因此每种因素都可能引起感觉差异和对情境的不同认识。感觉方面的差异往往也是产生许多其他交流障碍的根源。

2. 武断

人们往往观其所想看的和闻其所想听的,而不是客观事实,因而易做出以偏概全、以点带面的结论。

3. 成见

由于人们需要吸取经验,因而也存在这样的风险,即对不同的人一概而论:"你只要见过一个警察、学生、售货员和汽车推销员,你就会认识所有的这类人了!"我们经常听到这种话或类似的意思。

4. 缺乏了解

背景不同的人之间进行沟通是困难的,人们对所讨论专题的知识程度不同时也难以沟通。当然,沟通仍然可能进行,但是要求沟通者能够意识到双方的知识水平的差异,并根据具体情况进行相应的沟通活动。

5. 缺乏兴趣

接收者对发信者发送的信息不感兴趣是沟通中需要克服的最大障碍之一,而我们很可能认为大家和自己一样关心某事,所以应当时刻注意这种阻碍的存在。尽管对方缺乏兴趣是不可避免的,你必须尽可能增加信息的吸引力,以引起接收者的共鸣。

6. 自我表达困难

作为沟通者,如果你难以用适当的词汇表达自己的思想,显然是一个沟通阻碍,所以必须努力改进语言能力。但是,缺乏信心也可能引起表达困难,精心的准备和策划有助于解决问题。

7. 情绪

无论沟通者或接收者的情绪都能造成阻碍,任何强烈的感受都有可能以某种形式避免,但是沟通的情绪却不同。某种激动的情绪会使你讲话语无伦次甚至完全不是你的本意,显然情绪有碍于沟通。然而,任何听众都认为一个声音中缺乏激动和热情的讲演者是令人乏味的,所以情绪也有其积极作用。

8. 个性

个性的差异不仅会引起沟通问题,而且我们的引导行为也经常能够影响他人的表现。这种个性冲突是沟通失败的常见原因之一。我们难以改变别人的个性,但至少应当考虑自己的个性,尝试能否通过调整自己的行为建立更好的关系,尽管这种自我分析有些令人不快。

导致沟通效率较低甚至彻底失败的原因很多,以上仅仅列举了其中一部分。

 案例

沿着左边走

一天某人和其爱人约好到市内一条商业街购物,他到达后就给爱人打电话,他爱人说现在在这条大街的另一端。他们又约定共同向这条商业街的中心走,他还特别交代,要沿"左边"走。可是,他一直走到街道的另一头,还是没有看到爱人的影子。他再次打电话,爱人却说她已经到了商业街的那一头了。原来,他们都是沿着自己的"左边"走过去的。

思考:

1. 什么样的原因导致了沟通障碍?

2. 这种障碍应该如何解决?

案例来源:吉安迪物流培训《沟通技巧》.

1.2.3 越过沟通的障碍

意识到在沟通中可能会产生以上障碍因素以后,在沟通中应该通过分析,尽可能地越过这些障碍。具体措施有以下六个。

1. 系统思考,充分准备

凡事预则立,不预则废。在进行沟通之前,信息发信者必须对其想要传递的信息有详尽的准备,并据此选择适宜的沟通通道、场所等。也就是先必须加以系统思考。

2.沟通要因人制宜

发信者必须充分考虑接收者的心理特征、知识背景等状况,依此调整自己的谈话方式、措辞或是服饰仪态。譬如,在车间与一线工人沟通,如果你西装革履,且咬文嚼字,势必在沟通的双方间造成一道心理上的鸿沟。

3.充分运用反馈

许多沟通问题是由于接收者未能准确把握发信者意思造成的,如果沟通双方在沟通中积极使用反馈这一手段,就会减少这些问题的发生。管理者可以通过提问以及鼓励接收者积极反馈来取得回馈信息。当然,管理者也可通过仔细观察对方的反应或行动来间接获取反馈信息。

4.调整心态

人们的情绪对沟通的过程有着巨大影响,过于兴奋、失望等情绪一方面易造成对信息的误解;另一方面也易造成过激反应。因而,管理者在沟通前应主动调整心态至恢复平静。

5.积极倾听

积极倾听要求你能站在说话者立场上,运用对方的思维架构去理解信息。积极倾听的原则包括以下四个方面:专心、移情、客观、完整。移情就是要求你应该去理解说话者的意图而不是你想理解的意思。而且在倾听时,应客观倾听内容而非迅速进行价值评判。完整则要求听者对发信者传递的信息有一个完整的了解。既获得传递的内容,又获得发信者的价值观、情感信息;既理解发信者的言中之义,又发掘出发信者的言下之意;既注意其语言信息,也关注其非语言信息。

6.注意非语言信息

非语言信息往往比言语信息更能打动人。因此,如果你是发信者,你必须确保你发出的非语言信息能强化语言的作用。如果你是接收者,你同样要密切注视对方的非语言提示,从而全面理解对方的思想、情感。

1.3　高效沟通的标准与方法

1.3.1　高效沟通的标准

在商务沟通中,对沟通的发起者来说,要确保每个谈话、备忘录、电话、方案或报告包含尽可能多的信息,并尽量使对方接受。其沟通应具有如下基本特征。

1.清晰
信息接收者可以不用猜测而领会信息发信者的意图。

2.完整
可以回答信息接收者的问题,为信息接收者提供所传递信息中必需的相关内容。

3.准确
信息表达准确无误。从标点、拼写、语法、措辞到句子结构均无错误。

4. 节省读者的时间

文章的风格、组材、版面设计能帮助读者尽快地读懂并采取相关行动。语言传递的信息应注意言简意赅。

5. 传达友善的信息

管理者应注意在沟通过程中树立自己及其所代表的组织的良好形象和信誉。充分尊重对方，从而真正在沟通过程中与对方建立良好的友谊。

1.3.2　情境分析法及其应用

情境分析法是实现高效沟通标准的关键。这种方法要求在从事沟通活动之前，必须首先回答为什么（why）、何人（who）、何时（when）、何地（where）、何事（what）、怎样（how）这六个问题（即 5W1H 分析），这样才可以使沟通工作更加容易进行并取得更好的成功机会。以下是每个问题的分析要点。

1. 目的分析

（1）我为什么要进行沟通？

（2）我写作或讲话的真正原因是什么？

（3）我希望得到什么？改变态度？改变观点？

（4）通过沟通，我希望得到接收者的什么反应行动？

（5）我的目的：告知？说服？影响？教育？慰问？娱乐？劝导？解释？刺激？启发？

2. 受众分析

（1）谁是我的听众？

（2）他们是哪类人？个性？受教育水平？年龄？地位？

（3）他们对我的信息内容可能如何反应？

（4）他们对我的信息主题已经了解多少？很多？较少？不知道？比我本人了解的多或少？

3. 场景分析

（1）他们将在何地收到我的信息？

（2）我的信息在整个事件中何时出现？我准备回答他们已经提出的问题，还是就此问题提供前所未闻的信息？

4. 主题分析

（1）我到底想谈什么？

（2）我需要讲什么？

（3）他们需要了解什么？

（4）哪些信息可以省略？

（5）哪些信息必须采用，以做到清楚、有建设性、简明扼要、正确、有礼貌、完整。

5. 语气和风格分析

（1）我将如何传递信息？利用文字、图解，或两者兼而有之？利用哪些文字或图解？

（2）哪种沟通媒介最适用？书面或口语？信件或面谈？书面报告或者口头介绍？备

忘录或电话？

（3）如何安排我所要表达的观点？是否使用演绎方法（从主要观点出发，然后进行解释、举例和说明）？或者采用归纳法（从解释、举例和说明出发，最后得出主要观点）？

（4）怎样才能获得预期效果？我必须采用何种语气才能达到目的？我必须使用或避免哪些词汇，以创造恰当的气氛？

1.3.3 结构化表达及其应用

结构化表达建立在结构化思维基础之上，结构化思维是一种用框架系统思考和表达的思维方式，通过将事物的各个组成部分之间进行有序搭配或排列来保证在有限的时间内想清楚、说明白。结构化表达的基本原则是：结论先行、以上统下、归类分组、逻辑递进（见图 1.2）。

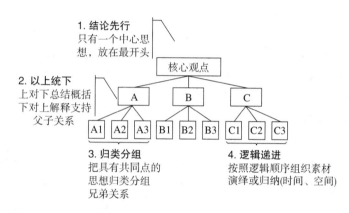

图 1.2 结构化表达基本原则

第一，结论先行，即用一句简单的话概括整个信息的全貌，要求凝练、清晰、易懂。

第二，以上统下，即在整个层级结构中，上面一层是对下面一层的概括和总结，下面一层要支撑上面一层的观点。

第三，归类分组，归类分组要按照 MECE 的原则进行，即相互独立（mutually exclusive）、完全穷尽（collectively exhaustive），这里体现了结构化表达的严谨性。

第四，逻辑递进，按照逻辑顺序组织信息，通常用演绎法或归纳法。组织信息的顺序可以按照时间、空间、重要性等。

将结构化表达应用于商务沟通活动中，将使我们的思考更具逻辑性，表达更为清晰，分析更有层次性，无论在演讲、商务文书的写作还是在与客户的沟通过程中，使用结构化表达都将帮助我们想得更清楚，说得更明白。

　　　　　　　　　EMC 公司的"秘书门"事件

2006 年 4 月 7 日晚，EMC 大中华区总裁陆纯初回办公室，因没带钥匙不能进门，为此向他的秘书瑞贝卡发出了谴责信，瑞贝卡的做法却有背常规，大出人们意料，她以同样强硬的邮件作为回应，并最终为她在网络上赢得了"史上最牛女秘书"的称号。此事被称为"秘书门"。

1. 谴责信

陆纯初在这封用英文写就的邮件中说："我曾告诉过你,想东西、做事情不要想当然! 结果今天晚上你就把我锁在门外,我要取的东西都还在办公室里。问题在于你自以为是地认为我随身带了钥匙。从现在起,无论是午餐时段还是晚上下班后,你要跟你服务的每一名经理都确认无事后才能离开办公室,明白了吗?"(事实上,英文原信的口气比上述译文要激烈得多)陆在发送这封邮件的时候,同时抄送给了公司几位高管。

2. 瑞贝卡的回应

面对大中华区总裁的责备,一个小秘书应该怎样应对呢? 一位曾在 GE 和甲骨文服务多年的资深人士认为,正确的做法应该是,同样用英文写一封回信,解释当天的原委并接受总裁的要求,语气要委婉有礼。同时给自己的顶头上司和人力资源部的高管另外去信说明,坦承自己的错误并道歉。

但是瑞贝卡的做法大相径庭,并最终为她在网络上赢得了"史上最牛女秘书"的称号。两天后,她在邮件中回复道:"第一,我做这件事是完全正确的,我锁门是从安全角度上考虑的,如果丢了东西,我无法承担这个责任。第二,你有钥匙,你自己忘了带,还要说别人不对。造成这件事的主要原因都是你自己,不要把自己的错误转移到别人的身上。第三,你无权干涉和控制我的私人时间,我一天就 8 小时工作时间,请你记住中午和晚上下班的时间都是我的私人时间。第四,从到 EMC 的第一天到现在为止,我工作尽职尽责,也加过很多次的班,我也没有任何怨言,但是如果你们要求我加班是为了工作以外的事情,我无法做到。第五,虽然咱们是上下级的关系,也请你注重一下你说话的语气,这是做人最基本的礼貌问题。第六,我要在这强调一下,我并没有猜想或者假定什么,因为我没有这个时间也没有这个必要。"

本来,这封咄咄逼人的回信已经够令人吃惊了,但是瑞贝卡选择了更加过火的做法:她回信的对象选择了 EMC(北京)、EMC(成都)、EMC(广州)、EMC(上海)。这样一来,EMC 中国公司的所有人都收到了这封邮件。

3. 事件恶化

近一周内,该邮件被数千外企白领接收和转发,几乎每个人都不止一次收到过邮件,很多人还在邮件上留下诸如"真牛""解气""骂得好"之类的点评。其中流传最广的版本居然署名达 1000 多个,而这只是无数转发邮件中的一个而已。

4. 以离职告终

一场炒得沸沸扬扬的 EMC 中国"秘书门"事件之后,事件的主角 EMC 大中华区总裁陆纯初最后选择离开了 EMC。

案例讨论题:

1. 这一冲突产生的原因是什么?
2. 当事人如何做才能尽量避免这一情况的出现?

案例来源:EMC 总裁与秘书的"邮件门"事件.《人力资本管理》.2006 年.

本 章 小 结

沟通是人们在交往过程中,通过借助某种载体和渠道将信息从发信者传递给接收者,并获取理解的过程。在现代信息社会,管理人员对信息的搜集、加工和处理能力已经成为决定其职场竞争力的关键因素。要成为一个优秀的管理人员,必须具备良好的沟通能力。

沟通的目标由低到高包括四个层次,即实现信息被对方接收;信息不仅要被传递到,还要被充分理解;所传递的信息被对方接受;引起对方反响。以上四个目标能够在沟通活动中全部实现是比较困难的,但是如果我们未能实现以上四个目标中的任何一个目标,则意味着沟通的失败。

沟通过程是发信者将信息通过选定的渠道传递给接收者的过程,这个过程包括信息发信者、编码和译码过程、信息传播渠道、信息接受者等要素。由于感觉差异、武断、成见等原因可能会给沟通过程制造障碍。在沟通中应该通过分析,尽可能地越过这些障碍。

商务沟通是企业组织管理中的基础性工作,具有相当重大的作用和意义。为了实现高效沟通的目标,必须熟练掌握情境分析法和结构化表达的技巧。

复习思考题:

1. 如果在沟通中出现障碍,应该如何去分析产生沟通障碍的原因?

2. 分析高效沟通的标准以及如何实现高效沟通。

3. 有人曾说沟通能力是决定管理人员职场竞争力的关键,你如何看待这个问题?

第 2 章

言语沟通的艺术

学习目的

1. 认识有效口头表达的重要性；
2. 领会有效口头表达的表现特征；
3. 掌握形成有效口头表达的各种能力要素以及言谈礼仪。

案例

1990 年 1 月 25 日晚 9 点 34 分，耗尽燃料的阿维安卡 52 航班飞机发生坠毁空难，机上 73 名工作人员和旅客遇难。

让我们看看空难前两个小时发生的事情吧。晚 7 点 40 分飞机起飞，在正常情况下，飞抵纽约肯尼迪机场不到半小时，机上油量可维持近 2 个小时的航程。晚 8 点整，肯尼迪机场管理人员通知 52 航班，由于严重的交通问题，他们必须在机场上空盘旋待命。晚 8 点 45 分，52 航班的副驾驶员向肯尼迪机场报告他们的燃料快用完了。管理员收到了这一信息，但在晚 9 点 24 分之前没有批准飞机降落。晚 9 点 24 分，52 航班被迫降落，但由于飞行高度太低以及能见度太差，第一次试降失败。而后在第二次试降中发生了前述空难。

调查人员根据机上"黑匣子"和与当事管理员的交谈，发现导致这场悲剧的原因是沟通障碍，是油料状况这一简单信息未被清楚地表述又未充分接收所致。首先，机场管理人员告诉调查人员，"燃料不足"是飞行员们经常使用的一句话。当被延误时，管理人员认为每架飞机都存在燃料问题。但是，如果飞行员发出"燃料危急"的呼声，管理员有义务和责任为其优先导航，并尽可能迅速地允许其着陆。如果飞行员表明情况十分危急，那么所有的规则程序都可以不顾，管理员会尽可能以最快速度引导其降落。但令人遗憾的是，52 航班的飞行员从未说过"情况紧急"，所以肯尼迪机场的管理员一直未能理解到飞行员所面对的真正困境。

其次，52 航班飞行员的语调也并未向管理员传递燃料紧急的严重信息。许多管理员接受过专门训练，可以在这种情况下捕捉到飞行员声音中有极细微的语调变化。尽管 52 航班的机组成员相互之间表现出对燃料问题的极大忧虑，但他们向肯尼迪机场传达信息的语调却是冷静而职业化的。

这种欠缺有效性的表达的形成是与联邦飞行管理局的管理制度有关系的：发出紧急

报告之后,飞行员需要写出大量的书面汇报;如果发现飞行员在飞行过程中对需要多少油量的计算有疏忽大意,就会吊销其驾驶执照——这些制度极大地阻碍了飞行员发出紧急呼救,而宁愿以专业技能和荣誉感作为赌注。

案例来源:清华大学 MBA 课程讲义——组织行为学案例.

通过这个案例,可以发现有效的口头表达在实际工作中是十分重要的,表达不当或者表达错误往往会给工作带来极大的麻烦,甚至酿成悲剧。

2.1　有效口头表达的特征

2.1.1　有效口头表达的要素特征

在商务沟通中,沟通的发起者要确保每次谈话、每次电话都具备如下基本特征。

1. 准确

如果对方发现你提供的信息有误,就会使你陷入误导之嫌,就会对你产生警觉,甚至可能产生相反的行动,使你被动,甚至陷入困境。如果对方认为你提供的信息不够充分,就会暂时搁置或不会产生你期待的回应,就会使你的愿望落空。

在本章开篇的案例中,燃料不足、燃料危急、燃料十分危急是三个程度不同的概念,"不足"的表述当然不可能引起"危急"表述的回响,更不可能引起"十分危急"表述的回响。可以看出,52 航班上飞行员作为沟通信息的发信者未能使他的信息具备"准确"的基本特征。

2. 清晰

对于这一要素特征,不会有什么人持反对意见,这正是表达上的"公理"。就是那些持"模糊派"观点的艺术家,他们也是要借用"模糊"的手法表达一个清晰的主题。问题在于,对于清晰还存在一种误解:许多人认为清晰就是简单,主张在商务沟通上要坚持简单易懂的原则。实际上大多数商务业务并非简单就可以理解,简单要以信息被清晰地表达为准。

在上述案例中,"油料不足"的表述非常简单,但并未清晰地表述事实的实际情况。如果说"油料只能维持 20 分钟""油料最多只能维持 20 分钟",虽然对比起来不太"简单",却十分清晰。

实现清晰必须满足以下四个方面的要求。

(1) 逻辑清晰

整个表达应当有逻辑的思路,有一根主线贯穿。切忌甲、乙、丙、丁无谓地罗列,虽然每句话都很清晰,但对方不知道你到底要干什么,反倒弄不明白了,若干个清晰的组合倒成了模糊一片。

在上述案例中,如果飞行员能多次发出信息,由第一次的"油料不足"或"油料最多只能维持 20 分钟"到第二次的"油料危急"或"油料最多只能维持 10 分钟",表现出逻辑的发展,则空难是可以避免的。

(2) 表达清晰

第一,不能在口头表达中病句不断,不良语病连篇,这肯定使表达不清晰,肯定会使别人对你处理信息的能力提出质疑。第二,要使这些正确的句子完整地表现事情的各个方面。不然,还是使人们不能形成整体认识,如同看到一件华丽的衣服穿在一个肢体不全的人身上,或穿在一个不干净的人身上,产生不悦之感。

(3) 简洁

清晰不等于简单,但是,我们一定要在清晰的基础上追求简洁。良好的商务沟通追求简洁,追求以少量的话传递大量的信息。无论是同董事长、高级总裁还是客户、一般员工进行沟通,简洁都是一个基本点。每一个人的时间都是有限的、有价值的,没有人喜欢不必要的、烦琐的沟通。大文豪鲁迅指责制造长而臭的文字无异于"谋财害命"。简洁不是指在形式上采用短句子,也不是指在内容上省略重要信息,而是指"字字有力",乃至于"字字千斤"。

(4) 活力

活力意味着生动,从而易于被人记住。人在其工作中有诸多责任进行大量沟通。根据心理学中的规律,人们通常对某个念头或信念只能保存短时间的关注。根据记忆中的规律,人们只能保存对于接触到的信息的部分回忆。因此,在沟通中的精神不集中或淡忘都是很正常的现象。"活力"的素质就是使你的表达不在这正常现象之中,而处在爱不释手、难以忘怀之中。

2.1.2 有效口头表达的效果特征

说服力是让他人改变态度和观点,认同自己态度和观点的一种力量。

说服力是取得商业成功最重要的要素。许多商业失误不是因为缺乏资金和权力、智慧和勤奋,而是因为缺乏说服力而不能形成协同效应。

说服力是商界成功者应具备的主要能力。在既具频繁沟通,又具自由竞争双重特性的商业社会中,每一次成功都是也只能是依靠一些协同效应而取胜。因此,说服力就意味着企业丰厚的利润和个人无穷的乐趣与巨大的成就感。反之,如果没有这种能力,上对上司、中对同事、下对员工,内对同行、外对顾客,就会失去影响力、号召力、竞争力,甚至难以生存。

1. 说服力是什么,究竟有多大作用

英国极具影响力的营销管理培训专家和畅销书作家杰夫·布奇讲了一个关于说服力的故事,一定能够极具说服力地让读者看好说服力。

案例

肉店老板的说服技巧

一个看起来可怜兮兮、个子矮小的老板经营着一家不起眼的小肉店,估计年销售额不过区区几千英镑,利润率只有1/3。但令杰夫·布奇吃惊的是傍晚时分老板却开出一辆崭新的"豹牌"豪华轿车,风驰电掣般地驶往家中。看来这位老板的富有程度绝非他最初所估计的水平。他观看了老板接待顾客的一次表现。

当一位顾客走进来时,他那张面色红润、神情和蔼、饱经沧桑的脸上立刻就绽放出友好、灿烂的笑容,带着浓厚的乡下口音,招呼那位顾客说:"早上好啊! 亲爱的太太,您想要点什么?"

"请给我来一磅腊肉,史密德斯先生。"

"是给我们尊敬的琼斯先生当早餐的吧? 琼斯太太?"

"是啊。"

"告诉你一个好消息,我刚刚进了一批顶呱呱的五香蔡珀拉特香肠,今儿早上我自己就吃了一些,味道好极了,而且还是事先蒸熟了的。怎么样,称几磅回去吧,亲爱的太太!"

"行,那好吧。"

他一边熟练地把香肠包好,一边又说:"还有呢,我碰巧有个机会,从自由放牧区进了一批肉鸡,要不要我替您留下一只来周末吃?"

案例来源:黄漫宇.商务沟通[M].2 版.北京:机械工业出版社,2010.

杰夫·布奇评论说,一般的营业员只把腊肉递过去,收下钱,报以微笑,就已是不错、难能可贵了。但是,这位老板在做生意的过程中却进一步激发了顾客的购买欲,用一流的说服技巧取得了强行性推销所期望却达不到的结果。

2.说服力来源于什么

(1)诱之以利,让对方获得利益

没有利益的驱动,在商场上是不能说服对方的,在这里,权力和强制是不能起作用的。例如:对方是你的一位顾客,为了使对方获得利益,你就必须确保你推销的产品是件好东西,绝不是次品;你就必须推销你自己有信心的产品,绝不能推销自己都感到怀疑的产品;你就必须善于发掘顾客的购买意图,产生真正的需要感,获得新的满足和快乐,绝不能对顾客的购买欲望漠然视之,或者是像贪婪的鳄鱼一样张开血盆大口。

(2)投其所好,让对方感到亲切

当对方还处在警觉状态时,是不可能说服对方的。例如对方是你的一位顾客,你就必须不怕付出更多的努力来赢得顾客的信任。人们在决定接受某产品或某项服务时,都要事先确定其中不存在风险,那么你就必须耐心地对此产品加以说明,对产品进行充分的提示,使人们打消一切疑虑。

(3)动之以情,让对方消除心理障碍

情感是说服活动的媒介。当对方还处于厌倦你的状态时,是不可能产生说服力的。例如,对方是你的一位顾客,你就必须尽量表现得友好,当他拿不定主意时,你要善解人意和富有耐心,一定要以诚相待。只有这样,你才能取得顾客的认同。

(4)善于折中,让对方感到双赢

当对方感到没有利益时自然不会有说服力;当对方感到只是他获利,而你无利可图时,也不可能有说服力——你不会白做功,而他不可能得到天上掉下来的馅饼。假如对方是你的一位顾客,你就要善于谈判,审时度势地让价,让他感到减少了支出,你确实也接近了底线,双方就能愉快地、充满后劲地成交。

2.2　言谈礼仪

课前思考:

首先选出一位你认为表达能力值得赞赏的人,对其进行一分为二的分析:因为什么特点和特色使他的讲话获得成功,因为什么问题还是有使你分散注意力和感到不舒服的地方。

再选出一位你觉得讲话拙劣的人,试着表述一下你认为的缺点,并提出使他们能提高表达能力的建议。

把问题的答案写在纸上。

2.2.1   讲话的基本要求

1.养成良好的说话神态

(1)注重外表形象,关注"自我形象"的塑造

你的外表会影响他人对你的看法。外表反映了你自己如何看待自己。听众不能不注意你的外表,他们从你的服装服饰得到附加的交流信息:因为除了打电话等非面谈形式之外,人们看得见谈话人,并在他们讲话之前就造成了对他们的某种看法,包括误解和偏见。当然,你对自己外表的关注和别人对你外表的审议,同"选美""演出"等场合的标准是大不相同的,也不应该是雷同的,这个标准的掌握得体是极为重要的。

吸引人的服装和得体的服饰在一般场合下,如开会、求职面试等,都是十分重要的。但是,不要一味地追求"打扮时髦"或"穿着正统",这些并非总是可行或合适的标准。相反,在某些场合下这样做是荒唐可笑的。例如,如果你是去工地、现场视察、了解问题,在刻意地打扮成小姐或公子模样的情况下,是不利于形成和谐气氛的,也不便于你去发现和解决问题,从而难以完成此行的预定任务。

即使你作为新雇员、职位较低职员,你也应当明白你的外表也影响着你给人的印象,并不因为"新"和"低"失去重要性。

总之,在外表方面,你要相关地考虑三件同样重要的事:第一,个人的干净和整洁;第二,适合环境;第三,个性,在适合环境中的灵活性、应变性。

(2)良好的姿势也是很重要的

第一,这会影响听众的情绪。如果你讲话时靠在墙上或没精打采地坐在椅子上,听者在吃惊之余会认为你处于疲倦、厌烦、不关心的状态之中,你的话给人留下的印象就要大打折扣。第二,这是因为讲话时坐或站的姿势与意识有很大关系。如果你没精打采地坐着,摇晃着脑袋或肩膀下垂,你的音质会变差——你的呼吸受到影响,不能吸入更多的空气,不能完全控制空气的呼出;你的咽肌、上下颚和声带就不能运用自如,会使声音发紧、干瘪,你的情绪和心理会因此失态,你的声音也会随之失态。

(3)保持礼貌和友好的态度

即使你感到恼怒,也要尽量控制情绪,至少要保持心态平静。保持礼貌和友好的最好方法是能处在别人的位置上看问题,让自己感受他人的感受。当然,这并不意味着你一定要赞同他们的想法。但是,反对的同时也不排斥理解和同情。

(4)保持自然的态度

不自然就失去了真实。不真实就难以形成有效的口头表达。最常见的不自然状态是面对地位较高人时的局促不安和面对下级时的神气十足以及吹嘘成绩时的沾沾自喜。保持自然态度要从精神和生理两个方面进行放松。精神放松就是面对强者时树立自信,面

对弱者和取得成绩时保持谦逊。心理放松就是消除肌肉紧张。肌肉紧张时很难自然地表达,并形成笨拙的动作。深呼吸能帮助你放松肌肉。因为呼出空气时肌肉不能紧张,肌肉紧张会妨碍排气。

（5）保持机敏和愉快的情绪

机敏能使你由此及彼、由表及里、举一反三地充分发挥,愉快会使你的语调更动人,听众会更有兴趣、更愿意听、感到值得听,你的表达因此更为有效。

（6）保持激情

保持应有的表情,声音充满感情,以至于饱含激情。充满感情比平淡无味更能形成说服力。为了做到富有表情,你就应该保持正确的姿势,就应该对自己所讲的内容充满兴趣,就应该关心听众,就应当避免低沉单调的声音。

（7）保持目光接触

对于讲话的人与听话的人之间保持目光接触形成了这样的共识:目光的接触表示友好的愿望和重视的需要;而不看听众则传达了一些不良信息——"我对你不感兴趣""我不喜欢你""我缺乏自信""我对自己的话把握不住""不要相信我说的话"等。当然,目光接触要适度:对一群人讲话时要扫视全场,对一个人讲话时也不宜没有间歇地采取目不转睛的凝视。

2. 提高声音的素质

声音的素质主要包括音调、音量、速度、语调四个方面。

研究声音素质问题之前,搞清发音机理是有帮助的。发音是横膈膜、肺、气管、胸部肌肉以及声带、舌头、嘴唇、胸腔、口腔、头腔等综合作用的结果。横隔膜、胸肌、肺、气管等产生运动的空气,带动声带振动,产生基音,基音通过喉、舌、唇、齿等形成的不同通道和阻碍形成不同的元音、辅音、音节。基音通过胸腔、口腔、头腔等的共鸣作用得到放大和美化。

（1）音调

音调高的声音可给人细、尖、刺耳的感觉。声调低可给人粗、深的感觉。音调的物理基础是声带的拉紧程度不同所形成的振动频率不同。

（2）音量

音量的大小给人以声音强弱的不同感觉。音量的物理基础是声带振动的振幅不同。讲话要根据具体情况的不同选择合适的音量。合适的音量取决于环境,主要应考虑三点:第一点是讲话的地点状况。这主要考虑的是室内或室外,小屋子或大演讲厅,传音好或传音不良,有回声或没有回声。一般来说,室内、小屋子、有回声时可选取小音量。第二点是听众人数的多少。人数多,音量宜大些。第三点是噪声的大小。噪声大,音量宜大一些。

（3）速度

讲话速度对你发出的信息会产生影响,例如:快速的讲话给听众一种紧迫感。听众适度的紧迫感对于理解是有用的。但是,一直快速地讲话,话语像洪流一样喷涌而出,则有不良作用:一则使你难以把每一个词都读准,使人不能完全听清;二则使人没有思考的余地,难以完全理解;再则听众易转移注意力。

速度的合理控制要掌握以下三点:第一,在公共场合讲话要快于平时谈话的速度。但又不能太快,否则会使听众厌倦或抓不住讲话的思路。第二,要根据语句的重要性来变换速度——不重要的词和词组快一些,重要的则说得慢一些。第三,适当地使用停顿。停顿时间过长,你会失去听众,恰当使用停顿则会有助于听众了解你的思想,消化吸收你刚说的话;重要之处前或后的停顿有助于突出重点。

(4)语调

音调、音量、速度的变化,即语调的变化,同样影响听众接受的信息。语调的变化通常与讲话者的兴趣或重要强调的愿望相互关联。撇开你所说的话不算,你的语调可能不自觉地泄露出你的态度和感情,泄露出你对听众的态度、对所讲内容的态度。

由于语调可表现出喜怒哀乐,同样的话由于使用不同的语调说出可以表示不同的意思。例如,对于别人已完成了全部程序工作的陈述,你用一个"好"字来回答,由于语调不同,可以有不同的含义:干得好,含表扬之意;终于干完了,含批评之意;我知道了,中性,不加评议。

不懂得这一点就使你在无意之间招致了听众的错误印象或不经意地流露出了你内心的秘密和真实想法。

无论在非正式场合还是正式场合,语调的重要性都是一样的,你一定要注意不要让语调违背你的态度和感情,除非你恰好是想利用这一点来进行暗示。

3. 确保信息的清晰、准确

(1)清晰

作为好的讲话者,首先你要能够清晰地表达自己的想法,你的语言应当简洁,你的材料应当条理化,以便流畅地把它们讲出来。你应避免使用长而繁的句子。你应设法解释那些听众可能不熟悉,你又不得不使用的专业词汇或行话。

不仅思路要清晰,而且应使用明确的词语。二者都不可忽视。

(2)准确

你还应当确保你所使用的词语能够精确地表达出自己的意思。因此,你需要掌握大量的词汇,以便选择符合你想法的准确词汇。

使用的事实应恰当。所以你应当设法全面收集有关主题的材料,并保证你引用的依据是可靠的。你也应当避免做没有事实的评说,因为这容易引起争论。你还应当避免以"每个人都认为……""没有人会接受……"之类的话开头,因为这面临争论的危险和容易产生敌意。

上述基本讲话技巧的三个方面存在着由浅入深的内在联系。说话神态是语言沟通的背景,声音素质是语言沟通的外衣或者形式,清晰准确是语言沟通的内容。在第二个方面,外表、姿势、态度、情绪、表情、目光又存在一连串由浅入深的内在联系。

2.2.2　语言表达的规范与礼仪

社交的扩大是社会进步的一种表现,也是社会进步的一种力量,公众的社交水平是思想、品德、知识、气质、修养、语言表达等因素的总和。语言表达是诸多因素中一个最重要的因素。

就语言表达而言,它包含着许多紧密联系的方面。语言所包含的信息是语言的内核,语言的艺术表达是语言的外衣,语言的礼仪是语言通向外界的桥梁和窗口。因此,有效的口头表达离不开语言礼仪。

1. 招呼语言艺术

见面打招呼早已成为人人皆知的常识，在日常工作和生活中都是不可缺少的。见面不打招呼、不理人，就是在家庭生活中都是不合适的，在社交场合那就更重要了。周恩来伸出的手被愚蠢地拒绝和尼克松首访中国时对此的反思就是非常经典的事例。

（1）称谓

招呼的第一步是要给对方一个恰当的称谓，这是十分重要的开始。在社交场合人们对别人如何称呼自己是十分敏感的。称呼得当，双方产生良好的第一印象和心理上的相容性，创造出良好的气氛，交际就会变得顺利。称呼不当，最严重的情况是刚刚相会就不欢而散。一般而言，也会使气氛不融洽，不得不花力气做许多补救工作，使交际平添不必要的麻烦。

一般而言，恰当的称谓取决于双方的身份、年龄以及双方关系的性质、深度和所处的交际场合。选择恰当的称谓必须考虑以上三个基本方面。特殊而言，双方应在有了一定了解后，考虑对方的特殊癖好。如有的年龄较大，但不喜欢被人尊称得"老"。又如有的人，本来年龄不大，但不愿被人小视而称呼得"少"。

称谓的形式有泛称和尊称两种。

泛称是对人一般的称呼，常用的有以下几种形式。第一种形式是姓＋职称、职务或职业，如：王教授、王厂长、王老师。第二种形式是直呼姓名。第三种形式是泛尊称，如适用于女性的"女士"，男性的"先生"，男女性都可用的"同志"等。第四种形式是受尊敬或令人羡慕的职业＋泛尊称，如大使先生等。此外，还有非正式场合下的一些形式：老或小，加姓——老王、小王；姓＋辈分——王伯伯、王阿姨；名＋同志。这些形式各有各的适用场合，如：一、三两种形式适用于初交；二适用于有较多的交往。不恰当的使用会给人一种无礼的感觉或相反地使人有一种疏远的感觉。

尊称是对人表示尊敬的称呼。常用以下一些形式来表示："贵"——贵姓、贵人、贵公司；"大"——大名、大作；"老"——老总；"您"——使用率最高、应用范围最广的称呼。

泛称的使用要注意不能过泛，不能滥用泛称。尊称的使用也要注意一定的界限，同样不能滥用。例如，"师傅"是对一切行当有专长的人的尊称。这些行当主要指传统意义上的工、商、戏剧等行当，对于教师、医生、记者等泛称为"师傅"，往往会引起不快。例如，除了前面提到的特殊癖好之外，对于一般的年长女性尊为"小姐"是会引起不快的。

（2）寒暄

招呼的第二步是在称呼后进行最初的对话，我们一般称之为寒暄。只有称呼无寒暄就好像在文件上只签字，而无具体批示，使人感到别扭和不易理解。寒暄的作用有多个层次，最低的层次是应酬，讲一些并非完全没有意义的话语；较高的层次是沟通感情，创造和谐的气氛，体现人的亲和需求；最高的层次是逐步升华人际关系之间的亲和需求，逐步达到水乳交融般的关系，进入交往的佳境，达到预期的交际目的。

寒暄的常用形式有三种。第一是问候型。典型的例子是"你好""早上好""春节好"之类。官场、商界常用的例子是"幸会！幸会！""幸甚、幸甚！"之类，中国传统型的例子是"吃饭了吗？""上哪儿去呀？"之类，在这里貌似提问的话语并不表示真想知道你的起居行为，不过是传达说话人的友好态度而已。这三种类型各有各的作用，因而要注意运用得当。例如，在国际交流场合不要使用中国传统式的寒暄，因为外国人并不一定了解中国的民情风俗。又如，官场、商场中常用的"幸会"也并非在一般场合下禁用。在一般交往中，它有时也能创造出一定的气氛。第二种寒暄形式是攀认型。只要愿意，人们之间总可以找到这样或那样的"亲""友"关系，如"同乡""同学""同事""同宗""同门"等这类沾亲带故的关系。这些寒暄形式在初次见面时往往能成为建立交往、发展友谊的契机。第三种寒暄形式是敬慕型，即用敬重、仰慕表示出自己的热情和礼貌。如："王先生，久仰大名""大作早已拜读，受益匪浅。"

寒暄不论采取何种类型，使用不宜过多，过多则会使人厌烦；寒暄的使用要注意分寸，恰到好处，过分的吹捧会使人感到虚伪和警觉。

招呼的语言艺术有时可辅以体语式。体语式指的是使用面部表情和身体姿势等作为招呼语的方式。最常见的是微笑和点头。体语式招呼的含义因发出人本身的社会特征和交际双方之间关系的不同而有所不同，比较模糊。女士们使用这种方式表现出稳重、端庄；男士们使用这种方式可能表现出随意、矜持。关系疏远或洽谈时可用这种方式，淡忘或一时想不起对方的姓氏、身份时，也可借用，以作适当地掩饰。

2．自我介绍的语言艺术

人与人之间的相识相知离不开自我介绍。自我介绍是推销自己形象和价值的一种重要方法与手段。从某种意义上说，自我介绍是进入社会交往的一把钥匙。运用得好，可助你在社交活动中一帆风顺；运用不好，则可能会使你在社交活动中麻烦不断。因此，在社交活动中善于自我介绍，是至关重要的。

有利的自我介绍，要注意四个方面。第一，必须镇定、自信。清晰地表述自己的特征，流露出友善、关怀、自信的眼神。人们对自如、自信的人充满信心和好感，对局促不安的人产生怀疑和阻隔。第二，注意繁简有度。自我介绍包括姓名、年龄、籍贯、职业、职务、单位、住址、履历、特长、兴趣等要素。要素的选取和繁简的确定要与交往的目的相匹配。第三，掌握分寸。介绍自己的长处时不可流露出自得，介绍自己的弱点时可配合自谦、自嘲、幽默的语气。第四，在语言之外，可辅以证明材料：身份证、工作证、获奖证书等，以增加信任程度。

3．提问的语言艺术

关于提问，应注意三点。第一，要掌握可以问什么。不提明知对方不能或不愿回答的问题，不提对方避而不答或拂袖而去的问题。第二，提问者不可故作高深，卖弄知识，要有谦逊的态度，并对对方报以赞许的微笑。第三，提问采用陈述语气＋疑问语气的合成方式。在陈述语气中提炼出问题，这样可以不限制对方，可拓宽对方思路，可让对方打开话匣子，实现获取信息，达到沟通的目的。

4．拒绝的语言艺术

高超的拒绝手法能使对方高高兴兴地接受你说的"不"，或者至少是让对方的不快保持在最小限度之内，从而使和谐的气氛不受影响或影响不大。常用的手法如下。

第一种手法是在倾听中保持沉默，将无言的"不"传达给对方。首先，你必须让对方感受到你处在认真倾听之中；其次，你要让对方感觉到你是在该说话的时候保持沉默。第二种手法是让对方自我否定,放弃原来提出的问题。你在对方提出问题后,不作正面回答,只是提出一点看法、理由、条件,或者提出一个启示对方的问题,让对方心领神会或者有新的认识。第三种手法是形式上肯定而实质上否定。先予以肯定,再转折一下,用"然而"作实质性的否定。这样做,可以使对方不会因为一个拒绝而使精神、肉体处于收缩状态,从而拒绝接受别人的意见;这样做,可使对方处于开放状态,容易继续接受信息。

　　挑选一本书或杂志上的几篇文章,熟悉后,朗读几遍。第一遍着重关注声音的清晰度;第二遍着重关注愉快气氛的传达;第三遍着重关注声音的各方面要素:音量、声调、速度和音调;第四遍着重关注情感的抒发;第五遍全面关注前面四遍所提到的问题。

　　将多次朗读录下来,进行回放,自己检查每一遍的朗读是否达到了突出要求的目标。由两个或多个人共同聆听、共同分析,直到效果更好、更为理想。

2.3　语　言　艺　术

　　在沟通过程中,常常会遇到一些矛盾的、顾此失彼、难以两全的境况。例如,我们常会碰到下列情景:既想拒绝对方的某一要求,又不想损伤他的自尊心;既想吐露内心的真情,又不好意思表述得太直截了当;既不想说违心之言,又不想直接顶撞对方;既想和陌生的对方搭话,又不希望自己表现得太轻浮和鲁莽……凡此种种,难以一一列举。但概而言之,都是一种矛盾:行动和伤害对方的矛盾,自己利益和他人利益的矛盾,自己近期利益和长远利益的矛盾。

　　为适应这些情况,产生了各种各样的语言表达艺术,有效缓解了这些矛盾。这种表达的语言艺术从表面上看,似乎违背了有效口头表达的清晰、准确的要求,但实际上是对清晰、准确原则的一种必要的补充,是在更全面考虑了各种情况之后的清晰和准确,是在更高级阶段上的清晰和准确。

　　语言艺术的具体方法因人、因事、因时、因地而异,没有绝对适用任何情况的方法。这里介绍一些常用的语言艺术方法,供大家参考。

　　1. 直言不讳

　　这看似是一种最原始、最简单的做法,毫不可取,但持这种看法的人却提出了令人信服的理论根据、事实依据和改良措施。

　　(1)理论依据

　　第一,只有直言,才能产生根本的效果。有句外国谚语说得好:"出自肺腑的语言,才能触动别人的心弦。"第二,只有直言,才能产生人与人之间的信任。人与人之间最大的信任就是关于谏言的信任,直言是真诚的表现,是关系密切的标志。相反,委婉只能造成心理上的隔阂感,形成"见外"。试想,如果你与很熟悉的同事一见面就说"对不起",一插话就问"我能不能打断一下",你的同事能不以异样的眼光看待你吗?同样,如果在车上你连姓名、职业、目的地都不愿与邻座直说,他还愿意与你诚实交谈吗?第三,直言是自信的结果,自信是交往的基础。那种过分害怕别人的反应,说一句话都要思前想后的人是没有自信可言的。人们是不愿意同畏畏缩缩的人打交道的。

(2)事实依据

第一,销售人员心诚意笃、直抒胸襟的话语虽没有粉饰雕琢,甚至还有点忠言逆耳,但效果常常出乎意料的好。第二,在一些国家,人们不习惯太多的客套而提倡自然坦诚。例如在美国,主人若请你吃饭,如果每道菜上来时你都客气一番,那么也许你会饿肚子;如果你是一位进修学者,当教授问及你的特长和主攻方向时,你过分自谦,也许你真的只会被派去干洗试管之类的杂差。

(3)改进措施

直言不讳,并不意味着粗鲁,不讲礼貌。如果在谈判桌上直言,特别是在说逆耳之言时能注意以下问题,会使直言的效果更好。第一,直言时配上适当的语调、速度和表情、姿态。例如,你若对一群正在打扑克的人说"请不要吵闹,家里有人上夜班"时,语调温和,并欠身举手示意,且流露出略带抱歉的笑意,就容易使人接受。第二,在拒绝、制止或反对对方的某些要求和行为时,诚意地陈述原因和利害关系。例如,有人向你借照相机使用,你不太愿意借给他,就索性向对方挑明原因:"前几次就是为这件事和妻子闹了别扭,望你谅解。"这样,对方一般也就不会强你所难了。

2.委婉

委婉表达产生于人际沟通中出现的一些不能直言的情况。一是总会存在一些因为不便、不忍或不雅等原因而不能直说的事和物,只能用一些与之相关、相似的事物来烘托要说的本意。二是总会存在接受正确意见的情感障碍,只能用没有棱角的软化语言来推动正确意见被接受的过程。还有一些其他类似的情况。

常见的委婉手法如下。

(1)用相似相关的事物取代本意要说的事物

如恩格斯在《在马克思墓前的讲话》中说:"3 月 14 日下午两点三刻,当代最伟大的思想家停止了思想。……他在安乐椅上安静地睡着了——但已经是永远地睡着了。"恩格斯用"停止思想""睡着了""永远地睡着了"来取代"死"的概念。

又如在餐厅中人们谈到上厕所,一般会用"洗手间"来取代"厕所"这一概念。

(2)用相似相关事物的特征来取代本意事物的特征

在一次记者招待会上,一位美国记者问周总理:"请问中国人民银行有多少资金?"周总理说:"中国人民银行现有 18 元 8 角 8 分。"直接回答,涉及国家机密;拒绝回答,损害招待会和谐气氛;不予回答,有损总理个人风度。借用人民币币种面值总额取代资金总额这一特征,真可谓"三全其美",妙不可言。

(3)用与相似相关事物的关系类推与本意事物的关系

《人到中年》的作者谌容访美时,用"能与老共产党员的丈夫和睦生活了几十年"来间接回答关于她与共产党关系的提问。有人问:"听说你至今还不是中共党员,请问您对中国共产党的私人感情如何?"谌容回答:"你的情报很准确,我确实还不是中国共产党党员。但是我的丈夫是个老党员,而我同他共同生活了几十年尚无离婚迹象,可见……"

（4）用某些语气词如："吗、吧、啊、嘛"等来软化语气

这样可以使对方不感到生硬,试比较下列三组句子：

别唱了！　　　　今天别去了！　　　　你不要强调理由！

别唱了好吗？　　今天别去了吧！　　　你不要强调理由嘛！

无疑每组中的第二句都显得比较客气婉转,使对方更易于接受,有更强的说服力。

（5）用个人的感受取代直接的否定

例如,把"我认为你这种说法不对"用"我不认为你这种说法是对的",把"我觉得你这样不好"用"我不认为你这样好"来取代。

（6）以推托之词行拒绝之实

例如：别人求你办一件事,你直接回答办不到会引起不快。你最好说："这件事目前恐怕难以办到,今后再说吧,我留意着。"——推托给将来和困难。再如,别人请你去他家玩,你要说没空,会令人扫兴,你最好说："今天恐怕没有时间,下次一定来。"——推托给将来和没空。又如,别人向你借钱,你手头也不宽裕,你可以说："这件事我将同我的内当家商量商量。"——推托给将来和爱人。

（7）以另有选择行拒绝之实

例如,有人向你推销一件产品,你不想要,你可以说："产品还可以,不过我更喜欢另一种产品。"又如,有人要求下星期一进行下次洽谈,你不想在这天洽谈,你可以说："定在星期五怎样？"

（8）以转移话题行拒绝之实

例如,甲问："星期天去不去工厂参观？"乙答："我们还是先来商量一下下次推销的安排怎样准备吧？"又如,甲问："我们明天去展销大厅再见面好吗？"乙答："好吧,不过我想时间定在展销前不如定在展销后。"

3．模糊

模糊法就是使输出的信息"模糊化",以不确定的语言进行交往,以不精确的语言描述事物,以达到既不伤害或为难别人,又保护自身的目的。

（1）以大概念取代小概念

例如,苏联驻加拿大商务处贸易代表在加拿大进行间谍活动,加拿大政府发出通令,限令他们 10 日之内离开加拿大,因为他们进行了与其身份不符的活动。出于外交礼仪上的需要,用包含了间谍活动在内的与其身份不符的活动来代替间谍活动这一概念。

（2）以弹性概念取代精确概念

例如,1978 年,时任越南国务委员会副主席的黄文欢因政见不一,辗转到中国。当一名英国记者问,他何时到达北京时,他回答说："我到北京的时间距今天不久。"用"不久"这一有伸缩性概念取代精确的时间长短描述,既回避了他到中国有多久这一敏感的问题,又不失去回答的真实性。

（3）回避

例如,有人问你："你说广州产品好还是上海产品好？"你并没有这种经验,也不愿表现出自己无知,可以答："各家都有自己的特点。"例如一个外国人问一个中国女孩："你喜欢中国人还是喜欢外国人？"因为是社交场合,女孩回答："谁喜欢我,我就喜欢谁。"避免

了说喜欢外国人而可能招致不爱国的指责以及回答喜欢中国人可能会招致让外国友人扫兴的难堪。

（4）答非所问

电影《少林寺》中，觉远对法师不近色、不酗酒的要求都以"能"作答。法师："尽形寿，不杀生，汝今能持否？"觉远难以回答。法师高声再问："尽形寿，不杀生，汝今能持否？"觉远："知道了。"这样模糊的回答，既能在法师面前过关，又不违背自己要惩治世间恶人的决心和本意，真正做到了两全其美。

（5）以选择式代替指令式

1944 年毛泽东同志致信丁玲、欧阳山："……除了谢谢你们的文章之外，我还想知道一点，如果可能的话，今天下午或傍晚拟请你们来我处，不知是否可以？""还想知道""可能""拟请""是否可以"等多个词语，充分体现了毛主席谦和的作风。

使用模糊法时，一定要注意不同民族对模糊意义的理解各有不同，在跨民族、跨国界时使用要慎重。例如，在 1972 年 9 月，周总理为田中角荣首相举行的招待会上的一幕就是很典型的事例。田中角荣致答谢词："……过去的几十年间，日中关系经历了不幸的过程。其间我国给中国国民添了很大的麻烦，我对此再次表示深切的反省。"周恩来看到田中角荣不了解"麻烦"这一模糊用语在汉语中语气太轻了，在中国人看来，这是对日本过去的侵犯罪行所采取的一种轻描淡写的态度，就问道："您对日本给中国造成的损失怎么理解？"田中角荣不得不再次表白："给您添麻烦这句话包含的内容并不那么简单。我们是诚心诚意地如实表达自己赔罪的心情，这是不加修饰的，很自然地发自日本人内心的声音。……我认为，前来赔罪是理所当然的。"由这精彩的一幕，我们可以得出一个有益的教训：在社交中运用模糊法仍然需要准确地运用模糊语言。

4. 反语

反语的哲学依据是："将欲取之，必先予之。""欲进先退，欲前先后。"

在《三国演义》中，孔明为了不让司马懿攻进空无一兵一卒的西城，便大开城门，频频招呼司马义"来、来、来，请上城来听我抚琴吧！"司马懿却反令大军倒退 30 里。这场妇孺皆知的"空城计"就是孔明巧妙地利用了司马懿的多疑性格获得成功，而其中孔明善用反语策略也无疑是一个重要因素。

在《晏子春秋》中，烛邹不慎让一只打猎用的鹰逃走了。酷爱打猎的齐景公下令将之斩首，晏子用下面的一段话救了烛邹。

晏子："烛邹有三大罪状，哪能这么轻易杀了呢？请让我一条一条地列数出来再杀他，可以吗？"景公："当然可以。"晏子指着烛邹的鼻子说："你为大王养鸟，却让鸟逃走，这是第一条罪状；你使得大王为了鸟的缘故而杀人这是第二条罪状；把你杀了，天下诸侯都会责怪大王重鸟轻士，这是第三条罪状。"景公："别杀他了，我明白你的意思。"

晏子用的反语表面上是数落烛邹的罪状，实际上是批评齐景公重鸟轻士，并指出这样做的危害。既收到了批评的效果，又没使身居高位的君王难堪，可谓使用反语策略成功的典型杰作。

5. 沉默

沉默所具有的含义太丰富了：它可以是无言的赞许，也可以是无声的抗议；它可以是欣然的默认,也可以是保留己见;它可以是威严的震撼,也可以是心虚的无言;它可以是毫无主见,附和众议的表示,也可以是决心已定,无须多言的标志。

"别声响,你怎能表达自己的思想?别人怎能理解你的思想了,每人都有各自的生活体验,一旦说出,它就会变样,就像喷泉喷出会被弄脏,怎能捧起它喝个舒畅?——别声响。"这首诗是诗人丘特契夫写的短诗《别声响》,它被俄国大文豪列夫·托尔斯泰赞美道:"我不知道还有比它更好的诗歌了。"

沉默的作用实在是太大了,所谓"沉默是金"是深刻的至理名言。例如,在舌战中适时沉默一会,是自信和有力的表现,是迫使对方说话的有效方法。只有缺乏自信、忐忑不安的人才会要用喋喋不休来掩饰,只有愚人才不给对方以改变的机会。例如,青年男女之间倾心相爱,双眸含情脉脉,无言而对。这种沉默所传递的信息量要比言语大上几十倍。这绝对可以称得上"此时无声胜有声"。

6. 自言自语

在这里,自言自语不是真正意义上的自言自语,它不发生在独处的场合,而发生在公共场合;它实际上是说给别人听的,只是采取了自言自语的形式。

例如:在陌生人群中,以一句"今天太热"之类的话作为引子,可能引起交谈;走出考场,以一句"唉,今天考得不理想"的自叹可能引起陌生考友的攀谈。

例如,好几次就要死于非命的宋江都以自报家门式的自言自语:"可怜我宋公明……"使别人了解他的身份,从而死里逃生。

又如,当有伯乐在场时,怀才不遇的你可以像千里马那样引颈长嘶几声,以期引起有识者注意。战国时孟尝君的门客冯谖靠几次弹剑高歌式的自言自语,以"长铗归来乎"引起孟尝君的注意。现代一位著名话剧演员曾在年轻时期报考戏剧学院,因错过报名时间,便在考场外自己引吭高歌而招来主考官的注意,从而得以走上剧坛。

7. 幽默

幽默一词在古代汉语中已有,它的含义是寂静无声。现在人们早已不按原意使用幽默一词,它倒成了一个外来词语,是英语 humor 的音译。

幽默这一手法显得比其他手法更为复杂。关于幽默很难有一个全面而准确的定义,事实上也没有统一的认识。运用幽默的具体技巧难以像其他手法一样,予以一个大致的分类罗列。

需要特别指出的是,幽默手法的运用必须自然,切忌强求。第一,幽默只是手法,而非目的。第二,幽默是一种精神现象,不只是简单的笑话或滑稽所能描述;幽默是一种风格、行为特性,是智慧、教养、道德处于优势水平下的一种自然表现。

幽默可以化解难堪。20 世纪 50 年代社会主义改造运动中,上海的一位老教授因基层干部作风粗暴而投河自杀,幸被人救起。陈毅市长得知后,采取多种措施挽回影响。一是狠狠地批评了那位基层干部;二是亲自去老教授家赔礼道歉;三是在一次高级知识分子大会上,用幽默的手法批评了老教授。"我说你呀,真是读书一世,糊涂一时。共产党搞思想改造,难道是为了把你们整死吗?我们不过想帮大家卸下包袱,和工农群众一道前进。你为何偏要和龙王爷打交道,不肯和我陈毅交朋友呢?你要投河也该先打个电话给我,咱们再商量商量嘛!"

幽默可以化解矛盾,缓和气氛。例如,一个小孩看到一个陌生人,长着很大的鼻子,马上大叫:"大鼻子。"小孩的父母感到很难为情,对不起人家。陌生人却幽默地说:"就叫我大鼻子叔叔吧!"大家便都能由此一笑了之了。

一个人在车上不小心踩了别人一脚,那个人连声道歉。这个人风趣地说:"不,是我的脚放错了地方。"这个人大度地认为,事情发生了,已无可挽回,又不是故意所为,也没有什么损失,何不一笑了之呢。

一个顾客在餐厅吃饭,米饭中沙子很多,服务员歉意地问:"全是沙子吧?"顾客大度地回答:"不,其中也有米饭。"既批评了餐厅,也免除了尴尬局面。

幽默也可以用来含蓄地拒绝。例如,一位好友向罗斯福问及美国潜艇基地的情况。罗斯福问道:"你能保密吗?"好友回答:"能。"罗斯福笑着说:"你能我也能。"好友也就知趣地不再问了。

幽默可以针砭时弊。例如,领导问:"你对我的报告有什么看法?"群众:"很精彩。"领导:"真的?精彩在哪里?"群众:"最后一句。"领导:"为什么?"群众:"当您说'我的报告到此结束',大家都转忧为喜,热烈鼓掌。"这段话幽默地讽刺了领导干部长篇大论,不着边际的作风。

使用幽默,可以在轻松的气氛下进行严厉的批评。例如,某商店经理在全体职工大会上说:"要端正经营作风,加强劳动纪律,公私分明,特别是那'甜蜜的事业'——糖果柜台。"

幽默可使你获得有力的反击武器。例如,德国大文豪歌德一次在公园散步,遇到了一个恶意攻击他的批评家。那位批评家不肯让路,并傲慢地说:"我从不给傻瓜让路。"歌德立刻回答:"我却完全相反!"说完,立即转到一边去了。

8. 含蓄

含蓄手法的盛行是由于以下一些原因:许多事情只能意会,不可言传;人们越来越高雅、有素养,越来越需要得到尊重,采用暗示,即不公开地、隐蔽地给人以启示的做法最能表现高雅和享受尊重;人们越来越倾向耐人寻味的永恒或长久,不喜欢一览无余的短暂;犹抱琵琶半遮面比之完全显露更有魅力。含蓄的具体手法包括以下五种。

(1)通过提醒给予启示

例如,在事故多发地点竖立的一块牌子上写着"事故高发地段"或"这里已有十人死于车祸",以提醒人们:注意交通安全,特别是在这里。

(2)通过引导给予启示

某大学中文系因进修生、旁听生过多而时常导致在校生没有座位。为了改变这种状况,班长在课前宣布:"为了尽可能地让来我班听课的进修生、旁听生有座位,请本班同学坐前六排。"这实际上是暗示了进修生、旁听生不可坐前六排。

(3)不失矜持、自尊地给予暗示

电影《五朵金花》中金花以"蝴蝶飞来采花蜜,阿妹梳头为哪桩"来启发情人。《阿诗玛》中,阿黑以"有心想把鲜花戴,又怕崖高花不开"来试探阿诗玛。

(4)不伤大雅地给予启示

一位行者去买夜壶(即尿壶),在一个摊子上选了几个,虽都不错,但都嫌大。老板为做成买卖,说了一句:"冬天到了,夜长着哩!"一笔生意因此做成。

（5）避免分歧,不伤和气地给予启示

例如,1972 年,在中国政府为美国总统尼克松举行的酒会上,周恩来总理这样说:"由于大家都知道的原因,中美两国隔绝了二十多年。"这一发言,一举多得,堪称"绝妙好辞":影射了美国敌视中国的责任,又不伤客人面子,甚至可说暗含对客人明智之举的赞赏。

关于语言表达艺术的划分难以完全统一。事实上各种方法也很难绝对地划分,很难截然分开。这些方法是互相联系、互相渗透的。例如,委婉离不开含蓄,含蓄中也包含着委婉,幽默中体现着委婉……但是大致粗略的划分还是必要的,这是为了便于学习运用,有利于提高。

会说软话的"80 后"女教师

学校新来一位女教师,80 后生人。原本准备让她从初一开始历练,不巧,初三有位班主任患病住院,于是她主动请缨,接下这个任务。望着她那娇小的身躯,我禁不住叹气:"小姑娘,真不知深浅,这班难管呀,你又比他们大不了多少。"她说:"硬的不行,就用软的呗!"

（一）上任不久,好戏就开演了。一节体育课,一位男生不愿意好好作预备活动,体育老师几经警告无效,便朝他肩膀轻轻地拍了一下。于是,学生怒气冲冲地找到她:"您得给我做主,让体育老师向我道歉,他这是体罚学生。"

了解情况后她说:"是要道歉,而且还要好好道歉!"她语出惊人,男生始料不及,睁大眼睛疑惑地望着她。她又说:"而且老师的错误是在众目睽睽下犯的,所以他更应当着全体同学的面道歉,让大家都说说他。你看行吗?"男生此时一脸错愕,慌张地说:"行,行……""道歉时,我还想把你父母请来,这样老师对自己犯下的错误认识才更为深刻,也让他心服口服。我想这样处理对你够公平了吧。""啊……"男生尖叫一声说:"算了,算了,老师拍得也不重,再说我也先违反了纪律。"他落荒而逃。望着男生的背影,她笑了,其他老师也笑了。

（二）她的课上,一位女生干了一节课的"私事",下课时被她请进办公室。"为什么不好好听课?"她问。"我好像没扰乱课堂纪律吧?"学生并不买账。她平和地说:"我看见你在做其他事,没有听课。"女生突然激动起来:"你有什么了不起!难道你不会看错吗?"声音很大,充满着不敬和挑衅。

她听后笑了起来:"哎呀!你说的全对,我没什么了不起。我只不过是一名普通教师……那么,请你说说你'了不起'的地方好吗?"看那女孩一时语塞,她一脸严肃地说道:"既然你和我一样,没什么了不起,我们就应该在相互尊重、平等合作基础上完成教学任务。你有许多值得我学习的地方,我也有值得你学习的地方。你说是吧?"她顿了顿说:"眼睛有时会欺骗我们,不过我向你保证我是用'心'在看你们,你能保证你也是用'心'和我交流,没有一点欺骗吗?"女孩的脸一下子通红……

（三）为了争夺一本言情小说,两个女生争吵着来到办公室。一个说:"我看得好好的,她凭啥来抢呢?"另一个说:"我只想看一看,她就冲我发火,太不讲理了。"见两人毫不相让,她故作无奈地说:"你们是快毕业的学生了,也越来越成熟了,我看你们说得都有道理。或许你俩都没错?"

学生气得直翻白眼。她自言自语道:"那又是谁错了呢? 噢,是不是那本可恶的小说?"她转身指着桌上的小说说开了:"你这书,我的学生快要面临中考了,繁重的学习让她们焦躁、敏感、脆弱。你这时出来,不是成心让她们争吵,使她们更烦躁吗? 如果没有你的出现,她们可能心如止水般投入学习,有着纯洁的友谊,在未来的学习中彼此帮助互相提高。而这一切的美好,因你的出现或许将会破灭,你的罪过太大了!"学生变得局促不安,脸上出现了羞愧的红晕。突然她大喝一声:"鉴于你罪大恶极,本人决定将你冷藏!"望着她一本正经的样子,两位学生相互看了看,"扑哧"笑起来了……

案例来源:童大信.《会说软话的 80 后女教师》.载于《演讲与口才》杂志.2009 年第 11 期.

案例讨论题:

1. 你如何评价此女教师的谈话技巧?
2. 该女教师采取了哪些言语表达艺术? 产生了何种沟通效果?
3. 从这个案例中你得到了哪些启示?

本 章 小 结

无效口头表达会妨碍人际间真实的沟通,给个人和组织的实践活动造成损失,乃至灾难性的后果。

有效的口头表达包含准确、清晰两个要素。在清晰要素中又包含了逻辑清晰、表达清晰、简洁、活力四个方面。

有效的口头表达最终表现为有说服力的效果。说服力来源于投其所好,动之以情,诱之以利,双方共赢。

实现有效的口头表达必须磨炼自己基本的讲话技巧,提高自己的语言艺术,以及养成良好的语言礼仪习惯。在这些方面都有大量而艰苦细微的工作要做,不是一朝一夕所能具备的素质。

复习思考题:

1. 分析有效口头表达的作用以及有效口头表达的标准。
2. 结合实际,分析如何成为一个善于言辞的人。

第 3 章

倾听技巧

学习目的

1. 从实际数据、成功范例、过程分析各个方面认识倾听的重要性；
2. 全面掌握进行有效倾听的技巧。

引例

联合制造公司总经理奥斯特曼对随时把本公司经济上的问题告诉雇员们的重要性非常了解。她每月向所有雇员发出一封定名为"来自总经理部"的信。在出现重要情况时，她还随时召集各部门负责人开会，让他们确实感到他们是管理部的成员，并参与了重大决策的制定。

由于市场价格不断跌落，公司正进入一个困难时期。她适时召开了各部门负责人会议。在会上她作了全面的讲话。

"首先，我们需要具有积极思想的人、通力合作的人。我们需要使生产最优化，在考虑降低成本时，不能对任何一个方面有所疏忽。为了实现降低成本的应急计划，我从公司外聘请了一位高级生产经理。

"我们要做的第二件事是最大限度地提高产品质量。质量就是一切。每部机器都必须由本部门的监督员按计划进行定期检验，只有经过监督员盖章批准后，机器才能开始运转，投入生产。在质量问题上，再小的事情也不能忽视。

"在我的清单上列的值得认真考虑的第三个问题是增强我们推销员的力量。顾客是我们这个企业的生命线，尽管他们有时不对，我们还是要态度和气地、灵活地对待他们。我们的推销员必须学会做生意，使得每一次推销都有成效。公司对推销的报酬办法是非常公正的。

"最后，我要谈谈相互配合的问题。这对我们来说，比其他任何问题都更加重要。要做到这一点，非齐心不可。领导就是配合，配合就是为同一目标共同努力。你们是管理部门的代表，是领导人，我们的目标你们是知道的。现在让我们一起努力工作，并快速地把我们的这项复杂的事情做好吧！要记住我们是一个愉快的'大家庭'。"

她发表完意见以后，以严厉的目光向在座的人们扫视了一下，似乎是在看是否有人敢讲什么。没有一个人说话，因为他们都知道，发表任何意见都会被她看成持有不同的意见。

奥斯特曼结束了她的讲话。参加会议的人都站了起来，静立在各自的椅子旁边。奥斯特曼收起文件，离开会议室朝她的办公室走去。

与口若悬河的奥斯特曼夫人相反的表现是卡耐基的一次亲身经历。在一次宴会上，他坐在了一位植物学家的身旁，很专注地听植物学家向他谈论各种各样的有关植物的故事。卡耐基几乎没有说话。可是分手的时候那位植物学家却称赞卡耐基是一个最有意思的谈话家。

案例来源：东北财经大学管理学内部案例库.

上述这两个口若悬河和沉默寡言的截然相反的故事告诉了我们什么，给予我们什么启示呢？

对于奥斯特曼总经理，撇开她全面罗列、公式化、老生常谈式的文风不说，撇开不依靠群体的力量解决问题的工作方法不说，最成问题的是她根本没有打算听取别人的意见，她的意见就是决定。这样她的意见就谈不上改进，更说不上转化为群体的自觉行动了。她失去了人心，难以保证她获得成功。

卡耐基以他的专注和少量得体的回应语赢得了植物学家的赞许。与此同时，卡耐基一定也获得了许多知识和信息，得到了一次美妙的享受。

正反两个故事，给我们同一个启示：认真倾听别人的谈话，会给他人留下很好的印象，让对方注意与你分享自己的思想；不打算倾听的讲话只能留下自己。

3.1 倾 听 概 述

3.1.1 倾听的概念

倾与听是两个互相联系而又有区别的概念。听是人体听觉器官对声音的接受和捕捉，是人对声音的生理反应，是人的本能，带有被动的特征。只要你的听觉器官是完善的，你就能听，你就不得不听——有时被噪音干扰得心烦意乱，想不听还不行，你得关窗户，堵住耳朵；要想成为善于学习的人，有人就特意到闹市去看书，通过后天的努力，提高抗干扰的能力、专注的能力。

倾听必须以听为基础，但是一种特殊形态的听。第一，它是人主动参与的听：人必须对声音有所反应，或者详细地说，在这过程中人必须思考、接收、理解，并作出必要的反馈。第二，它必须是有视觉器官参与的听。没有视觉的参与，闭上眼睛的听，只有耳朵的听不能称为倾听。在倾听的过程中，必须理解别人在语言之外的手势、面部表情，特别是眼神和感情表达方式。

由此，我们可以把倾听定义为：在对方讲话的过程中，听者通过视觉和听觉的同时作用，接受和理解对方思想、信息及情感的过程。

依据这种见解，在倾听过程中，我们不仅要听到对方所说的话语，也不可忽视不同的重音、声调、音量、停顿等因素。例如，说话人适当的停顿，会给讲话人一种谨慎、仔细的印象；过多的停顿会给人一种急躁不安、缺乏自信或不可靠的感觉。例如，说话的音量不同也会让人区分说话者愤怒、吃惊、轻视或怀疑等不同的态度。

依据这种理解,视觉接受到的信息也属于倾听的内容。我们诉说的话往往由于不同的说话方式而具有不同的意义。例如,听见你的女友向你说:"讨厌",如果她的神色娇羞,你应当欣喜若狂,切不可像傻瓜一样低头走开;如果她横眉冷目,你应该当真,切不可像白痴一样没有反应,赖着不走。

依据这种理解,就不是所有听觉完整的人都会倾听。例如,下面一些类型的人就是不会倾听的人。一种人,他用迟钝的目光看着你,一心一意地在想着他自己下面该说什么,他对你说的话一点也没有听进去,还在你讲话的过程中不断地打断你,说些与你刚才说的没有联系的话。一种人,他先前对你说:"如果你有任何问题的话,可随时找我帮忙解决。"当你真的去找他时,他却把所有的时间用在谈论他自己的问题上。一种人,抱怨每一次讲座,在讲座开始 5 分钟后就不听了,虽说没有睡觉,却总是在抱怨没意思和浪费时间。一种人,在某一个发言人刚说完坐下时,就对坐在他旁边的人说:"这个人对他自己所说的话其实并不懂,我不能容忍这种装腔作势的人!"倾听不同于听,它不是人的本能,只有通过后天的学习才能获得。上面几种人都必须通过学习才能掌握倾听的技巧,学会倾听。

3.1.2　倾听的重要性

在商务沟通中,倾听的重要性表现在以下三方面。

1. 倾听在人的生活工作中占有很重要的位置

根据统计数据,人们平均在工作和生活中有 40% 的时间用于倾听。事实上,在日常生活中,倾听是我们自幼学会的与别人沟通能力的一个组成部分。它能让我们与周围的人保持接触。失去倾听能力也就意味着失去与他人共同工作、生活、休闲的可能。在日常工作中,领导者的倾听能力更为重要。一位擅长倾听的领导者将通过倾听,从同事、下属那里及时获得信息并对其进行思考和评估,并以此作为决策的重要参考。有效而准确地倾听信息,将直接影响管理者的决策水平和管理成效,并由此影响公司的经营业绩。

2. 在当今信息时代,倾听更加显示出其重要性

由于科学技术飞速发展,社会化大生产更具有整体性、复杂性、多变性、竞争性。管理者单枪匹马的能力日显弱小。面对纷繁复杂的竞争市场,个人难以作出正确的判断,制定出有效的决策方案。法国作家安德烈·莫洛亚说过:"领导人应善于集思广益,应当懂得运用别人的头脑。"希腊谚语说:"多听少讲有利于统治国家。"唐代贤臣在劝谏唐太宗时一针见血地指出:"兼听则明,偏听则暗。"古今中外,对于倾听都是一致肯定,处在信息爆炸的时代,倾听更是不可或缺的法宝。

3. 名人、成功人士基于切身体会,作了许多经典论述

这些论述对于我们重视倾听是有启示作用的。

保罗·赵说:"沟通首先是倾听的艺术。"伏尔泰说:"耳朵是通向心灵的道路。"米内说:"会倾听的人到处受欢迎。"松下幸之助把自己的全部经营秘诀归结为一句话:"首先细心倾听他人的意见。"

艾科卡说得更为动情:"作为一名管理者,使我最满足的莫过于看到某个企业内被公认为一般或平庸的人,因为管理者倾听了他遇到的问题而使他发挥了应有的作用。"他说得很直接:"我只盼望能找到一所能够教导人们怎样听别人说话的学院……假如你要想

发动人们为你工作,你就一定要好好听别人讲话。"

美国著名的"玛丽·凯化妆品公司"创始人玛丽·凯说得更为风趣:"一位优秀的管理人员应当多听少讲。也许这就是上天为何赐予我们两只耳朵,一张嘴巴的缘故吧。"

成功之士之所以成功,一定有他多方面的完整因素。上面这些论述只是从听的角度进行了深入的总结。它们指出了倾听的重要作用,但我们并不能把它作为包医百病的良药来理解。

3.1.3 倾听的作用

1. 倾听对他人是一种鼓励

倾听能激发对方谈话欲。说话者感到自己的话有价值,他们会乐意说出更多有用的信息,好的倾听者会促使对方更加灵活敏捷,产生更深入的见解。更深的理解会使双方都受益。这种鼓励也是相互的。当别人感觉你在以友好的方式听他讲话时,他们会全部或部分解除戒备心理,并会反过来更有效地听你的讲话,更好地理解你的意思。有效的倾听也常常使对方成为认真的倾听者。

2. 倾听可以改善关系

认真倾听通常能改善人们的关系。这样能给说话者提供说出事实、想法和感情等心里话的机会。倾听的时候,你将更好地理解他们,而你对他们的讲话感兴趣会使他们感到愉快。这样,你们的关系会改善。人们大都与你一样,喜欢发表自己的意见。如果你愿意给他们一个机会,他们立即会觉得你和蔼可亲、值得信赖,这样,倾听就使你获得友谊和信任。仔细听他人讲话会给你一个线索,了解他们是如何想的,他们认为什么重要,他们为什么说他们现在正在说的话。你并不一定喜欢他们,更不一定会赞成他们,但理解会使你们相处更好。关键就在于认真倾听是给人留下良好印象的有效方式之一。

3. 倾听可使你获取重要信息,拥有你需要的全部信息

通过倾听可了解对方要传达的消息,感受对方的感情,并据此推断对方性格、目的和诚恳程度。倾听可使你能够适时和恰当地提出问题,澄清不明之处,或是启发对方提供更完整的资料。为了解决问题和更有效地作出决策,尽可能多地获取相关信息是十分必要的。倾听有助于你得到说话者拥有的全部信息。仔细倾听常常使他们继续讲下去并促使他们尽其所能举出实例。当你掌握了尽可能多的信息之后,就可以更准确地作出决策了。倾听是获取信息的重要方式。报刊文献及资料是了解信息的重要途径,但受时效限制。倾听可以得到最新信息。交谈中有很多有价值的信息,有时它们常常是说话人一时的灵感,甚至于他自己都没有意识到。但对听者来说却有启发。这些信息不认真倾听是抓不住的。所以有人说,一个随时都在认真倾别人讲话的人,可在闲谈之中成为一个信息的富翁,这可以说是对古语"听君一席话,胜读十年书"的一种新解。

4. 倾听可锻炼自身能力和掩盖自身的弱点

通过仔细倾听,可减少对方的防卫意识,增加认同感,产生同伴乃至知音感觉,倾听者可以训练以己推人的心态,提高思考力、想象力、客观分析能力。俗话说,"沉默是金""言多必失"。沉默可以帮助我们掩盖若干弱点。例如,如果你对别人所谈问题一无所知,或未曾考虑,或考虑不成熟,深入倾听就可以掩盖你的无知,以及你的准备不充分,你便获得

了一个喘气的机会。

5．倾听可以调动人的积极性

善于倾听的人能及时发现他人的长处，并创造条件让其长处得以发挥作用。倾听本身也是一种鼓励方式，能提高对方的自信心和自尊心，加深彼此的感情，激发对方的工作热情和负责精神。美国最成功的企业界人士——玛丽·凯·阿什是玛丽·凯化妆品公司的创始人。现在她的公司已拥有 20 万职工。但她仍要求管理者记住倾听是最优先的事。而且，每个员工都可以直接向她陈述困难。她也抽出时间来聆听下属的讲述，并做好详细记录。她还非常重视他们的意见和建议，在规定时间内给予答复。由此满足了他们的自尊心和一吐为快的愿望，调动了他们的积极性。

6．倾听可使你善言和更有力地说服对方

只有善听才能善言。可以想象，如果在对方发言时你就急于发表自己的观点，根本无心思考对方在说些什么，甚至在对方还没有说完的时候就在心里盘算，如何反驳，这样的交谈是难以合拍的。只有善听才能更好地说服别人：你能从他的讲话中发现他的出发点和弱点，是什么让他坚持己见，从而找到说服对方的契机；你的认真倾听会让人感到你充分考虑了他的需要和见解，增加了他认同的可能性。

7．倾听有助于解决问题

这有三层含义。第一，积极倾听可使管理者作出正确决策。尤其对于缺乏经验的管理者，倾听可以减少错误。例如，日本松下幸之助先生创业之初，公司只有 3 人，因为注意征询意见，随时改进产品，确立发展目标，才使松下的电器达到今日的规模。玛丽·凯·阿什创业之初，公司只有 9 人，也由于善于倾听意见，按顾客的需要制作产品，所以企业的效益一直在同行中处于领先地位。第二，人们仔细地互听对方的讲话是解决异议和问题的最好办法。这并不意味着他们必须相互同意对方的观点，他们只需表明他们理解对方的观点。第三，仔细倾听也能为对方解决问题，很多人在生活中都会遇到不需要回答的问题，遇到一个认真的倾听者，就能在倾听中解决问题。例如，当你遇到一个在两份工作上难于作出选择的朋友时，你只需在他时而激昂、时而平静的两个职业利弊分析的陈述中静静地倾听，偶尔在关键的地方予以启示就会起到画龙点睛的作用。也许你什么建议也没提供，但他会觉得你给了他宝贵的意见，帮他完成了艰难的选择。因为他什么都已想到了，你不会比他想得更多，他所需要的，你所能做的只是倾听。

3.1.4　倾听的类型

倾听大致上可以分为学生倾听、员工倾听、管理人员倾听。大体上说，前者是未成年人的倾听，后两者是成年人的倾听。就后两者来说，管理者的倾听在某种意义上来说，比员工倾听更为重要；从一定意义上说，管理者的倾听比员工的倾听难度更大，更是一种挑战——由于交流时语言具有瞬时性和不可储存性，要求处于匆忙之中的管理者迅速地把握说话者的准确意思以及弦外之音。因此，倾听可以分为学生倾听和管理者倾听两种基本的、典型的类型。

管理者的倾听比学生的倾听在难度上要大得多，这是因为两者存在如下的不同点。

第一，听课时我们可以作笔记，把要点和精彩之处记录下来，这甚至是讲课老师的要求。但是,我们不可能在每次与上级或客户交谈时都随时掏出笔记本来,而只能用心去记忆。这不仅是因为交谈环境的原因,也因为交谈气氛和礼仪的原因。

第二,上课的讲义是经过精心组织和修整的,讲课人还会重复要点帮助听者跟上节奏。但社交场合的谈话,通常是随意和散漫的。例如,你邀请一位下属在咖啡馆聊天,他说起对公司一项新出台政策的评论。他的思维可能是跳跃式的,条理不一定清楚,甚至还可能故意隐瞒真实的想法。你就必须从零散的只言片语中找出重点,并体会其背后的本意。

第三,上课也许只要求我们掌握信息本身,而管理者的倾听还需把握他人的情感。语言的精妙之处在于同样的话,其字里行间可透露出截然不同的感情色彩。倾听时,我们要充分运用意识、情感和身体语言,全面、积极地倾听,要用意识去理解本意,要用情感体会感情,要用身体语言给予回应。

第四,学生听课无须考虑老师的年龄、性别、身份,可以"一如既往"地倾听,管理者的倾听必须区分说话者的身份——是上司、下属还是顾客等。不同的对象,其讲话的目的、态度有所不同,对倾听者的要求也不同。因此,管理者所要应付的倾听是非常复杂多变的,对不同类型的发言者,要给予不同侧重的关注。

3.1.5 倾听障碍

沟通的障碍来自环境、信息发信者和信息接收者三个方面。作为沟通的一个重要环节,倾听障碍则主要存在于环境、倾听者两个方面。

大家熟知的列队传话游戏生动具体地表明,倾听障碍是客观存在的。这个游戏是让10个人排成一列,由第一个人领来纸条,记住上面的话并保留纸条。而后,第一个人将记住的话低声耳语给第二个人,第二个人将听到的话低声耳语给第三人,如此重复,直到第十人。然后让第十个人将听到的话写在纸上。最后比较这两张字条,会发现有很大的差别,甚至是天壤之别。

1. 环境障碍

环境对倾听的影响是显而易见、理所当然的。例如,我们可以体会到,在会议室里向下属征询意见,大家会十分认真地发言;但若换到餐桌上,下级可能会随心所欲地谈想法,甚至是不成熟的想法。例如,过强的噪音会妨碍完整地听取发言等。

环境之所以影响倾听,是因为它能产生两方面的作用:第一,干扰信息的传递过程,使信息信号产生削减或歪曲;第二,影响倾听者的心境。即环境不仅从客观上,也从主观上影响倾听。

正因为如此,人们十分注重挑选谈话环境。于是,关于商务洽谈的一些特殊服务业应运而生。

为了具体分析环境对倾听的影响,人们对环境因素作了进一步划分,分为以下三大项。

第一,环境的封闭性。环境的封闭性是指谈话场所的空间大小,有无遮拦设施,光照强度(暗光给人更强的封闭性),有无噪音等干扰因素。封闭性决定着信息在传递过程中的损失概率及人们的注意力。

第二，环境氛围。环境氛围是环境的主观性特征，它影响人的心理接受定势，也就是人的心态是开放的还是排斥的，是否容易接受信息，对接受的信息如何看待和处置等倾向。环境是温馨和谐还是火药味浓，是轻松还是紧张，是生机勃勃的野外还是死气沉沉的房间，会直接改变人的情绪，从而作用于心理接受定势。

第三，对应关系，说话者与倾听者在人数上存在着不同的对应关系。可分为一对一、一对多、多对一和多对多四种。人数对应关系的差异会导致不同的心理角色定位、心理压力和注意力集中度。听下属汇报时不容易走神，因为一对一的对应关系使自己感到角色重要，心理压力较大，注意力自然集中。在教室听课是一对多的关系，听者认为自己不重要，压力小，易开小差。如果倾听者只一位，发言者为数众多，比如面对原被告的法官和面对多家新闻记者的发言人都会全神贯注，丝毫不敢懈怠。

为了给环境选择有所参照，表 3.1 列出了常见环境的三种环境因素和主要障碍的来源。

表 3.1　环境类型特征及倾听者障碍源

环境类型	封闭性	氛围	对应关系[a]	主要障碍源
办公室	封闭	严肃、认真	一对一、一对多	不平等造成的心理负担，紧张，他人或电话打扰
会议室	一般	严肃、认真	一对多	对在场他人的顾忌，时间限制
现场	开放	可松可紧，较认真	一对多	外界干扰，事前准备不足
谈判	封闭	紧张、投入	多对多	对抗心理，说服对方的愿望太强烈
讨论会[b]	封闭	轻松、友好、积极投入	多对多、一对多	缺乏从大量散乱信息中发现闪光点的洞察力
非正式场合[c]	开放	轻松、舒适、散漫	一对一、一对多	外界干扰，易跑题

a 对应关系：指管理人员作为倾听者，与发言者的人数对应关系。
b 讨论会：指深度会谈、头脑风暴会议或专家小组会谈等讨论会形式。
c 非正式场合：指餐厅、咖啡厅、家中等。

2. 倾听者障碍

倾听者本人在整个交流过程中具有举足轻重的作用。倾听者理解信息的能力和态度都直接影响倾听的效果。所以，在尽量创造适宜沟通的环境条件之后，管理者要以最好的态度和精神状态面对发言者。来自倾听者本身的障碍主要可归纳为以下两类。

第一类是倾听者的理解能力。交谈时要注意与对方进行有效的沟通，听讲人的知识水平、文化素质、职业特征及生活阅历往往与他本身的理解能力和接受能力紧密联系在一起，具有不同理解能力的倾听者必然会有不同的倾听效果。正因为如此，倾听者的理解能力也构成倾听中的障碍。"对牛弹琴"便是如此。

第二类是倾听者的态度。除了倾听者的理解能力之外，倾听者的态度也构成倾听中的障碍。这些态度主要有：

（1）排斥异议。有些人喜欢听和自己意见一致的人讲话，偏心于和自己观点相同的人。这种拒绝倾听不同意见的人，不仅拒绝了许多通过交流获得信息的机会，而且在倾听的过程中就不可能集中在讲逆耳之言的人身上，也不可能和任何人都交谈得愉快。

(2) 用心不专。三心二意,心不在焉是这种情况的典型表现。虽然倾听者身在现场,而且表面上似乎在用心努力地听讲,但倾听者本人要么心有另思,要么心不在焉,所以倾听的信息完全或部分未进入倾听者的头脑中,这种倾听的效果肯定不好。所谓"身在曹营心在汉"即如此。

(3) 急于发言。人们都有喜欢自己发言的倾向。发言在商场上尤其被视为主动的行为,而倾听则是被动的。前美国参议员 S. I. Hayakawa 曾说:"我们都倾向于把他人的讲话视为打乱我们思维的烦人的东西。"在这种思维习惯下,人们容易在他人还未说完的时候,就迫不及待地打断对方,或者心里早已不耐烦了,往往不可能把对方的意思听懂、听全。

(4) 心理定势。人类的全部活动,都是由积累的经验和以前作用于我们大脑的环境所决定的,我们从经历中早已建立了牢固的条件联系和基本的联想。在每个人的思想中都有意或无意地含有一定程度的偏见。人都有根深蒂固的心理定势和成见,很难以冷静、客观的态度接收说话者的信息,这也会大大影响倾听的效果。

(5) 感到厌倦。由于我们思考的速度比说话的速度快许多,前者至少是后者的 3～5 倍(据统计,我们每分钟可说出 125 个词,但可以理解 400～600 个词)。我们在倾听的过程中由于思维的速度和听话的速度有差距,就很容易在听话时感到厌倦。思维往往会在空闲时"寻找"一些事做,或者停留在某处,拒绝进一步地思维。这是一种不良的倾听习惯。

(6) 消极的身体语言。你有没有这样的习惯:听人说话时东张西望,双手交叉抱在胸前,跷起二郎腿,甚至用手不停地敲打桌面。这些动作都会被视为发出这样的讯息:"你有完没完?我已经听得不耐烦了。"不管你是否真的不愿听下去,这些消极的身体语言都会大大妨碍你们沟通的质量。

为了了解自己是否存在倾听障碍,可使用表 3.2 进行一次自我测试。

表 3.2   倾听障碍测试

	是	否
懒惰		
你是否回避听一些复杂困难的主题?	( )	( )
你是否不愿听一些费时的内容?	( )	( )
封闭思维		
你拒绝维持一种轻松、赞许的谈话气氛吗?	( )	( )
你拒绝与他人观点发生关联或从中受益吗?	( )	( )
固执己见		
你是否在表面上或者内心里与发言者发生争执?	( )	( )
当发言者的观点与你有分歧时,你是否表现得情绪化?	( )	( )
缺乏诚意		
你在听讲时是否避免眼神接触?	( )	( )
你是否更多地关注说话人的内容而不是他的感情?	( )	( )
厌烦情绪		
你是否对说话主题毫无兴趣?	( )	( )

续表

懒惰	是	否
你是否总对说话者不耐烦？	（　）	（　）
在听讲时你是否做着"白日梦"，或者想着别的事情？	（　）	（　）
用心不专		
你是否关注说话人的腔调或习惯动作，而不是信息本身？	（　）	（　）
你是否被机器、电话、别人的谈话等噪音分心？	（　）	（　）
思维狭窄		
你是否专注于某些细节或事实？	（　）	（　）
你是否拼命想理出个大纲来？	（　）	（　）

重温一下你回答"是"的项，那就是你倾听的主要障碍。

除此之外，人的生理规律也是形成倾听者障碍的原因。依据统计数据，一般认为存在这样的关于记忆的统计规律：一般人在 10 分钟的倾听中只能记住 50％的信息，而两个月后，则只能保留 25％的信息量；在紧急情况下获取的信息，在 3 天之后则只能保留 10％的信息量。依据大量观察，一般认为存在这样的关于注意的规律：人的注意力与时间的函数关系成一条自然曲线，开始时高，在过程中下降，在结束阶段又会上升。

作为统计规律，当然是有例外的。《三国演义》中，杨修用他过目成诵的记忆能力戏弄曹操，使其烧掉自己的新著《孟德新书》的故事是家喻户晓的。但有惊人记忆能力的人毕竟是少数。

当然，这些规律的精确表述也是应进一步讨论的。作为倾听者应该利用这些规律，引起自己的注意，采取适时适当的行动，进行坚持不懈的锻炼，以消除自己的倾听障碍，提高倾听效果。

3.2　如何成为一个好听众

上一节就关于倾听的一些基本问题，包括倾听的定义、重要性、作用、类型和倾听障碍作了一些讨论。这一节将讨论如何形成有效的倾听。关于形成有效倾听的建议是按以下思路展开的：首先要消除倾听障碍；其次在没有障碍的情况下提高倾听技巧；最后在掌握了基本技巧的情况下进入一些具体场合，进行具体、熟练的操作。

3.2.1　克服倾听者障碍

倾听中环境障碍的克服较为容易，且需双方和双方的各个层次共同创造和努力。这里不作讨论。

倾听中倾听者障碍的克服需要较长时间的努力，且主要依靠个人努力去完成。这里作一些探讨。

仔细分析倾听者障碍可以发现：障碍的形成分别出现在发现和吸收信息及解码和理解信息两个过程中。在前一过程中主要是不够专心或粗心大意的障碍，在后一过程中主要是误解的障碍。

为避免粗心大意导致的沟通失误,可从以下三点下功夫:

(1) 尽早列出你要解决的问题。如:此项目何时到期? 我们有什么资源可供调遣? 从对方的角度看,该项目最重要的是哪方面? 在谈话过程中,你应注意听取对这些问题的回答。

(2) 在会谈接近尾声时,与对方核实一下你的理解是否正确,尤其是关于下一步该怎么做的安排。

(3) 对话结束后,记下关键点,尤其是与最后期限或工作评价有关的内容。

造成解码过程错误的主要障碍是"误解"。1977 年两架波音 747 飞机在特拉维夫机场地面相撞,两名飞行员其实都接收到了调度指示。KLM 的飞行员接到的指令是:"滑行至跑道末端,掉转机头,然后等待起飞准许命令。"但飞行员并没把指令中"等待"一事当作必须执行的部分。另一架飞机 Pan Am 的飞行员被令转到第三交叉口暂避,但他将"第三交叉口"理解为"第三畅通交叉口",因而没将第一个被阻塞的交叉口计算在内,就在他停在主跑道上的时候,KLM 飞机以 186 英里的速度与之相撞。飞机爆炸了,576 人遇难。这起不幸的事故就是由飞行员对信息的误解造成的。要克服误解障碍,可从以下四点着手。

(1) 不要自作主张地将认为不重要的信息忽略,最好与信息发信者核对一下,看看指令有无道理。

(2) 消除成见,克服思维定势的影响,客观地理解信息。

(3) 考虑对方的背景和经历,想想他为什么要这么说? 有没有什么特定的含义?

(4) 简要复述一下他的内容,让对方有机会更正你理解错误之处。

3.2.2　提高倾听技巧

关于提高倾听技巧,本章提出七个方面的建议。

1. 搞清前提

我们所谈及的"倾听",是在相互交谈中的倾听。双方是在交流思想和观点,联系情感,而不是辩论。基于辩论的对话与基于联系的对话在很多基本点上有本质区别。例如,在辩论中,倾听是为了反驳,为了分清正误,为了压倒对手;在交流中,倾听是为了理解,为了求同存异,为了帮助对手。搞错了前提就难以进行正确的倾听。关于两者的区别,可详见表 3.3。

表 3.3　辩论对话与联系对话的区别

区别要点	辩论对话	联系对话
对"问题"的解释	将"问题"看作要求提供信息	视"问题"为维持对话畅通进行的手段
下面的评论与刚才"最后发言"的联系	不要求下面的话与刚才最后发言者的话有关,忽略前面的评论倒是控制辩论的一种战略	通常下面的评论与刚才上一发言人的话明确相关
对"挑衅"的看法	视"挑衅"为组织对话的一种方式	视"挑衅"为针对听众个人的,是否定态度的表现,往往对谈话者有破坏作用

续表

区别要点	辩论对话	联系对话
"主题"的界定和转换	主题界定狭窄,转换突然,谈及他事被视为要转换主题	主题的界定是缓慢的,循序渐进的;对旁事的提及被认为是对主题的规范、限制和扩充
对分担问题者的回应	提供劝告,解决办法	给予团结的友谊、安慰;用分担困难来建设共同归属感

2. 建立信任

信任是双方交流的前提。真诚的谈话可以唤起对方的兴趣,激发对方的积极性及参与的主动性。因此,在交谈过程中有意的甚至无意的撒谎,都有可能使对方觉得你是在欺骗他而使交谈中断或效果不佳。

3. 积极投入

（1）进入集中精力的精神状态

随时提醒自己交谈到底要解决什么问题。听话时应保持与谈话者的眼神接触,但对时间长短应适当把握,如果没有语言上的呼应,只是长时间盯着对方,那会使双方都感到局促不安。另外要努力维持大脑的警觉,保持身体警觉则有助于使大脑处于兴奋状态,专心地倾听不仅要求健康的体质,而且要使躯干、四肢和头处于适当的位置,比如有的人认为把头稍偏一点有助于集中精神、全神贯注,意味着不仅用耳朵,而且用整个身体去听对方说话。

（2）采取开放式姿势

人的身体姿势会暗示他对谈话的态度。自然开放性的姿态,代表着接受、容纳、兴趣与信任。根据达尔文的观察,交叉双臂是日常生活中普遍的姿势之一,一般表现出优雅,富于感染力,使人自信十足。但这常常自然地转变为防卫姿势,若倾听者采取此姿势,大多是持保留的态度。既然开放式姿态可以传达出接纳、信任与尊重的信息,而"倾听"的本意是"向前倾着听",也就是说,向前倾的姿势是集中注意力、愿意听倾诉的表现。所以二者是相容的。交叉双臂、跷起二郎腿也许是舒服的姿势,但往往让人感觉这是种封闭性的姿势,容易让人误以为不耐烦、抗拒或高傲。

开放式态度还意味着控制自身偏见和情绪,克服心理定势。在谈话前应培养自己对对方的感受和意见感兴趣,做好准备积极适应对方的思路,去理解对方的话,并给予及时的回应。

倾听应是热诚的,不可抱着冷漠的优越感或批判的态度听人说话。热诚的倾听与口头敷衍有很大区别。"没必要那么担心,事情会好起来的"之类的话于事无益,甚至会使对方产生挫折感:原来自己的担心是没价值的。热诚的倾听则给人更多的关怀与启迪,并在必要时给予鼓励。

（3）采取开放的兴趣观与心态

"如果他们讲得没有兴趣,他们就不能指望我听!"这是在讲座或讲话之后常常听到的话。记住——听者同样有责任。要从中寻找可能与你、与你的工作、与你的兴趣有关的信息。任何信息都可能是与你有关的。要提出下面这样的问题:我可以利用他们说的哪些话？我如何利用这些信息提供更好的服务、提高士气、提高效率、了解有关自己或他人的事？

你要对讲话者表示出兴趣，毕竟没有人想对空墙讲话。学会换位思考，试想一下自己的感受。

开放的心态是指要意识到自己的成见，或者意识到你会将不符合自己思想观念的信息加以调整。对于与你的信念、态度、想法和价值观相矛盾的信息不要认为是威胁、侮辱或者有抵触心理。

开放的心态也意味着尽量不要注意讲话者的外表和举止。不要因为你不喜欢他们的外观就排斥他们的想法。如果你清楚自己的成见，你就更应注意这点并加以控制。

永远不要过早地对讲话者的人格、主要观点和你自己的反应下结论。你可能会出错，并且如果你过快地作出决定，你会错过听到真理的每一个机会。换句话说，慢作评论。

（4）明确倾听目的

你对你要倾听的目的越明确，就越能够掌握它。事先为谈话进行大量的准备，这样可以促使我们对谈话可能出现的问题或意外有个解决的思路；同时可以围绕主题进行讨论，你的记忆将会更加深刻，感受也将更加丰富。这就是目的越明确，效果越显著。

总而言之，积极投入就是要贯穿这样一个指导思想：处在倾听或者说是接收信息的过程中不能是被动的，而应是主动的——光用耳朵不行，还要用心去理解；光理解还不够，还要作出各种反应，以合乎礼仪，调节谈话内容和洽谈气氛，促进谈话顺利进行。

4．多加理解

（1）全面倾听，建立理解的基础

全面倾听包括三个方面的内容：听取讲话的内容；注意语调和重音；注意语速的变化。只有三者结合才能完整领会说话者的意愿和情绪。

（2）全面关注，提高理解的效率

首先注意听清全部信息，不要听到一半就心不在焉，更不要匆忙下结论。很多单独无法理解的词句放到整体语境当中就容易领会了，而且听对方说完也是礼貌和尊重的表现。

其次注意整理出一些关键点和细节，并时时加以回顾。提一些问题，比如"它们都意义清楚吗？""这些观点有事实依据吗？"如果有疑点，应听完以后提问。

此外也要听出对方的感情色彩。言语本身可能带有不同色彩，只有深刻体会到说者的潜在感情色彩，才能完全领悟其语之含义。全面倾听包含以下三方面的内容。

① 听取讲话的内容；

② 听取语调和重音；

③ 注意语速的变化。

三者结合，才能完整领会说话者的意愿和情绪。

（3）悟出言外之意，分析背景，避免误解

听出"言外之意"也十分重要。要透过对方话语的表象，发掘他真实的动机。一般来说，对方隐瞒真情是出于以下"背景"因素：

① 持有不同观点又不便直说；

② 持有不满情绪又不愿表达；

③ 因个性或面子不愿直说；

④ 由于特定环境而不能直说。

分析"背景"因素是做出恰当回馈的关键。比如你的朋友向你表示他还无法下决心买下某套房子。真正原因可能是他的职位岌岌可危，随时准备卷铺盖走人。若你不了解这个情况，很可能会就房子的构造、环境跟他讨论半天。很多推销员也深有体会，顾客挑剔商品的种种不是，其实很可能只是想压低价格而已。

（4）克服习惯思维，结合视觉辅助手段，"倾听"对方身体语言，加深理解

① 克服习惯性思维

人们习惯性地对听到的话用潜在的假设去评价，要取得突破性的倾听效果，必须打破这些习惯性思维的束缚。例如，当你听到某个提议时，不要立即开始思量自己是否喜欢或者应该怎么做。先问一些"条件反射"之外的问题，比如"这项提议顾及到了哪些东西？""它能带来什么好处？"新型思维往往会带来创造力。

② 结合视觉辅助手段

如果谈话对方提供了传单、讲义、小册子或提纲之类的辅助材料，最好充分利用。因为视觉、听觉刺激若结合起来，理解和记忆都可以得到加深。必要时也可以要求对方画图表予以说明。

③ "倾听"对方的身体语言

身体语言往往更加诚实可信，学会"倾听"身体语言是探测对方心灵的有力手段。倾听时注意识别对方的表情大有助益。

a. 僵硬型表情。脸上肌肉麻木，面无表情，往往充满憎恶与敌意，他们试图以此种表情来掩盖自己的真实情绪。

b. 厌烦型表情。主要包括叹气、伸懒腰、打呵欠、东张西望、看时间、表情无奈等。

c. 焦虑型表情。比如手指不断敲打桌面，双手互捏，小腿抖动，坐立难安等。若厌烦型表情没有得到理解，烦躁的情绪积累下去，很可能发展为焦虑。

d. 兴奋型表情。表现为瞳孔放大，面颊泛红，搓手，轻松地跳跃等。

e. 欺骗型表情。当对方喋喋不休地诉说，语义却不连贯，尤其他平时沉默寡言时，他多半想隐瞒什么。另外，下意识地摸下巴、摆弄衣角，或将手藏在背后，都可能是说谎的征兆。

f. 高傲型表情。眼睛眯起，头向后仰，俯视对方，或者双手抱胸，斜视，手叉腰，歪着头等。这都表示自负、盛气凌人，对你的话不屑一顾。

（5）倾听主要观点

不良的听者倾向于只听事实。要学会区分事实和原理、观点和举例、证据和辩解。

提炼主要观点的能力取决于你组织信息和传递语言的能力以及讲话者的重复。主要观点可能在讲话的开始、中间或结尾，所以你必须一直注意着，如果讲话者对讲话做了回顾或总结，那么你就要更加仔细地听。

（6）用批判的态度去听

你应当在无偏见的情况下，对讲话者使用的假设和辩解持评判的态度，并小心估量主要观点背后的证据和逻辑基础。

5．加强记忆

既然平常人们对刚听过的信息记忆率只有 50％，提高记忆的效率的确是件势在必行的事。这里提供了一些简单的技巧。

（1）重复听到的信息。将对方的话用自己的语言重新表达，既加深了记忆，又给予对方纠正错误的机会。

（2）认清说话的模式。若你能总结出对方说话的惯用模式，或者记住其中的典型事例，对其谈话内容重新整理组合，可以帮助记忆。

（3）采用某些记忆法。

（4）记笔记。快速地在纸上记录一些关键词，或自我设计的代表特定含义的符号，在事后再浏览一遍，印象会深刻许多。

6．配合回应

用各种对方能理解的动作与表情表示自己的理解，如微笑、皱眉、迷惑不解等表情，给讲话人提供准确的反馈信息，以利其及时调整。还应通过动作与表情，表示自己的感情，表示自己对谈话和谈话者的兴趣。

表 3.4 是一张倾听技能检测表，可供读者进行自我检测。

表 3.4　倾听技能检测表

1. 你选择某个位置以使你能听得更清楚吗？
2. 你是听主要的看法和事实吗？
3. 你是不注意讲话者的外表而只关注他讲的观点吗？
4. 你"注意到"你既在看讲话者也在听他所说的话吗？
5. 你是以自己的好恶和感情来评价讲话者的话吗？
6. 你是一直把注意力集中在主题上并领悟讲话者所表达的思想吗？
7. 你是在努力深入地思考讲话者所说内容的逻辑和理性吗？
8. 当你认为所听到的内容有错误时，你是在克制自己(你没有插话或"不听")吗？
9. 讨论时，你愿意让其他人作出最后的结论吗？
10. 在你评论、回答或不同意其他人的观点之前，你能尽量做到用心思考吗？

在这些问题中，如果有 7 项或 7 项以上你都是答"是"，说明你是一个良好的倾听者；但是如果答"是"的个数在 7 以下，说明在有效倾听方面，你还需要再训练。

3.2.3　对员工的倾听

1．通过倾听获得下属尊重

用认真倾听来显示自己的个人魅力，获得下属尊重，从而诚实地了解下属传达的信息是倾听员工的第一要点。

管理者要认识到：对管理者而言，做个好听众，比做个好演说家更难；认真倾听是必须而且能够掌握的沟通技能。为此，应当掌握美国著名管理学家罗宾斯提出的四个方法。

（1）专注

要精力集中地听下属讲话，打消分散注意力的念头，积极概括所听到的信息，并留意需要反馈的信息。

（2）移情

要把自己放到下属的位置,努力理解下属表达的含义,而不是自己想要理解的意思,对信息的认知要符合下属的本意。

（3）接受

要客观耐心地倾听下属讲话,不要即刻做出判断,应该在听完后才考虑是否接受对方。

（4）要有对完整性负责的意愿

少摆架子,让下属吐露真情;有诚意,倾听下属情感。只有这样,才能获得真实完整的信息。

为此,你应注意以下一些细节:如与下属交流目光,适当作一些点头及手势动作;放松,不时表示"哦""嗯"等语气词;穿插简短的插话和提问;找出下属没有清楚表达出来的意思;不要急于下结论。

2．克服与下属的倾听障碍的要点

（1）打消畏缩情绪

例如,可以告诉下属:我只听你的意见,没有记住你是谁。有时反过来需要平静下属的激烈情绪。例如,可以告诉下属:"小伙子,别那么激动,事情总会有解决办法的。"

（2）克服主观障碍

这些障碍主要有:以自我为中心、个人偏见、先入为主。

3．善于提出问题

弄清问题和解决问题必须善于提出问题,以便引导说清全部问题,引导其换个角度想,自我解决问题或者找出关键,便于领导出面解决问题。

（1）要提出引导性问题,引起下属思考的问题,与下属意见紧密联系的问题。不要提出表达自己不同观点的问题。

（2）要多用一般疑问句,少用反问句。

（3）提问要在下属的话告一段落时,要事先征询:"对不起,我提个问题好吗?"要尽量使用商量的语气。

案例

认真倾听员工的实例

实例 1：芬兰诺基亚集团自 1995 年年初决定让 250 名员工参与战略审核以来,在蓬勃发展的电讯业中一直以 70% 的年增长率迅速发展。公司高层管理班子每月按照战略日程碰一次面,战略制定已从过去以年度为周期,变为经理人员日常工作的一部分,而且广泛吸纳了更多基层人员的智慧。

实例 2：罗森勃路斯旅游公司不定期地寄给员工们一包东西,里面有建筑用纸和一匣颜色笔,让他们画图描述公司在他们心目中的形象。许多员工设计出积极振奋的图,体现出对公司共同远景的理解,有时却反映出深深隐藏的心中不满。

实例 3：柯达公司在创业初期便设立了"建议箱"制度,公司内任何人都可以对某方面或全局性的问题提出改进意见。公司指派一位副经理专职处理建议箱里的建议,收效甚大。第一个提建议被采纳的是一位普通工人,他建议软片仓库应该常有人做清洁,以切实保证产品质量,公司为此奖励了他20美元,公司为采纳这些建议付出了共400万美元,但也因此获利2000万美元。

案例来源:黄漫宇.商务沟通[M].2版.北京:机械工业出版社,2010.

3.2.4　对顾客的倾听

重要的不是你口若悬河的天分,而是洗耳恭听的本领;鼓励、欢迎顾客投诉,顾客的抱怨经常是反败为胜的良机,处理顾客的抱怨常常是建立了顾客更深一层的关系;有的放矢,对顾客了如指掌,随机应变留心顾客的真正需求——从倾听中发现、唤起以至创造顾客对产品和服务的需要,以实现成功的销售。

案例

倾听顾客的实例

一家仓储服务公司的经理陪同一位有意向的客户参观公司的仓储库房。这位客户即将有一大批设备要暂存,她对该公司的存储设施感到满意。就在经理觉得大功即将告成之时,女客户突然说:"我们要求将货物按不同生产日期分别堆放。"经理有些惊愕,因为无论按技术要求,还是取货便利,都是按货物型号种类储存更好。但他随即回答:"好的,我们会努力提供给客户一切便利。"女客户满意地点点头说:"那就这么定了。非常感谢你们的理解,我已经联系过五个别的仓储公司,可他们无一例外地想劝说我们按货物型号分类,说这样可节省不少空间和时间。"

案例来源:黄漫宇.商务沟通[M].2版.北京:机械工业出版社,2010.

3.2.5　对上级的倾听

人们都学会了在上级谈话时洗耳恭听。事实上,上级经常要对我们发布命令、征询意见,或者只是随便聊聊,有很多时候都需要倾听上级说话。但是如果你想得到上级的赏识,甚至能对他施加影响,仅仅在他说话时保持沉默是做不到的,你必须学会做一个"积极的倾听者"。这里面有很多学问。你首先要表现得让上级觉得你在认真听;然后要敏锐地听出其话外之音;最后,还要对他的话做出简洁、及时、切中精华的回应。

乔治·伯克利在《怎样管理你的上级》一书中介绍了如何有效倾听上级谈话的妙方,总结起来大致有以下七条。

(1)克服下属常有的"不安全感"。不要热衷于从上级的话里判断对自己是肯定还是否定,不要急于为自己辩护或证明自己的价值,应冷静地抓住上级谈话中真正的意图。

(2)集中精力用眼神与他交流,在他说完后不要迫不及待地作出反应,而是稍作停顿,让他觉得你的确仔细听了,且努力记在脑海里。

(3)用简短的一两句话或一两个词复述他的谈话内容,让他相信你已听懂,不需他费事地重复。

(4)简短、及时地记录关键词。既可迫使你认真听,又可表示你很重视他的信息。

(5)注意一些细节。如专门用语、语气、身体语言等改变所透露出的暗藏信息。

（6）在上级与他人交谈时，或者在非正式场合随意聊天时，你也应积极倾听，捕捉其中有意义的信息。

（7）要注意分辨上级真正的命令和一时快语。上级，尤其是暴躁的上级常常发布一些气头上的命令，事后甚至自己也后悔了。所以，为了上级，也为了你自己，在特殊的场合，即使对一些明确的命令，你最好也别去执行。

迟到的倾听

在一家大型食品公司，许玲所负责的部门支持销售部的工作，包括客户的信用评估、账款的收回、销型费用的审核支付、促销活动的控制等。虽无具体销售指标的压力，但工作难度是很大的。第一，一方面要做到严格控制，另一方面要提供大力支持。两者发生矛盾时，当中合理的度是很难掌握的。第二，当销量不好时，销售部会找出种种借口来指责他们支持不力，以推脱责任：信用评估太程序化，致使一些大订单消失；销售费用审核及支付的流程太烦琐，导致费用支付不及时，影响了与客户的关系；促销活动的控制缺乏灵活性，增加了促销活动的难度。第三，初始投诉发生时，上司还会为许玲的部属解释，但多次的投诉却使老板只能把许玲管理的部门当替罪羊，解雇当事的员工，以示公平、公正，以表明他们改变部门工作状况的决心。

许玲的部门新来了一位应届大学毕业生张林，他给许玲留下了聪明、诚实、积极、进取的良好印象。许玲对他寄予厚望：希望他能缓和销售部之间的紧张关系，能给她所管理的部门带来新的活力，增强团队的凝聚力。

许玲改变了对新成员培训的方法。以往，团队有新员工加入时，许玲会给予两周的适应期。在此期间，给他看一些与工作相关的资料，并且花一定的时间与他交流，让他在正式工作前对工作环境、工作内容、工作职责、工作流程有一个大概的了解，以便较快熟悉业务。但这种培训方式表现出了不理想的效果。因为两周纸上谈兵式的学习并不能完全适应复杂的工作状况，因为与之合作的同事会认为他不善于学习和适应能力差而不愿与之合作，以致使员工不能通过试用期，只好重新招人，开始新一轮的训练。

鉴于这个原因以及工作上急需人手，许玲这次只用半天的时间让张林了解公司的有关制度、工作职责、工作流程，就安排他上岗。此外再加上承诺：工作上遇到任何问题都可以随时来找她，她一定会给予必要的帮助。许玲认为这种新的培训方式可以让张林更容易发现问题，提高适应能力，可以降低同事对张林的要求，更乐于帮助和谅解他。

但许玲忽视了这种放任培训方法可能会带来的不良后果，许玲没有想到张林产生了不被关心、不受重视、被遗弃的感觉。没有想到他不愿意把这种感受告诉仅比他大一岁且作为女性的她，没有想到他出于自尊，宁愿自己去想办法，找答案。许玲只看到张林出色的学习和适应能力以及工作被同事们一致认同。许玲对这平静表面留下的危机根本看不到，没有产生要去倾听他的想法。

在张林熟悉工作之后，许玲又给他设计了一个新的学习机会：把其他人的一些业务转交给他，以表示对他能力的认可和信任。让她想不到的是，张林产生了许玲偏袒其他同事和其他同事欺骗他的感觉。她只以为他会更开心、更努力地工作。她没有想到在作出这种非常安排之前或之后,应与他进行正式或非正式的沟通。她没有想到她又犯了一次错误。

此后,在非正式场合,许玲和张林之间也有过一些交流。比如下班了,同事都收拾好东西走人了,他还在加班。许玲去问原因,他开玩笑地说:"因为你偏心,把工作都交给我做,我只好加班了。"许玲也开玩笑地回答:"那是因为你还没上手,效率太低。"比如,午间休息时,他抱怨工作太多,其他同事都太舒服了。许玲只是开玩笑地说:"你是男生,不要老是抱怨。团队里都是女孩,你要多担待一些。"其他人也都帮着进行不合理的解释。张林也就不辩解了。由于是非正式场合,而且人在工作不顺利时也常常会抱怨,因此,许玲并没有认真对待这些抱怨,也忽视了这些抱怨后面的潜台词,没有与他作更深的交流,这让他很失望。不善于倾听使许玲又犯下一次错误。

张林顺利地通过了试用期的考核,成了一名正式员工,他认为许玲应该对他前一段的工作做一个评价,提出对他今后的期望,了解他对自己职业的设计,帮助他认识在公司里的发展前景,在他们之间作一次深入的沟通。可是许玲再次忽略了他,再次失去了沟通的良机。

就在许玲对团队的工作效率和人员稳定感到高兴时,张林提出要离职。许玲感到惊讶万分。他们终于作了一次深入的沟通,许玲作了一次真正的倾听,才了解到他以上的那一些想法。许玲为自己的过失向他作了深刻的检讨。可是为时已晚,他已决心去另一家公司工作。许玲为自己团队失去了一个优秀的成员感到遗憾,并为自己的所作所为感到懊悔。

资料来源:胡巍.管理沟通:案例101[M].济南:山东人民出版社,2005.

案例讨论题:

1. 许玲几次错过了与张林的沟通?每次不能去倾听或未能形成有效倾听的原因是什么?

2. 一些人认为自己很开明,与下属的关系也相当融洽,非正式沟通非常流畅。因此认为下属有问题会主动来与自己沟通,自己无须与下属主动沟通。你认为这种想法对吗?为什么?

3. 一种观点认为:应当重视非正式沟通中的信息——在非正式场合,下属能抛开心理压力,畅所欲言,不怕说错,相信容易得到谅解;因此,非正式沟通中传递的信息有时会更真实地表达他们的想法。一种观点认为:不应当重视非正式沟通中的信息——它产生于非正式场合和随意的表达方式之中。你认为哪种观点是对的?为什么?

4. 为什么说平静的环境对管理者提出了更高的要求?(提示:平静掩盖问题;冲突中的人敏锐,平静中的人迟钝)在平静的环境中管理人员应当怎么做?(提示:保持沟通,发现问题)

本 章 小 结

倾听是一个视觉、听觉并用的过程,是思想、情感、信息兼收并蓄的过程。它极为重要,有多方面的作用,是沟通的有效武器。

这里所论及的倾听是交流中的倾听,而不是辩论中的倾听,它主要分为学生的倾听和管理者倾听两种类型。

倾听由于环境、倾听者本身的原因而存在障碍。

本章就克服倾听障碍和提高倾听技巧提出了一些建议,以便实现有效的倾听,完成沟通重要的一步。

本章还比较详细地讨论了管理者在日常工作中最主要的倾听关系。当然,除了顾客及上、下级之外,同事、供应商、竞争者、公众等也常常成为管理者倾听的对象。这些倾听关系的处理都可以依据克服倾听障碍、提高倾听技巧的基本方法,比照与顾客及上、下级的倾听关系,举一反三地进行处理。

复习思考题:

1. 完整地阐述"倾听"的概念。

2. 结合自己的具体的情况,分析倾听的重要作用。

3. 按照倾听测试表和倾听技能测验表进行自我测试,并结合自身实际情况复习书中有关论述,以真正提高自己的倾听能力。

第 4 章

非语言沟通

学习目的

1. 了解非语言沟通在商务沟通中的重要性；
2. 熟悉非语言沟通的功能和作用；
3. 掌握非语言沟通的表现形式；
4. 体验各种非语言沟通表现形式的内在意义；
5. 了解常用的商务礼仪。

引例

某日，李鸿章带了三个人去拜见曾国藩，请曾国藩给他们分派职务。恰巧曾国藩散步去了，李鸿章示意那三人在厅外等候，自己去了里面。不久，曾国藩散步归来，李鸿章向曾国藩表明来意，请其考察三人。曾国藩摇手笑言："不必了，面向厅门站在左边的那位派他做后勤供应一类的工作，中间那位只宜分派一些无足轻重的工作，右边那位应予以重用。"

李鸿章很是惊奇，问："还没用他们，大人如何得出此结论？"

曾国藩笑着说："刚才散步回来，在厅外见到了这三人。走过他们身边时，左边那个态度温顺、目光低垂、拘谨有余，可见是一个小心谨慎之人，因此适合做后勤供应一类只需踏实肯干、无须太多开创精神的事情。中间那位，表面上恭恭敬敬，可等我走过之后，就左顾右盼、神色不端，可见是个阳奉阴违、机巧狡诈之辈，不可重用。右边那位，始终挺拔而立，气宇轩昂，目光凛然，不卑不亢，是位大将之才，将来成就不在你我之下。"

曾国藩所指的那位大将之才，便是日后立下赫赫战功并官至台湾巡抚的淮军名将刘铭传。

案例来源：百度文库 https://wenku.baidu.com/view/bfccae367275a417866fb84ae45c3b3566ecdd44.html

事实证明，对信息的理解不仅需要凭借口头语言，实际上，非语言提示比语言提示更加有力。这些提示包括目光的沟通、面部表情、肢体动作、空间、时间、距离和外表等。所有这些提示都会对接收者如何解释或解码信息产生影响。

4.1 非语言沟通的功能

非语言沟通作为沟通活动的一部分，在完成信息准确传递的过程中起着重要的作用。

据研究,在沟通中,55％的信息是通过面部表情、形体姿态和手势传递的。非语言沟通在交际活动中的作用是丰富多彩的,它能使有声语言表达得更生动、更形象,也更能真实地体现心理活动状态。

4.1.1　代替语言的作用

我们现在使用的大多数非语言沟通经过人类社会历史文化的积淀而不断地传递、演化,已经自成体系,具有一定的替代有声语言的功能。许多用有声语言所不能传递的信息,通过非语言沟通却可以有效地传递。另外,非语言沟通作为一种特定的形象语言,它可以产生有声语言所不能达到的交际效果。在日常工作中,我们也都在自觉或不自觉地使用各种非语言沟通来代替有声语言,进行信息的传递和交流。在传递交流信息的过程中,既省去过多的"颇费言辞"的解释和介绍,又能达到"只可意会,不可言传"的效果。

案例

毛主席的挥手之间

在方纪的散文《挥手之间》中,描述了在抗日战争结束后,毛泽东去重庆谈判前与延安军民告别时的动作。"机场上人群静静地站立着,千百双眼睛随着主席高大的身影移动。""人们不知道怎样表达自己的心情,只是拼命挥着手。""这时,主席也举起手来,举起他那顶深灰色盔式帽,举得很慢,很慢,像是在举一件十分沉重的东西,一点一点的,一点一点的,等举过头顶,忽然用力一挥,便在空中一动不动了。"

"举得很慢,很慢",体现了毛泽东在革命重要关头对重大决策严肃认真的思考过程,同时,也反映了毛泽东和人民群众的密切关系和依依惜别之情。"忽然用力一挥"表现了毛泽东的英明果断和一往无前的英雄气概。毛泽东在这个欢送过程中一句话也没有讲,但他的手势动作却胜过千言万语。

案例来源:黄漫宇.商务沟通[M].2 版.北京:机械工业出版社,2010.

非语言沟通代替有声语言在舞台表演中的作用最为突出。在表演时,完全凭借手、脚、体形、姿势、表情等身体语言,就能够准确地传递特定的剧情信息。需要指出的是,在管理工作中所采用的非语言沟通与舞台表演时的身体语言应当有所区别。在商务沟通中运用非语言沟通,要尽量生活化、自然化,与当时的环境、心情、气氛相协调,如果运用非语言沟通时过分夸张或矫揉造作,只会给别人造成虚情假意的印象,影响沟通的质量,甚至会起到反作用。

4.1.2　强化效果的作用

非语言沟通不仅可以在特定情况下替代有声语言,发挥信息载体的作用,而且在许多场合,还能强化有声语言信息的传递效果。如,当领导在会上提出一个远大的计划或目标时,他必须用准确的非语言沟通来体现这个目标的重要性。他应该用沉着、冷静的目光扫视全体人员,用郑重有力的语调宣布,同时脸上表现出坚定的神情。在表达"我们一定要实现这个目标"时,要有力地挥动拳头。在表达"我们的明天会更好"时,要提高语调,同时,右手向前有力地伸展等。这些非语言沟通大大增强了说话的分量,体现出决策者的郑重和决心。

4.1.3 体现真相的作用

非语言沟通大多是人们的非自觉行为。它们所承载的信息往往都在交际主体不知不觉中显现出来。它们一般是交际主体内心情感的自然流露,与经过人们的思维进行精心构建的有声语言相比,非语言沟通更具有显现性。

非语言沟通在交际过程中可控性较小,它所传递的信息更具有真实性,正因为非语言沟通具有这个特点,因而非语言沟通所传递的信息常常可以印证有声语言所传递信息的真实与否。在现实交际中,常出现"言行不一"的现象。正确判断一个人的真实思想和心理活动,要通过观察他的身体语言,而不是有声语言。因为有声语言往往会掩饰真实情况。日常工作中。同事之间的一个很小的助人动作,就能验证谁是你的真心朋友。在商务谈判中,可以通过观察对方的言行举止,判断出对方的合作诚意和所关心的目标等。

案例

麻将后面的政治新闻

我国新闻界的前辈徐铸成先生有次谈到他早年采访中的一段经历。1928年阎锡山和冯玉祥曾经酝酿联合反蒋介石,可是当冯玉祥到达太原时,阎锡山却把他软禁起来,借此行动向蒋介石要钱要枪。后来冯玉祥的部下作了一番努力,才逐步扭转危局。那天徐铸成到冯玉祥驻太原的办事处采访,看到几个秘书正在打麻将,心里一动,估计冯玉祥已经脱身出走了,因为冯治军甚严,如果他在家的话部下是不敢打牌的。徐铸成赶紧跑到冯玉祥的总参议刘治洲家采访,见面就问:"冯玉祥离开太原了?"对方大吃一惊,神色紧张地反问:"啊? 你怎么知道?"这个简短的对答,完全证实了徐铸成的判断。徐铸成就这样通过一桌麻将和采访对象的神色语气,获得了冯玉祥脱身出走的重要信息。以后他又经过深入的访谈,摸清了冯玉祥、阎锡山将再度联合的政治动向,在当时这是一条极其重要的政治新闻。

案例来源:黄漫宇. 商务沟通[M]. 2版. 北京:机械工业出版社,2010.

4.2　非语言沟通的表现形式

在上一节中提到了非语言沟通的重要性,在日常生活中的各方面,非语言都是正确完成沟通必不可少的工具。通过上面的案例可以看到,在沟通时通过对所传达的非语言信息进行解读,可以得到准确的信息,有时候甚至胜于语言所传递的信息,正所谓"此时无声胜有声"。

非语言行为的研究者认为非语言沟通中的表现形式有沉默、声音、语气、语调、语速、面部表情、眼神、衣着、修饰物、气味、颜色、触摸以及时间和空间的应用等。此外这些非语言信息符号的理解是依存于一定的社会环境的,因此沟通者所处的环境也是非语言沟通的研究对象。

4.2.1　非语言沟通的环境

每句话在特定的环境下会有不同的意思,甚至于每个词也是一样,离开了句子每个词可能会发生变化。例如 blue 这个单词单独的意思是蓝色,可是当某人说"I'm feeling a little blue"时表示这个人的心情很郁闷,如果不加区分还按照原来的意思估计就会出错。因此在进行有效沟通的时候就要讲究时间、地点和沟通者当时的心情,以及沟通者所处的文化背景。比如,恋爱中的男女比较喜欢安静和浪漫的地方,重要的国际会议等会找相对比较安全、安静和舒适的地方进行。这些都是非语言沟通的环境。

在环境中文化的差异是沟通最大的障碍。下面是文化误区的几个实例,由此可以看出非语言沟通中环境的重要性。

案例

不同文化背景下的非语言沟通举例

有一位美国主管去德国的时候,应邀到一位最大的客户家里做客。他希望成为一个得体的客人,于是给女主人送了一束玫瑰花,一共 12 枝。后来他才知道,在德国如果花是偶数则代表坏运气,而且红玫瑰象征着极其浪漫的情意。

在土耳其,如果你和某个人面对面,双臂交叉是很不礼貌的。

在中国餐桌上招待客人的时候,催促客人吃菜和帮别人夹菜是很热情的表达方式。但是在美国,招待客人从来都是主人和客人各有一套餐具,而且在客人需要佐料,佐料却放得很远的时候,主人就会通过身边的人将佐料传递过去,自己的身体从来不越过别人的食物。中国招待客人的某些方式在美国是很不礼貌的。

案例来源:黄漫宇.商务沟通[M].2 版.北京:机械工业出版社,2010.

4.2.2　非语言沟通表现形式的分类

非语言沟通的表现形式可大致分为沉默、时间、身体语言、空间四个方面。

1. 沉默

中国有句话叫:沉默是金。沉默确实是沟通中很厉害的武器,但是必须有效使用。否则,无论是在平时的日常生活还是商务沟通中,很容易使另外一个沟通者无法判定行为者的真实意图而产生惧怕心理,从而不能达到有效的沟通。沉默可能是对方想结束谈话,也可能是对对方的观点持不同意见,抑或是想争取时间来准备自己的观点和思考自己的问题,当然也可以是纯粹的交流感情。当你对一个想和你交谈的人沉默以待,可能会伤害这个人的感情从而影响到重大决定。比如,由于受到中国儒家文化传统的影响,中国人讲究韬光养晦,在商务谈判中,中国的谈判小组会深深隐藏自己所关心的利益和要求,在谈判中严守讨价还价的原则,对对方所出价格闭口不谈,这也就给自己争取了谈判的机会。但是在同美国人谈判的时候沉默可能并不适合,因为美国人做事坦率、自信、真挚和热情,希望通过自己的滔滔不绝获取有价值的信息,这点正好和中国的谈判风格相抵触。因此,在和不同的谈判对象谈判的时候要把握好自己沉默的度,不然会有可能造成谈判失败。总之,沉默是一种强有力的沟通武器,但必须巧妙使用。

2．时间

时间作为非语言表现形式，主要是因为我们可以根据沟通者对待时间的态度来判定沟通者的性格、观念和做事的方式，从而达到有效的沟通，准确地了解沟通者，做出符合自己利益的决策。

（1）不同民族、社会、文化对时间的感受不同

我们往往容易作出人人都以同样的方式感受不同时间的假定。毕竟一小时就是一小时，不是吗？然而不同的民族、不同的社会和不同的文化对时间的感受是不同的。

在西方，人们信奉基督教，故而将复活节、感恩节、圣诞节这样一些宗教节日视为民族大节，非常重视，举办大量庆典活动。而在我国历史上，老百姓比较喜欢按照阴历计算日子和节日，因此诸如中秋节、春节等才是中国老百姓喜欢过的传统节日。

（2）即使在同一文化下，不同社会团体也将时间分为不同时段

工商界关注从周一到周五的工作日，而零售店的经营者则更多关注周末的工作日；像宾馆、酒店等从事第三产业的经营者会把黄金销售期定在两个黄金周和双休日，而农村可能不怎么关心工作日和周末，他们会根据农业活动和季节（如耕作季节、播种季节和翻晒季节）安排时间。

（3）人们对时间有不同估价

由于时间观并不总是明确的，所以更重要的或许是每个人都有不同的时间划分。根据他们的地位和所处的环境，人们对时间有不同的估价。如一个大公司的总经理和退休老夫妻对于时间的态度会有很大区别。

对人际沟通产生明显的影响也包括使用时间的方式。如果你在上午10点安排一个约会，却在上午10点半露面，那么你可能在传递着某些信息：你对约会的态度、对约会对象的态度或对自己的态度和时间对你的重要性。如果你提前出席一个讲座，可能说明你的兴趣和热情，你可能在利用时间表达你的重视程度。

（4）人们在时间的使用上有不同文化背景

在中国，大部分情况下，人们并没有时间观念，中国的公交车和列车时刻晚点是很正常的事情；在北美国家，"时间就是金钱"。他们会记录约会日程并按日程计划和时间表生活。因此准时和及时对于北美国家是很重要的；在欧洲一些国家，时间观念会比北美国家差一点，但是准时也是他们的特征。在德国，公共交通工具从来都是按照时刻表准确运行的，一旦因为晚点而给乘客造成损失，相关部门会给予适当的赔偿；在南美洲的国家中，人们在参加宴会或者谈判时迟到是很普遍的现象。因此和不同文化背景的人进行沟通要了解和尊重对方的文化。

3．身体语言

在沟通的过程中身体语言总是伴随着有声语言出现。它包括面部表情、肢体语言和体触语等形式。

（1）面部表情

1957年，美国心理学家爱斯曼做了一个实验，他在美国、巴西、智利、阿根廷、日本五个国家选择被试者。他拿出分别表现喜悦、厌恶、惊异、悲惨、愤怒和惧怕六种情绪的照片让这五国的被试者辨认。结果，绝大多数被试者"认同"趋于一致。实验证明，人的面部表

情是内在的,有较一致的表达方式。因此,面部表情多被人们视为一种"世界语"。在面部表情中,应特别注意眼、脸部肌肉、眉的变化。

在日常生活中和一般的商务交往中比较常见的面部表情有挑衅的、傲慢的、厌烦的、不满的、着迷的、高兴的、震惊的、惊讶的、怀疑的、沾沾自喜的、同情的和气馁的等。每一个面部表情所代表的意思会在对方用言语表达内心感受之前更加正确地传达给接收者。在商务谈判中,如果一方的谈判人员面无表情的时候也是心理活动最难捉摸的时候,这时会使谈判的另一方得不到信息反馈而不知所措,也是谈判最难进行下去的时候,最后可能导致不欢而散。

① 目光语

目光语主要由视线接触的长度、方向以及瞳孔的变化三方面组成。

视线接触的长度是指说话时视线接触的停留时间。视线接触的长度,除关系十分亲密者外,一般连续注视对方的时间为 1～2 秒钟以内。与人交谈时,对方视线接触你脸部的时间应占全部时间的 30%～60%,超过这一平均值的人,可认为对谈话者本人比对谈话内容更感兴趣;而低于这一平均值的人,则表示对谈话内容和谈话者本人都不太感兴趣。不同的文化对视线接触的长度是有差别的。在中东一些地区,相互凝视为正常的交往方式。在澳大利亚的土著文化中,避免眼睛接触是尊重的表示。当然,在大多数国家里,特别是在英语国家里,沟通中长时间地凝视和注视及上下打量,被认为是失礼行为,是对私人占有空间或个人势力圈的侵犯,往往会造成对方心理上的不舒服。但并不是说在跟他们谈话时,要避免目光的交流,事实上,英语国家的人比中国人目光交流的时间长而且更为频繁。他们认为,缺乏目光交流就是缺乏诚意、为人不实或者逃避责任,但也可能表示羞怯。

视线接触的方向很有讲究。说话人的视线往下(即俯视),一般表示"爱护、宽容";视线平行接触(即正视),一般多为"理性、平等"之意;视线朝上接触(即仰视),一般体现"尊敬、期待"的语义。

瞳孔的变化是指接触时瞳孔的放大与缩小。瞳孔的变化是非意志所能控制的。在高兴、肯定和喜欢时,瞳孔必然放大,眼睛会很有神;而当痛苦、厌恶和否定时,瞳孔会缩小,眼睛会无光。

眼睛是心灵的窗户,目光的接触也是灵魂的接触。读懂对方的眼神,也就是近乎读懂了他的内心。

② 眉与嘴

眉毛也可以反映许多情绪。当人们表示感兴趣或疑问的时候,眉毛会上挑;当人们表示赞同、兴奋、激动时,眉毛会迅速地上下跳动;处于惊恐或惊喜中的人,他的眉毛会上扬;而当愤怒、不满或气恼时,眉毛会倒竖;当窘迫、讨厌和思索的时候,往往会表现为皱眉。

嘴巴的动作也能从各个方面反映人的内心。嘴巴紧抿而且不敢与他人目光相接触,可能心中藏有秘密,此时不愿透露;嘴巴不自觉地张着,并呈倦怠状,说明他可能对自己和对自己所处的环境感到厌倦;咬嘴唇,表示内疚;当对对方的谈话感兴趣时,嘴角会稍稍往后拉或向上拉。值得注意的是,在英语国家,用手遮住嘴,有说谎之嫌。中国人在对人讲话时,为了防止唾沫外溅或口气袭人,爱用手捂住嘴,很容易使英语国家的人认为他们在说谎话。

(2)肢体语言

肢体语主要指四肢语言,它是人体语的核心。通过对肢体动作的分析,可以判断对方的心理活动或心理状态。

① 手臂语

站立或走路时,双臂背在身后并用一只手握住另一只手掌,表示有优越感和自信心。如果握住的是手腕,表示受到挫折或感情的自我控制;如果握住的地方上升到手臂,就表明愤怒的情绪更为严重。

手臂交叉放在胸前,同时两腿交叠,常常表示不愿与人接触;而微微抬头,手臂放在椅子上或腿上,两腿交于前,双目不时观看对方,表示有兴趣来往。

双手放在胸前,表示自己诚实、恳切或无辜。如果双手手指并拢放置于胸前的前上方呈尖塔状,则通常表明充满信心。

双臂向两侧平伸,上下拍打,一般表示飞。但是在英语国家这一动作也暗指标致的女郎或男子同性恋者。

② 手势语

手势是身体动作中最核心的部分。手势可以是各民族通用的,如摇手表示"不"。手势也会因文化而异,如在马路上要求搭便车时,英、美、加拿大等国人是面对开来的车辆,右手握拳,拇指翘起向右肩后晃动。但在澳大利亚和新西兰,这一动作往往会被看作淫荡之举。在人们的日常生活中,有两种最基本的手势:手掌朝上,表示真诚或顺从,不带任何威胁性;手掌朝下,表明压抑、控制,带有强制性和支配性。在日常沟通中其他常见的手势还有:

a. 不断地搓手或转动手上的戒指,表示情绪紧张或不安;

b. 伸出食指,其余的指头紧握并指着对方,表示不满对方的所作所为而教训对方,带有很大的威胁性;

c. 两手手指相互交叉,两个拇指相互搓动,往往表示闲极无聊、紧张不安或烦躁不安等情绪;

d. 将两手手指架成耸立的塔形,一般用于发号施令和发表意见,而倒立的尖塔形通常用于听取别人的意见;

e. 在英语国家,人们喜欢将两手的食指和中指向下比画,意思是所谓的、自称的或是假冒的。在表示讥讽某人时,也常用这个动作。

手势语不仅丰富多彩,甚至也没有非常固定的模式。由于沟通双方的情绪不同,手势动作各不相同,采用何种手势,都要因人、因物、因事而异。

③ 腿部语言

站立时两腿交叉,往往给人一种自我保护或封闭防御的感觉;相反,说话时双腿和双臂张开,脚尖指向谈话对方,则是友好交谈的开放姿势。

架腿而坐,表示拒绝对方并保护自己的势力范围;而不断地变换架脚的姿势,是情绪不稳定或焦躁、不耐烦的表现;在讨论中,将小腿下半截放在另一条腿的上膝部,往往会被人理解为辩论或竞争性姿势；女性交叉上臂并架脚而坐，有时会给人以心情不愉快甚至是生气的感觉。

笔直站立，上身微前倾，头微低，目视对方，表示谦恭有礼，愿意听取对方的意见。

坐着的时候无意识地抖动小腿或脚后跟，或用脚尖拍打地板，表示焦躁、不安、不耐烦或为了摆脱某种紧张感。

（3）体触语

体触是借身体间接触来传达或交流信息的行为。体触是人类的一种重要的非语言沟通方式，它使用的形式多样，富有强烈的感情色彩及文化特色。体触语能产生正、负两种效应，其影响因素有性别、社会文化背景、触摸的形式及双方的关系等。由于体触行为进入了最敏感的近体交际的亲密距离，容易产生敏感的反应，特别在不同的文化背景中，体触行为有其不同的含义，因此，在沟通中要谨慎地对待。

（4）服饰

服饰是"无声的语言"，有时候直接影响陌生人对自己的第一印象。衣着的搭配直接关系到你对颜色的品位以及你对事物的欣赏力，对方通过你的着装也可以获知你的社会地位、性格等各方面的信息。

① 衣着的颜色

在选择服饰的色彩搭配时，要求和谐、美观，否则会给人以不悦之感。

服装色彩的搭配有两种有效的方法，即亲色调和法和对比色调和法。亲色调和法是一种常用的配色方法。这种方法要求色调相近似，使深浅浓淡不同的颜色组合在一起。如深绿与浅绿搭配，红色与深红搭配等。对比色调和方法的特点是在服装色彩搭配上以其中一种颜色衬托另外一种或两种颜色，各种颜色不失各自的特色，相映生辉。三种颜色对比搭配，如红黄蓝、橙绿紫等。在着装颜色搭配上，切忌上下身都采用鲜明的颜色，这样会显得很刺眼，令人不舒服。

服装穿着要根据不同的地区环境和不同的社交场合搭配色彩。认识了色彩的搭配规律，我们在服装上将会更好地运用色彩。

 案例

黑色衣服更显野蛮

根据两名康奈耳大学心理学家的研究显示，身着黑色球衣使足球运动员或曲棍球队员在赛场上的表现看上去更为野蛮。

1970—1986 年，28 个全国足球联盟队所受裁罚的记录表明，12 个受处罚最多的球队中，有 5 个队的制服以黑色为主色调。同样，这 17 年间 3 个受罚最多的全国曲棍球联盟队也身着黑色。

上面的发现促使心理学家对黑色衣着进行了一系列实验：将两盘足球比赛的录像带放给由球迷和裁判组成的小组观看。一盘带子上，防卫者身穿黑色球衣；另一盘上，防卫者穿白色球衣。观众认为虽然动作相同，但身穿黑色球衣的比身穿白色球衣的更具"攻击性"，也较肮脏。

心理学家推测：由于黑色着装的人往往给人以更具攻击性或更蛮的感觉，这样一来，这个着黑色装的人也就变得更具攻击性。

案例来源：Quoted from Jerry E. Bishop. Athletes Wearing Black Play More Aggressively. (The Wall Street Journal, February 29,1988,21)

② 服饰的搭配

在不同的交往情境中，服饰的搭配可以展示一个人的品位和素质，也象征一个人的身份和地位。服饰的搭配包括衣服样式、颜色和身上的饰品的搭配。从一个人的衣服的样式可以知道此人究竟是时尚还是传统；从颜色可以知道此人性格外向还是内向或者人是否沉稳。身上的饰品同样也很讲究。比如男士在穿西装时，整体着装从上至下不能超过三种颜色，这样从线条整体上看会更流畅、更典雅，否则会显得杂乱而没有整体感。款式不一定是要流行，但是要简洁大方；同时还要注意和袜子的搭配，穿西装时一定要搭配深色的西装袜，切忌搭配白色的袜子。因为这样有可能会导致在坐着的时候，白色的袜子从裤腿和皮鞋中间露出来，这样会显得很不和谐。通常白色或者浅色的袜子是用来搭配休闲服和便鞋的。女士一般在出席正式的场合时都是套裙，裤子多出现在工作服或者是便服中，穿着套裙也应该注意鞋子和袜子的搭配问题。在生活中也常常出现"凤凰头，笤帚脚"：比如身着很正规的套装或是工作服，脚上却是旅游鞋；有的女士穿着非常高档的套裙，脚上却穿着没有后帮的拖鞋式凉鞋，这些会使形象大打折扣，从而造成沟通的障碍。

4. 空间

不管我们生活的环境人口密度有多大，我们仍然有自己的生活空间，我们随时保护着自己的空间不被外界侵犯，并对侵犯我们个人空间的行为做出相应的反应，这都是生活中常见的现象。比如：在幽静的公园里，有人坐在一条长椅上独自沉思或者看书。如果你也想到长椅上坐一会儿，你一般会坐在哪里呢？往往你会不假思索地坐在离他尽可能远的一端，尽管这条长椅能容纳三四个人。这样你才会觉得舒坦一些。可你是否想过是什么因素支配着你的这种无意识的活动呢？

如果，这次你故意靠近那人坐下，甚至已接触到那人的身体，那么会发生什么情况呢？结果往往是，那人开始不自然地尽可能往一旁挪动，或者皱起眉头瞥你一眼。如果你还是不知趣地往他身边靠近，他就可能站起来，不满又无可奈何地瞪你一眼，拂袖而去。如果是女士，很可能觉得你的行为造成了冒犯。那么你有没有想过他的心理上又是什么原因在起作用呢？

在我们的工作环境中可以发现，董事长或者是身份地位比较高的人的办公室总是会有一张比较大而宽的桌子，在你和他交谈的时候两个人的距离总隔着桌子的宽度甚至更远；还有的公司的布局就是把每个人的工作的空间隔开，以此来增加工作人员的空间距离防止其在工作期间交谈。可能你觉得这是司空见惯的事，可是却包含着深刻含义。

(1) 气泡学说

美国推销学家罗伯特·索默经过观察和实验研究发现，人具有一个把自己圈住的心理上的个体空间，它就像一个无形的"气泡"一样，为自己割据了一定的"领土"。一旦这个"气泡"被人触犯，就会感到不舒服或不安全，甚至恼怒。

人们都有一种保护自己的个体空间的需要，这并非表示拒绝与他人交往，而只是想在个体空间不受侵占的情况下自然地交往。个体空间实际上是使人在心理上产生安全感的"缓冲地带",一旦受到侵占,就会作出两种本能的反应:一是觉醒反应,如手脚的许多不自然动作,眨眼的次数增加等;二是阻挡反应,如挺直身子,展开两肘呈保护姿势,避开视线接触。觉醒反应是引起的紧张状态,阻挡反应是对待情境的一种方式,如果实在忍无可忍,只要有机会,就会退而避之了。

(2) 个体空间的范围

由于气泡的存在,大多数人都有领土感。因此在实际沟通活动中,我们应该根据交往对象、交往内容、交往场合、交往心境等一些主客观因素确定交往过程中双方的空间距离。

① 亲密距离

距离在 0~0.5 米,用于表示爱情、亲密的友情和儿童抱住父母或儿童相互拥抱,但它也包括摔跤和打架。在西方文化中,女人之间和有亲密关系的男人与女人之间处于这种状态是可接受的,但在男人之间或没有亲密关系的男人与女人之间处于这种状态则可能是令人尴尬的。然而,在阿拉伯文化中,男人们在大街上边走边相互搂着肩膀则是完全正常的。

因此,除非像拥挤的电梯或地铁车厢这样的场合迫使人们如此以外,以这种距离接触只适合于亲人、爱人或知心朋友之间。在一般的交往当中,如果有人闯入这个空间范围便是不礼貌的,会引起对方的反感,也会自讨没趣。

② 个人距离

近距离在 0.5~0.75 米,远距离在 0.75~1.25 米。这在人际间隔上稍有分寸感,已少有直接的身体接触。一般的个人交往都在这个空间内,它有较大的开放性。任何朋友和熟人都可以自由地进入这个空间,同时也可以提醒或者阻隔陌生人进入自己的亲密距离之内。当在交谈中和对方的关系有一定进展时,也能给对方接近自己的机会。

③ 社交距离

已经超出了亲密或熟人的人际关系,而是体现一种社交性的或礼节上的较正式的关系。近距离在 1.25~2 米,一般出现在工作环境和社交聚会、治谈协商场合;远距离在 2~4 米,表现了一种更加正式的交往关系。有些大公司的董事长或总经理往往有间特大的办公室,这样在与下属谈话时就能保持一定的距离。企业或国家领导人之间的谈判,工作招聘时的面谈,教授和大学生的论文答辩等,往往都要隔一张桌子或保持一定距离,这样就增加了一种庄重的气氛。在社交距离范围内,已经没有直接的身体接触,说话时,也要适当提高音量,需要更充分的目光接触。如果谈话者得不到对方目光的支持,他(或她)会有强烈的被忽视、被拒绝的感觉。这时,相互间的目光接触便是交谈中不可或缺的感情交流形式。

④ 公众距离

在这个空间内,人际之间的直接沟通大大减少。其近距离在 4~8 米,其远距离则在 8 米之外。这是几乎能容纳一切人的"门户开放"的空间。人们完全可以对处于这个空间内的其他人"视而不见",不予交往,因为相互之间未必发生一定联系。

可以看出,空间距离对于交往双方是很重要的。在管理者如何和自己的下属进行有效沟通或者管理者希望促进自己与下属之间进行有效沟通时,缩小两个人之间的空间距离可能是比较有效的沟通方法。在办公室的布局和摆设方面,有的公司是用方桌子隔开员工的工作区域或隔开上司和下属,这样可以保护沟通双方的隐私,但同时也会减少彼此之间的交流,从而影响有效的沟通。在有的公司会采用敞开式的办公室从而增加员工之间的交流,提高工作效率。

 案例

惠普的敞开式办公室

美国惠普公司创造了一种独特的"周游式管理办法",鼓励部门负责人深入基层,直接接触广大职工。

为此目的,惠普公司的办公室布局采用美国少见的"敞开式大房间",即全体人员都在一间敞厅中办公,各部门之间只有矮屏分隔,除少量会议室、会客室外,无论哪级领导都不设单独的办公室,同时不称头衔,即使对董事长也直呼其名。这样有利于上下左右通气,创造无拘束和合作的气氛。

单打独斗、个人英雄的闭门造车工作方式在现今社会是越来越不可取了,反而团队的分工合作方式正逐渐被各企业认同。管理中打破各级、各部门之间无形的隔阂,促进相互之间融洽、协作的工作氛围是提高工作效率的良方。

不要在工作中人为地设置屏障分隔,敞开办公室的门,制造平等的气氛,同时也敞开了彼此合作与心灵沟通的门。

对一个企业而言,最重要的一点是营造一个快乐、进步的环境:在管理的架构和同事之间,可以上下公开、自由自在、坦诚地沟通。

案例来源:惠普的敞开式办公室.北京石油管理干部学院学报.2015(1).

4.3 非语言沟通相关礼仪知识

由于商务礼仪涉及大量的非语言沟通的内容,因此在这里介绍一下常见的商务礼仪。商务礼仪是商务人员交往时遵守的规范,也可以说是商务人员的交往艺术。遵守商务礼仪的目的在于以下两点。

1．提高个人素质

比尔·盖茨曾经说过这样一句话:"企业要内强素质,外塑形象。"企业的每个员工是企业的活体广告,在和别人进行交往的时候都代表了企业的形象,个人素质的提高可以塑造良好的企业形象,形象就是效益,既是经济效益也是社会效益。

2．有助于沟通

中国有句古话:礼多人不怪。在商务交往中,遵守礼仪规范可以给人以友善、真诚可以信赖的感觉。在共同的礼仪规范背景中,能对自己有清楚的定位同时也对别人有准确的定位,沟通会更加方便和有效。

4.3.1 服饰礼仪

服饰礼仪是对商务人员在商务交往中衣着打扮方面的要求和规范。心理学家研究发现,在人们获得信息的时候,80%是来自第一印象。在正式的商务社交中,男士一般着西装套装,女士一般着套裙,但是西装和套裙色彩、款式、质地要遵守一定的规范。

1. 色彩

服饰的色彩从来都是排在第一位的,因为色彩可给人最直接的视觉感受。男女的服饰的色彩一般都以冷色调为主,如蓝、灰、棕、黑等,可以显示商务人员的严谨、庄重,同时又不失文雅。套装的上身和下身应尽量保持一致的颜色,女士的套裙可以采用上深下浅或上浅下深。同时和衣服搭配的饰物颜色也要和衣服的颜色保持和谐。比如在正式商务场合,女士身上所佩戴的饰物的颜色最好是同一种颜色,且与衣服相称。

2. 款式

男士的西装在款式上有欧式、英式、美式和日式。欧式西装领型狭长,腰身中等。袖笼与垫肩较高,上衣呈倒梯型,多为双排扣;英式西装的外观和欧式西装相仿,但其垫肩较薄,后背开叉,穿起来比较绅士;美式西装的领型比较宽大,其垫肩适中,腰部略收,两侧开叉,多为单排三粒扣;日式西装的外观略呈 H 型,领型较窄和短,垫肩不高,后部多不开叉,一般为单排两粒扣。欧式西装洒脱大气,英式西装剪裁得体,美式西装宽大飘逸,日式西装贴身凝重。比较而言,英式与日式西装似乎更适合中国人穿着。一般上衣不应过长或过短:过短看起来很滑稽;过长会显得不笔挺、不精神。西装的裤子以筒裤为正统,不能太紧也不能太松,太紧会影响活动,同时也不雅观;太松会显得拖沓、有失庄重。西装的背心大都和上衣裤子是同质、同色的,且以 V 领为佳。

3. 女士的套裙

女士的套裙没有固定的款式,可以是上长下长、上短下短、上长下短,抑或是上短下长。套裙款式的变化在于上衣和裙子的款式多种多样。上衣可以紧身也可以宽松,领子有各种样式,比如 V 字领、U 字领、一字领、圆领等,衣扣可以是单排也可以是双排,同时在衣服口袋、袖口等地方样式也在不断翻新。裙子的款式也是千变万化,比如裙子的样式有一步裙、桶裙、喇叭裙、旗袍裙等,因此女士的穿着在商务交往中显得更丰富多彩一些。但是女士套裙的上衣不能太短,最短应齐腰,裙子不能太长,最长至小腿中部;不可以乱搭配,不可以乱配鞋袜,一般传统的套裙配黑色高跟的船式皮鞋。同时,女士的衣服切忌过分暴露、过分时髦、过分可爱、过分潇洒。

4. 质地

在商务交往中,人们从远处走过来,首先看到衣服的颜色,其次是衣服的款式,最后可能就是衣服的质地了。质地的高档会给人高雅和注重自身形象或者是注意细节的印象,教养体现于细节,这对促成沟通有很重要的作用。如果衣服的质地很差的话,对方可能会想是否你所属单位的效益不好抑或是你不在乎这次沟通,也许是从心里不尊重对方,这些都会成为有效沟通的障碍。对于男士或是女士的服饰的质地有以下要求:尽量选择上等的材质,应该符合匀称、平整、光滑、柔软、挺括等要求,长时间不起皱或是褪色。

4.3.2　见面礼仪

见面礼仪分为介绍礼仪、握手礼仪和使用名片的礼仪。

1. 介绍礼仪

（1）介绍的时机

介绍的时候要挑选时间,比如对方有空闲的时候、心情好的时候、独处的时候、有这种意愿的时候,主动提出邀请的时候;在对方正在交谈、开会、用餐以及不想和别人进行交谈或心情不好的时候不要主动上前介绍,否则可能会吃闭门羹。

（2）介绍的内容

介绍的内容一定要长短适中,不能过长,否则对方会没有耐心听,只要言简意赅地介绍姓名、所属单位即可。

（3）介绍时的态度

介绍的时候眼睛要注视对方,和对方进行目光交流,让对方体会到真诚,不能一边介绍一边和第三方、第四方打招呼或者眼神游离;同时这也是对被介绍者的要求。介绍的时候语速不能太快,要适中,考虑到对方需要反应时间,介绍的时候要不卑不亢,不要因为自己的地位比别人低而显得过于谦卑或缺乏自信,也不要故意和被介绍者套近乎。

（4）遵守商务礼仪的规范,弄清楚是否双方都愿意结识对方

如果两方本身就存在矛盾或者有礼仪冲突,这时介绍双方认识会使得双方出现尴尬局面。

（5）注意介绍的顺序

如果一方的人多,而另一方只有一个或者是人数较少的时候要先介绍人少的一方,人多的一方只需介绍主要人物,其余的只要介绍其所属即可。如果另一方的地位比较高,则先介绍位卑者,位尊的人有优先知情权。在一般的社交场合,大致的规则是把晚辈先介绍给长辈,男士先介绍给女士,把地位较低者先介绍给地位较高者,把未婚之人先介绍给已婚之人,把个人先介绍给众人,把聚会后到的人介绍给先到的人。

2．握手礼仪

握手是石器时代穴居人留下的一种遗俗。那时,人们在狩猎的战争过程中,手中常拿着武器,当与陌生人相遇时,若双方都无恶意,就要放下手中的武器,然后向对方敞开双掌亮出手心,或让对方摸摸手心。随着时代的变迁,这种遗俗逐渐演变成一种两手相握的礼节形式。现在大多数国家的人们都已经将握手礼视作一种习以为常的见面礼。同时,握手礼也是国际、商务、事务、社交等场合所通用的见面礼仪式。

（1）行握手礼时的注意事项

通常情况下,行握手礼时应注意:上下级之间,上级伸手后,下级才能伸手相握;长辈和晚辈之间,只有长辈伸出手后,晚辈才能伸手相握;男女之间,只有女士伸手之后,男士才能伸手相握;握手时,男士应该脱下手套,女士如果戒指戴在手套的外面可以不脱手套;握手时,应该伸出右手,绝不能伸出左手;握手的力量要适中,既不能有气无力也不能太用力。

主动与人握手之前,首先应该考虑自己是否受对方欢迎,如果你认为他欢迎你,即使对方是你的上级,你先伸手与他握手也未尝不可,因此,你是否先伸手,主要取决于你们之间的关系如何。

（2）握手的种类

① 刺剑式握手

有些人在和别人握手时,将掌心向下,像刺剑似的猛地伸出一只僵硬的胳膊再加上掌心向下,这样迫使接受者处于被动状态。这种握手是粗鲁、放肆、令人讨厌的握手形式

之一。

因为握手人的胳膊僵硬,再加上掌心向下,这样会使接受者心理上有一种受控制的感觉,因此,很难同接受者建立平等的友好关系。

② 戴手套式握手

有些人常常戴着手套主动和别人握手,认为这样也能表示对对方的热情和欢迎。事实是与此相反,因为戴手套本身意味着讨厌别人接触你的手。在大多数国家内,戴手套与别人握手既不礼貌,也是对对方的侮辱,因此应避免戴手套同别人握手。

③ 死鱼式握手

有时我们会接到一只软弱无力的手,对方几乎将他的手掌全部交给你,任你摆握,这只手像一条死鱼,因此被称为死鱼式握手。

握手本身是一种表示热情友好的礼节,但是当有人伸出这样一只手与你相握时,你会感觉到无情无义,受到冷落,并会感到对方性情软弱,这种形式的握手所带来的结果十分不好。

④ 手拍手式握手

主动握手者用右手握住对方右手,再用其左手握住对方手背,这样对方的手就被夹在主动握手者双掌之间,这种握手方式在西方国家被称为"政治家的握手"。

这种握手的方式试图让接受者感觉到热情真挚、诚实可靠。在朋友和同事之间这种形式的握手确实可达到预期的效果,但是如果对初次见面的人使用可能会导致相反的效果。

⑤ 木棍式握手

握手时,有的人远远地伸出一只木棍式的胳膊,他的胳膊挺直僵硬,这种形式被称为"木棍式握手"。这种方式的握手是想同对方保持一定的距离。保持距离的目的是:其一,握手人的个人空间范围大于接受者,用这种形式握手可以防止对方侵入他的空间范围。其二,握手人害怕侵犯对方空间范围。比如下级同上级握手时,由于他们的地位差别,地位低的人不敢侵犯地位高的人的个人空间的范围,就会用这种形式与对方握手。

⑥ 抓指尖式握手

握手时,有的人只是握住对方手的几个指尖,这是一种不标准的握手形式。即使主动伸手的人表面热情亲切,也会给对方一种十分冷淡的感觉。

⑦ 伸臂式握手

握手时,有人会将接受者的手拉过来与自己的手相握,这种握手方式被称为"伸臂式"握手。这种方式的握手意味着两种情况:其一,主动握手者属于"胆怯型",只有在他自己的区域内他才会感到安全;其二,主动握手者的密切区域小。这种握手方式会让人感到很不舒服。

⑧ 双握式握手

握手时,有的人常常用双手同他人相握,这种握手形式是比较好的。使用这种方式握手时,通常是主动握手者的右手与对方右手相握,他的左手移向对方的右臂,这样,他伸出来的左手和左臂就可以向接受者传递更多的感情。用双手握的人是想向人传达一种真挚深厚的感情。

在和对方握手的时候,以上有的握手方式是不适合的,有的握手方式则适应于不同场合。和他人第一次见面握手的得体之法是,握手时间不能很长但是有一定的力度,眼睛不要左顾右盼,目光要停留在对方身上。

3. 名片的使用

在口头介绍以后,商务人员可以递上自己的名片以便对方可以更详细地了解你的信息,同时也方便以后联系。

（1）名片上的内容

名片的制作要简单大方,名片的颜色可以使用白色、淡黄色等浅色系,大小一般长 9 厘米,宽 5.5 厘米;商务名片的内容可以只包含自己的归属(即所在单位、所属部门等)、简单的自我介绍(姓名、职务、职称)、联系方式(公司的电话号码、邮政编码、传真)。名片上不建议赘述太多,否则会给人卖弄和轻浮的感觉;如果有必要可以印制多种名片,和不同的人员交往的时候递以不同的名片。

（2）交换名片

如果希望和别人进行长期的沟通,索要名片是很有必要的,这时你可以主动递上自己的名片,对方按照礼仪规范也会将自己的名片作为交换。同时也可以以委婉的方式索要,比如提出"以后怎么向您请教",一般的商业人士出于礼貌会将自己的名片给你。如果他人向你索要名片,你即使不想给对方也要注意委婉地拒绝,比如"对不起,我的名片发完了"或者是"对不起,我忘了带名片",这样不会让索要名片的一方觉得没面子。

此外,在将自己的名片递给对方的时候一定要用两只手,眼神专注,不能四处看,同时接收名片的一方也要用两只手接,或者是用右手,但是绝对不能用左手,在某些国家左手被认为是"不洁之手",是专门用来方便时用的。拿到名片后,应适当地看上半分钟,然后放在自己的口袋里或者是公文包中,不能随处乱放,否则会给人不被重视之感。

如果人很多,发放名片的时候要按照顺时针的顺序逐一发放,不能错漏任何一人。如果错漏会给人一种不被重视的感觉,从而影响彼此之间的沟通。

4.3.3 目光礼仪

目光的礼节因为民族、文化的差异而不同。比如美国人使用目光相互打量的次数多于大多数亚洲人,如果一个美国人同一个中国人交谈,美国人可能会误认为中国人紧张,缺乏自信或失礼。而中国人会感到美国人目光有些放肆。这正是因为中国人使用目光的次数少于美国人。同时美国人习惯在正式谈话时看着对方的眼睛,如果看别处就是一种失礼的行为。

在人与人的交往中,眼睛的作用要比有声语言显得更为重要,更有表现力、感染力,因此在面对面的交往过程中,要注意针对不同的对象采取不同的目光礼节。目光礼节主要包括以下四种凝视。

1. 公事凝视

公事凝视主要是洽谈业务、进行贸易谈判时使用的一种凝视行为。这种凝视就是用眼睛看着对话者脸上的三角部分,这个三角以双眼为底线,上顶角到前额。洽谈业务时,如果你看着对方的这个部位,就会显得严肃认真,别人也会感到你有诚意。在交谈的过程中,如果始终落在这个三角部分,你就会把握谈话的主动权和控制权。

2. 社交凝视

社交凝视是人们在社交场合所使用的凝视行为。这种凝视也是用眼睛看着对方脸上的三角部位,这个三角是以两眼为上线,嘴为下顶角,也就是双眼和嘴之间,当你看着对方脸上这个部位的时候,会营造出一种社交气氛。这种凝视主要用于茶话会、舞会以及各种类型的友谊聚会。

3. 亲密凝视

亲密凝视主要是在男女之间,特别是亲人和恋人之间使用的一种凝视行为。这种凝视是看着对话者的双眼到胸部之间。当男人对女人或后者对前者产生特别好感时,一般是看着对方这个部位。当然用眼睛专注对方的胸部范围时只有恋人之间才算合适,对陌生人来说,这种凝视就有些过分了。

4. 侧扫视

侧扫视是用来表示兴趣、喜欢、轻视或敌意态度的凝视行为。这种凝视行为伴随着微笑和略翘起的眉毛,是一种表示兴趣的信号。如果伴随着眉毛下垂、嘴角下撇的话,就会表示一种猜疑、轻视、敌意或者是批评性的信号。

在一般商务场合多采用公事凝视或社交凝视来营造庄重或者是和谐的氛围。

4.3.4　馈赠礼仪

在商务交往中双方互赠礼物可以让人感觉到自己被重视,既是一种礼貌的行为,也可增进双方的感情,但是在馈赠礼物时必须遵守一些基本的礼仪,否则会有适得其反的效果。

在赠送他人礼物的时候思想上一定要有正确的认识,不能认为因为自己是去"贿赂"他人抑或是有求于他人才送礼物的。这样的送礼会给对方造成反感或者是心理压力。

案例

江泽民主席的礼品

江泽民主席出访俄罗斯时,曾向叶利钦总统赠送了一盘由中国制作的关于反法西斯的歌曲配画的录像带。这盘录像带的内容究竟是什么呢?

北京五岳文化咨询公司董事长冯精志后来透露:这盘长达 1 小时 50 分钟的录像带名为《神圣的战争——苏联卫国战争歌曲回顾》,是由冯声华编导、五岳公司和广州艺宝影音制作传播公司联合制作的。

《神圣的战争——苏联卫国战争歌曲回顾》选用了《神圣的战争》《我到过世界不少地方……》《小路》《夜莺》《灯火》等 13 首苏联歌曲,均由苏联功勋艺术团演唱。画面全都是苏德双方军事记者拍摄的极其珍贵的电影资料。通过歌曲和画面,讲述了苏联人民奋起抗击德国入侵的辉煌业绩,展示了主要战役,介绍了双方的政治领导人和将领。

据悉:当片子在俄罗斯驻华使馆放映时,引起强烈的反响,许多人热泪盈眶。一些官员说:"尽管片子中反映的是我们苏联人民在卫国战争中的事情,但许多画面是第一次看到。从片子中可以感到最了解苏联的是中国人民,你们能够想到制作这样的片子说明了你们对我们的深厚情谊。"

案例来源:新安人才网——管理之窗.2011 年.

在商务交往中,送礼物给对方要考虑以下四个问题。

1. 礼物馈赠的对象

不同对象的需要和喜好是不一样的,比如,外宾喜欢自己的商务伙伴赠送能代表民族特色的礼物;喜欢书法的朋友可能喜欢别人送他字画;喜欢收藏邮票的人喜欢对方送他有珍藏价值的邮票,因此不一定是贵重的礼物才是最好的。而且在送礼物的时候要注意三大禁忌:民族禁忌、职业方面的禁忌和个人方面的禁忌。

2. 馈赠礼物的目的

商务交往中送礼物大多是表示祝贺友好,希望和对方保持良好的关系。而不能是因为要达到某些商业方面的利益和对方故意套近乎,这样会让对方感到厌恶。

3. 馈赠礼物的时间

在商务交往中的初次见面是不适合送礼物的,可以在告别或下次见面的时候送礼物,在对方比较重要的节日或者是庆典中是可以送礼物的。

4. 赠送礼品的方式

赠送礼品的方式包括面交、寄交、转交。将礼品进行精美的包装,这样可以让对方感受到你对对方的重视。如果有可能最好是当面交给对方,如果是寄交或是转交,要附带祝福之类的话语。

同时商务人员接受别人的礼物时也要符合礼仪规范,当送礼者取出礼品时,接受礼物的一方的得体之法是表现得大方稳重,认真且面带微笑地注视着对方,在对方递上礼物的时候,要用双手接住,然后将礼物放在自己的左手上,将右手空出来和对方握手。如果礼物较大不是很方便的话,可以将礼物放在桌子上,然后和对方握手。同时要说一些感谢之类的礼貌用语。如果当时有时间的话,可以当着对方的面将礼物拆封,但动作一定要轻柔文雅,以防将礼物弄坏,同时对礼物进行一番赞美。如果礼物是他人转交或者是寄交的话,要在接到礼物的时候通知对方礼物已收到并表示感谢。如果想要拒绝别人的礼物,不能不给对方面子直接拒绝,要给对方容易接受的理由,比如可以说是公司的规定等。

来而不往非礼也,在接受别人礼物以后要在适当的时候予以还礼,表示自己想和对方保持友好关系的想法,这也是一种礼貌的行为。商务人员不能在接受了别人的礼物以后马上就送礼物给对方,这样会给人一种自己勉强接受礼物然后迫不及待还对方人情的感觉。可以记着曾经接受过对方的礼物,然后在对方有节日庆典或者重大活动的时候,登门拜访对方并送上自己的礼物,也可寄以书信表示感谢,此外还可以在对方面前或者公众场合使用或者佩戴对方赠送的礼物,也可在对方有困难的时候提供帮助。

 本章案例 　　　　　　　　　**这件时装不适合我**

小罗经过笔试、面试,终于进入世界知名品牌C.D代理店担任销售人员。今天她打扮入时,开开心心进入购物中心二楼大厅左侧的C.D店面内。衣架上的时装,件件吸引着靓女们的眼球,不少人乘兴而来,满意而归。尽管这些时装价格不菲,但销路不错。在实习的两周中,她发现进店观赏的顾客中超过三成的女士都到了收银台,提着C.D的时装袋开心而去。

正式上班的第一天，直到下午四时，小罗仍然没有售出一件时装。她正在沉思着：自己曾热情地微笑着，不厌其烦地介绍和推介，但……突然，她发现一个中年女士已走近她柜台前，眼睛盯着她身边衣架上的时装。她知道，这几款套装有好多人试穿过了，只是有的三围不符，也有的没说什么就走了。面前的这位女士要身材有身材，要三围有三围，皮肤白嫩，真叫小罗美慕和嫉妒。于是她聚精会神地向这位女士介绍，请她随意试穿，同时赞扬着女士的身材和皮肤。

当女士换上一套又一套 C.D 套装，在场的 003、008 号服务员也围过来，发出惊美的声音。那位女士似乎也很满意这几款套装，特别是米灰和草绿的两套，她穿在身上反复照着镜子，走过来、转过去，舍不得脱下，每件衣服她都仔细看，观察质地，看说明标牌。

小罗抓紧时机请她确认一套，那位女士却幽幽地说："这套时装不适合我。"

小罗微笑着询问："哪儿不合适呢？ 您看这几款，款款都那么漂亮，这两天来试过的人如果像你穿得这么合身就买走了。您看，价格也不贵，只有 4000 元，如果有贵宾卡，可以 9 折优惠，今天我们就给您 9.5 折优惠，送您一张贵宾卡。下次来都可以打 9 折，一般购物 5000 元以上我们才送卡的。"

女士看了看小罗，没有说话。在小罗的询问下，女士说："让我再看看，还有没有适合我的。"便走向其他的衣架，仔细摸摸，试试手感，看看标牌，最后还是离开了。

小罗又陷入了沉思，003 号服务员叫道："她那么好的身材给我就好了，我一定可以当上模特儿，哪用得着在这里干售货员……"

案例来源：胡巍.管理沟通：案例 101[M].济南：山东人民出版社，2005.

案例讨论题：

1. 小罗在推销衣服的过程中运用了哪些非语言的沟通？ 可以告诉我们什么样的信息？

2. 这么合适的时装，为什么没有成交，通过非语言沟通如何揣摩顾客的心思？

3. 要成为一名出色的销售人员，哪些沟通技巧是最重要的？

本 章 小 结

非语言沟通指通过某些媒介而不是讲话或文字来传递信息。非语言沟通在交际活动中的作用是丰富多彩的，它能使有声语言表达得更生动、更形象，也更能真实地体现心理活动状态。作为一种重要的沟通工具，非语言沟通在沟通的过程中起着至关重要的作用，主要表现在非语言沟通可以强化沟通效果、直接代替语言、体现事实的真相等。

非语言沟通的形式包括沉默、各种身体语言、时间和空间的应用等内容。沉默传递的信息是复杂的。我们可以根据沟通者对待时间的态度来判定沟通者的性格、观念和做事的方式，从而达到有效的沟通。身体语言主要有面部表情、肢体语言、体触语、服饰等形式。由于人们都有一种保护自己的个体空间的需要，所以在沟通时应该根据不同的场合以及与对方关系的亲疏来确定合适的交往空间。

鉴于在面对面沟通中，所使用的商务礼仪包括许多非语言沟通的内容，所以本章介绍了在正式商务交往场合中的服饰礼仪、见面礼仪、目光礼仪和馈赠礼仪等知识。

复习思考题：

1. 通过现实生活中的例子说明非语言沟通的重要性。

2. 分别找出一个沟通失败和沟通成功的例子,分析其中非语言沟通方面的内容,说明参与者成功和失败的原因。

3. 结合实际的例子,说明如何在商务交往的过程中运用商务礼仪来促进双方之间的交流?

4. 如果你是下列情况的当事人,你该怎么办?

(1) 不管是在现实生活中还是网络上都有关于以貌取人的例子,假如现在有人声称自己是贵族或者是上层社会的人,你相信还是不相信呢? 要依据什么进行判断? 怎么和这样的人进行沟通?

(2) 在面试的过程中,你要怎么表示你已经做好了工作准备,同时怎么让面试官对你有良好的第一印象?

(3) 当你和一个美国人交流的时候,在非语言沟通方面,你将提醒自己注意哪些问题?

5. 在沟通过程中,如果对方通过语言沟通所传递的信息与非语言沟通所传递的信息产生矛盾,你会相信哪种信息? 为什么?

第 5 章

电 话 沟 通

学习目的

1. 了解电话沟通的基本礼仪,并能灵活应用;
2. 掌握打电话的技巧,提高打电话沟通的效率;
3. 了解接电话的技巧,能应答各种来电,使电话沟通达成双赢的局面;
4. 掌握一定的电话沟通技巧使工作更加顺利。

引例

这个销售人员用了大约 30 分钟完成了一家公司 4100 打印机的销售。

章程:"您好,请问,李峰先生在吗?"

李峰:"我就是,您是哪位?"

章程:"我是××公司打印机客户服务部章程,就是公司章程的章程,我这里有您的资料记录,贵公司去年购买的××公司打印机,对吗?"

李峰:"哦,是,对呀!"

章程:"保修期已经过去了 7 个月,不知道现在打印机使用的情况如何?"

李峰:"好像你们来维修过一次,后来就没有问题了。"

章程:"太好了。我给您打电话的目的是,这个型号的机器已经不再生产了,以后的配件也比较昂贵,提醒您在使用时要尽量按照操作规程,您在使用时阅读过使用手册吗?"

李峰:"没有呀,不会这样复杂吧? 还要阅读使用手册?"

章程:"其实,还是有必要的,实在不阅读也是可以的,但寿命就会降低。"

李峰:"我们也没有指望用一辈子,不过,最近业务还是比较多,如果坏了怎么办呢?"

章程:"没有关系,我们还是会上门维修的,虽然收取一定的费用,但比购买一台全新的打印机还是便宜的。"

李峰:"对了,现在再买一台全新的打印机什么价格?"

章程:"要看您要什么型号的,您现在使用的是××公司 3330,后续的升级产品是 4100,不过要看一个月打印多少正常的 A4 纸张。"

李峰:"最近的量开始大起来了,有的时候超过 10 000 张了。"

章程:"要是这样,我还真建议您考虑4100,4100的建议使用量是一个月打印A4正常纸张15 000张,而3330的建议月纸张数是10 000张,如果超过了会严重影响打印机的寿命。"

李峰:"你能否给我留一个电话号码,年底我可能考虑再买一台,也许就是后续产品。"

章程:"我的电话号码是888×××转999,我查看一下。对了,您是老客户,年底还有一些特殊的优惠,不知道您何时确定购买,也许我可以将一些好的政策给您预留一下。"

李峰:"什么优惠?"

章程:"4100型号,渠道销售价格是12 150元,如果作为3330的使用者购买的话,可以打8折或者赠送一些您需要的外设,主要看您的具体需要。这样吧,您考虑一下,然后再联系我。"

李峰:"噢,这样我要计算一下。等一下,我想在另外一个办公室添加一台打印机以方便营销部的人使用,这样吧,基本上确定了,是你送货还是我们来取?"

章程:"都可以,如果您不方便,还是我们过去吧,以前也去过,容易找。您看送到哪里,什么时间好?"

……

后面的对话就是具体落实交货的地点、时间等事宜了。

案例来源:《三个电话销售案例分析》.盘宽网.2015年.

电话,作为一种成熟的信息工具,在现代社会的各个领域发挥着重要的作用。电话可以给远方的朋友带去温馨的祝福,可以传递浓情的爱意,也可以取代营销员四处奔跑联系业务。电话营销已成为一个专门的领域,"电话业务员""电话销售代表"也已然成为了一种职业。上例中的销售员用电话在30分钟之内将自己公司的产品成功地推销出去,这是一则成功的电话销售案例,其中有很多的技巧。作为一名商务管理人员,有必要全面了解使用电话的基本礼仪、接打电话的技巧,以便自己的工作更加顺利地展开。鉴于电话营销的普遍性,本章将侧重于介绍电话营销的技巧和技能。

5.1　商务活动中使用电话的要求

情境分析法也就是在第1章中提过的5W1H技巧,即When、Where、Who、What、Why和How。在打电话时应注意使用情境分析法做好电话沟通计划,这也是通过电话成功实现沟通的关键步骤。

5.1.1　通话时间的选择

选择何时打电话是一种基本的礼貌,也是取得成功的前提。在打电话之前要非常清楚对方的工作性质和时间,否则时间选择不当,即使自身的业务水平再高,也不能达成预期目的。

打电话的时间

1．以职业来分

会计师：切勿在月初和月尾，最好是月中才接触。

医生：11 点以后和下午 2 点以前，最好的日子是雨天。

推销员：10 点以前或者下午 4 点以后，最热、最冷或者雨天更好。

行政人员：10 点前后到下午 3 点前。

股票行业：避免在开市后，最好在收市后。

银行家：10 点前或下午 4 点后。

公务员：工作时间内，切勿在午饭前和下班前。

饮食业：避免在用餐时间，最好是在下午 3 到 4 点。

律师：10 点以前或下午 4 点以后。

零售商：避免周末和周一，最好在下午 2～3 点。

2．按一星期来分

星期一：这是假期刚结束上班的第一天，客户肯定会有很多事情要处理，一般公司都在星期一开商务会议或安排工作，所以大多比较忙碌。如果要洽谈业务的话，尽量避开这一天。

星期二至星期四：这三天是电话行销最合适的时间。

星期五：一周的工作结尾，如果这时打电话过去，多半得到的回复是："等下个星期我们再联系吧！"这一天可以进行调查和预约的工作。

3．按一天来分

早上 8：00—10：00：这段时间大多客户会紧张地做事，电话行销人员不妨也安排一下自己的工作。

10：00—11：00：这时你的客户大多不是很忙碌，一些事情也处理完毕，这段时间是行销的最佳时段。

11：30—下午 2：00：午饭时间，不要轻易打电话。

下午 2：00—3：00：这段时间人会感觉到烦躁，尤其是夏天。

下午 3：00—6：00：努力打电话吧，你会在这时取得成功。

案例来源：《销售必读：年后这样回访客户，签单根本停不下来》．明源地方研究网．2015 年．

5.1.2　通话地点的选择

良好的谈话氛围可以促使双方尽快进入角色，在有限的时间内达到通电话的目的。如果在一个嘈杂的环境里面，可能彼此交谈的话都不能听清楚，这会使得另一方产生反感的情绪而结束电话交流；在有电话进来或者打电话给对方的时候马上结束和同事朋友的嬉笑和谈话也是为了尊重对方，创造良好的谈话氛围，促成通话目的的实现；和对方通话时，如果是比较重要的商业信息，最好能在一个私人的空间里进行，避免泄露信息，这是选择通话地点时应该注意的基本问题。

5.1.3 通话对象的选择

在通话前要知道你准备和谁交谈,通话时要弄清楚是谁在和你交谈,因此在接通电话向对方表明身份之后要先确认对方身份,如果出现拨错电话的情况,这时你就要有礼貌地道歉;如果打电话的目的想找决策者,但接听的是秘书或者其他人,不能因为对方没有决策权就摆出居高临下的态度,在措辞和语气上盛气凌人。切勿在介绍过自己以后不管对方是谁,就开始介绍自己的产品或者服务,这会给人感觉你强迫别人在接听电话,浪费双方的时间。

5.1.4 通话内容的选择

在通话时一般要考虑对方的时间安排,遵循"电话三分钟原则",这也是基本的礼仪。因此通话双方应该明白自己的主要目的是什么,用简练的语言清晰地表达自己的思想。切勿漫无目的地长篇大论或者是语无伦次,不仅自己的目的没达到,也会浪费对方的时间,使其产生厌烦的情绪。

讨论:

某家广告公司的销售人员张先生想和另外一家公司负责形象设计的经理讨论关于企业形象设计的业务,以下是销售人员的电话实况。

销售人员:"嗨,张经理您好,最近生意还好吗?我也姓张,500年前我们还是一家呢。就要加入WTO了,是不是整天在想如何把企业的效率提上去呢?"

客户:"你是谁啊?有什么事情吗?"

销售人员:"您不是张经理吗?我找张经理。"

客户:"我是,你有什么事?"

销售人员:"我是××广告公司的,免贵姓张,张经理,我想找你们企业负责形象设计的人谈一谈……"

思考题:

1. 你认为这个电话表明了销售人员的主旨了吗?

2. 如果你是销售人员,你会怎样说?

5.1.5 分析打电话的原因

在分析打电话原因的同时,可以确定本次通话的预期目的。如在本章开篇的案例中,销售员章程打电话的缘由是为了通知客户正在使用的型号为3330的打印机不再生产,希望对方在使用过程中注意机器的保养,但是真正的目的是推销型号为4100的打印机。因为通话对方是老客户,所以销售员并没有在一开始就提出来,而是先表示关心和感谢,这使得对方放下了戒备的心理并给予了信任。因此好的电话缘由可以避免对方产生反感的情绪。要做到你的电话不会给对方造成困扰,这也是电话沟通中应当注意的。

5.2　电 话 礼 仪

在电话接通后如何进行才能达到有效的沟通,从而达到双方通话的目的呢?虽然有很多方面的原因会影响通话的成功与否,比如:打电话的这一方是否做好了通电话的准备工作,包括是否明白顾客的性质、公司的产品是否适合顾客、是否可以应对顾客的各种问题等。但是在电话沟通中,对方不能看到你的非语言沟通表现出的信息,唯一可以判断你沟通的诚意的标准就是你的声音和措辞。

5.2.1　电话礼仪中的声音控制

日本推销大师原一平说过:"音调的高低也要妥善安排,借此引起对方的注意和兴趣。"电话交流只有引起对方注意的时候才有继续通话的可能。声音包括音量、语速、呼吸、发音。

1．音量

你在电话里面的声音的大小应该与你和桌子对面的人交谈时的音量相同,即距离1至2米远。不能离话筒很近,这样对方会感觉刺耳,造成心烦;同时也不能离太远,这样对方可能听不清楚。如果对方的声音很小一定要适时提醒对方,以免造成重要谈话内容的遗漏。

2．语速

电话沟通者要在三分钟内把电话沟通的目的表达清楚,但是这时候也不能不顾对方的感受,一定要注意自己的语速,必要时可以延长交流的时间。如果说得太快,对方可能因为听不清楚而感到不快;如果说得太慢,对方可能会不耐烦。

3．呼吸

人是靠身体呼吸的,所以呼吸的时候应该能感觉到自己起伏的身体。这种呼吸方法可以使你更好地控制音量,使自己的声音更有"力度"。

4．发音

发音受到以下因素的影响。

（1）姿势

坐在椅子的前半部分,这样可以迫使你姿势端正,也可以使你的声音更有力、更清晰。如果你在说话期间突然站了起来,对方可能感觉到有压迫和发怒的气势。

（2）妨碍物

千万不要在打电话的时候让口香糖、香烟以及糖果之类的东西在嘴里咀嚼或是停留,这些会和你的牙齿、嘴唇发出摩擦,而这种声音会让对方感觉到自己不被尊重。

5.2.2　电话礼仪中的措辞

措辞主要是指在电话交谈中应该注意用语的技巧,慎用俚语、术语,多使用礼貌用语。

1．俚语

和对方讲话的时候最好不要用俚语,虽然对方可能听得懂,但是会让人觉得你并不尊重这个场合,做事不够认真。

2．术语和行话

顾客当中很少有行家,他们只是对产品本身好奇,所以只需用最简洁的话将产品的好处和带来的服务介绍清楚即可。

3．礼貌用语

教养体现于细节,礼貌的电话用语是必不可少的。当我们接起电话时要说:"您好,……"然后先将自己的名字或者公司的名称报给对方。当我们打错电话时要道歉,说:"对不起,我拨错号码了。"当我们没有及时接听电话时,应该说:"抱歉,让您久等了。"在整个通话过程中注意多使用敬称和尊称。说完再见以后挂电话时要轻放话筒,这是一种无声的电话礼仪。

5.3　打电话的技巧

在现代社会,电话营销取代了传统的营销员的工作。但是很多营销员在刚刚开展业务时,虽然也通过电话联系很多的客户,可是往往石沉大海。作为营销人员,在打电话联系业务时应该做到事前准备,在打电话的过程中让对方保持愉快的心情并吸引对方的好奇心,以及做好结束电话后的整理工作。这些步骤都要求他们必须掌握基本的打电话技巧。

5.3.1　打电话的准备工作

1．研究目标客户的基本资料

在和客户沟通之前要了解目标客户的基本情况,并根据客户情况寻找产品的诉求点。比如在争取新客户到本公司设立股票户头时,作为业务人员可以在电话中这样介绍:"张先生,选择我们营业部开户之后,您会感受到我们优质的服务,买卖股票更顺手(感性诉求),而我们的手续费是业界最合理的(理性诉求)。"如果对客户情况熟悉以后,通过以前的电话沟通和交际,可以判断客户的类别,比如顾客是分析型、犹豫型、挑剔型抑或擅长交际型,再根据不同类型顾客的特点使用不同的沟通技巧。

2．确定自己的主要目标和次要目标

在打电话之前一定要确定自己的主要目标,确定在电话结束之后达到什么样的目标,即使自己的主要目标没有达成,但是能达成次要目标也是可以的,否则这次通话是效果不佳的。以销售人员为例,通话前,销售人员可以列一张表,填写完毕再拨通对方电话(见表 5.1)。

表 5.1　电话沟通目标表

主要目标	电话目的	我为什么打电话
	明确目标	通话结束后,我希望客户采取什么行动
	两个问题	客户为什么会与我交谈?客户的目标是什么
次要目标	不能和客户达成协议情况下,和客户达成什么样的关系	

在有明确目标的情况下,销售人员在电话中即使没有达成合同也不会造成情绪低落的问题,而且通过这张表也可以测评销售人员的电话效率。

3. 整理一份完整的建议书

在研究客户资料以及确定自己主要目标之后,还要根据不同工作背景和顾客类型制定详细的建议书,对付不同的人要及时调整思维,能使用不同的方法保证对方不挂电话并且及时做决策。在顾客提出异议时能引导顾客向自己设定的方向发展。切勿一味按照自己设计好的思路进行,这样有可能失去顾客。

讨论 1:

许强是××公司的销售员,在朋友李飞的介绍下要将自己公司的软件推荐给另外一家公司使用。(下面是两人的通话)

……(开场白)

许强:"您公司里现在的办公软件怎么样?"

客户:"那已经是 1998 年安装的办公软件了,到现在已经跟不上业务的发展了,大家普遍反映不太好。"

许强:"那您对现在的软件主要的不满意体现在哪里呢?"

客户:"第一是速度太慢……"

许强:"这些问题对您的影响很大吗?"

客户:"当然啦,说白了公司不得不两个人做一个人的事……"

许强:"那我个人认为您应该解决这些问题,如果这些问题不存在,会给您带来什么呢?"

客户:"那还用说吗? 公司可以省好多钱,而且也不用那么难受了。"

许强:"那您理想的软件包括什么呢?"

客户:……

许强:"那您觉得现在不能尽快解决这些问题吗?"

客户:"噢,我一直想着手做,就是没时间……"

讨论题:

1. 你觉得这则通话是成功的吗?

2. 你认为许强在打电话之前做了哪些工作?

讨论 2:

数月以前,一家国内 IT 企业进行笔记本电脑的促销活动,推销员打电话给一个潜在客户。

销售员:"先生,您好,这里是××公司个人终端服务中心,我们在搞一个调研活动,您有时间吗? 我可以问您两个问题吗?"

客户:"你就是在促销笔记本电脑吧? 不是搞调研吧?"

销售员:"其实,也是,但是……"

讨论题:

1. 你认为销售人员的主要目标是什么?

2. 销售人员在打电话之前是否做了建议书,在顾客出现异议时,销售人员应该怎么办?

4. 其他准备事项

选择适当的时间通电话；深呼吸调整自己的情绪，用积极谦虚和热情的态度对待自己的顾客；准备备忘录和笔，可以用来记录时间、地点和人物以及事情的梗概；如果事情有很多，可以准备一杯温开水来松弛声带。

5.3.2   通话过程中

1. 要用新奇的开场白吸引对方的注意

在电话营销中，顾客不会浪费时间去听一些和自己无关的事情，除非这种电话让他们得到某种好处。因此开场白一般都包括三方面的内容：我是谁/我代表哪家公司，我打电话给客户的目的是什么，我公司的服务对客户有什么好处。

讨论

开场白实例

实例一：

客户经理："您好，陈小姐，我是发财证券的林心如，我们是专业的理财投资顾问，请问你现在与哪家券商来往？"

实例二：

客户经理："喂，陈美丽小姐吗？我是发财证券大牛路营业部的陈大明，我们公司的专长是提供企业闲置资金的投资规划，今天我打电话的原因是我们公司的投资规划已经替许多像您一样的企业获得额外收益，为了能进一步了解我们是否能替贵公司服务，我想请教一下贵公司目前是由哪一家券商为您服务？"

讨论题：

1. 如果你是客户，你觉得你会和哪个客户经理继续谈下去？

2. 作为客户你不想和客户经理谈下去的原因是什么？客户经理错在哪里？

2. 达成协议的一般技巧

为了达成协议，在电话营销中一般遵守4C流程，这是实施电话营销技巧的一个标准流程，经验不足的电话销售人员可以在初期的时候按照这个销售流程执行，但是经验比较丰富的销售员则可以任意发挥。4C流程即迷茫客户（confuse）、唤醒客户（clear）、安抚客户（comfort）、签约客户（contact）。按照这样的步骤达成协议的概率是很高的。

思考：分析本章开篇案例是如何成功运用4C技巧的？

3. 有效结束通话

不管是否和顾客达成协议，都要在适当的时候礼貌地结束通话。

（1）和客户达成协议

如果和顾客达成协议，要在结束通话之前将事情的重要信息复述一遍，确保信息的正确性，然后说些礼貌用语结束对话。比如：感谢对方购买自己的产品；感谢对方对本公司的支持或者是用赞美的语言来肯定对方决策的正确。

（2）对待不大可能签约的顾客

对于没有希望达成协议的顾客要尽快结束通话，但是也要以礼貌的方式。比如："王先生,虽然您没有购买我们的产品,但还是感谢您给予的意见,将来有机会希望能为您服务。"不能因为和对方没达成协议,语气就开始变得生硬,或者直接挂断电话。

5.3.3 结束电话后的整理工作

1. 记录好顾客的情况

在通话结束后的记录工作也是很重要的,不同的电话沟通效果要分别记录,以便为以后的推销工作提供信息。

(1) 如果联系业务成功,要及时记录顾客的需求信息,如需求数量、时间以及送货方式等。必要的时候建立顾客资料库。

(2) 如果这次打电话决策者不在抑或被秘书或者其他接线员挡住没有接触决策者,这时也应该及时记录,稍后再打或者隔天再打,同时记录打电话的次数。如果连续几次都没有和决策者接触,就要找出具体原因或者选择放弃。

(3) 记录没有希望成功签约的顾客,将其从通讯录中删掉,以免重复拨打,浪费销售员和客户的时间,增加客户的厌烦感。

(4) 哪些顾客是现在并没有作决定的,当时需要记下未来再和准客户联络的时间。这时一定要把时间、地点、主要事宜和人名准确地记录下来,方便自己再次针对此类顾客做详细的计划。

(5) 记录在电话沟通中得到转介绍的客户名单,作为自己的潜在客户。

2. 迅速调整情绪去拨通另外一个电话

不管是电话成功或者是失败都应该尽快调整情绪去进行下一笔业务。能控制自己的情绪是对销售人员的基本要求。

如何绕过接线员和决策者通话

在上述技巧中介绍的是销售人员在和决策者通话的情况下如何达成协议的技巧,但在现实生活中电话销售人员往往会被接线员拒之门外,如何绕过接线员和决策者通话?

(1) 说明自己的来意,分析利弊,站在接线员的角度想问题,体谅接线员的行为并表示赞同,然后再请求接线员给予帮助。

(2) 在找资料时尽量找到老板的名字,在打电话是直呼老板的名字会使接线员觉得你和老板很熟或者和老板的地位是平等的。

(3) 将电话打到经常有业务的部门,如人事部、销售部、广告部或者采购部。这样得到老板电话的概率比较大。

(4) 如果是经人介绍的话,可以说出介绍人的名字,这样会使接线员对你产生信任感从而帮你将电话接进去。

(5) "威胁法":例如:小姐,这件事情很重要,你能否做主?我很急,马上帮我转给你们公司老总(或负责人)。因为如果员工认为在自己的职责范围内解决不了,同时会因此让公司失去本来的利益,在这种情况下会帮你接通决策者的电话。

(6) 可以称自己找老板是因为私事,因个人隐私是不能打听的同时也很重要,这时接线员可能会相信你帮你接通电话。

5.4　接电话的技巧

打电话和接电话是沟通的互动过程。因此在打电话时应注意的技巧同样适用于接电话环节中，比如：准备调整心态以积极友好的态度对待对方，准备好纸笔记录谈话中的重要信息。作为电话销售员如何应对顾客打来的各种电话，留住顾客，这些技巧贯穿在接电话前的准备工作、接电话的过程以及结束电话沟通后的整理工作中。

5.4.1　接电话的准备工作

1. 调整心态

在电话沟通中，声音是给对方的第一印象，声音可以反映你的心情以及你的内心活动，因此如果在对方打来电话时，你正在处理繁忙的工作或是心情不好，应该深呼吸以平静心态，让声音清晰明朗，音调适中，并且伴随着礼貌用语，给对方良好的第一印象。

2. 准备纸笔

接听电话时，一般是电话响三声接起来，有的管理严格的企业规定，员工在电话响了六声以后接起来则必须先道歉。接线员应随时准备好纸笔，以便在通话中有重要信息时可随时记录。

5.4.2　通话过程中

1. 技巧性地打听顾客姓名

如果你能在不经意间说出顾客的姓名会让顾客觉得自己很重要，即使顾客有什么不满也会因此而稍微平息一下。如果你不能准确地知道顾客的姓名，你可以委婉地询问："我想您是张先生吧？""您不会是公司的新顾客吧？"等。在打听顾客姓名的同时，找出顾客的记录，有针对性地与顾客谈话。

2. 有效倾听顾客的意图

顾客打来电话时，销售人员并不知道顾客打电话的真正意图，因此不要急于解释或者说话，要集中精神倾听顾客讲什么，尽量了解情况，不能同时讲两个电话或者心不在焉，以至在顾客讲完之后不知所云，这会给对方一种不被尊重的感觉，破坏和顾客的关系。在倾听的同时思考回答难题的对策，争取在顾客结束讲话之后想出问题的解决方法。即使问题并不在自己的责任范围之内，也要耐心解释，这样会让顾客觉得销售员很有经验，从而有个好印象。

 案例

顾客的投诉电话

客户："是天宇公司吧，我姓张，我有些问题需要你们处理一下！"

接线员："您好，张先生，我可以帮您做点什么？"

客户："我使用你们的笔记本电脑已经快一年了，最近我发现显示器的边框裂开了。

因为我知道你们的电脑是 3 年保修,所以想看看你们如何解决?"

接线员:"您是说显示器的边框裂开了?"

客户:"是的。"

接线员:"您有碰过它吗?"

客户:"我的电脑根本没摔过,也没有碰过,是它自动裂开的。"

接线员:"那不可能。我们的电脑都是经过检测的,不可能发生这种情况。"

客户:"但它确实自动裂开的,你们怎么能这样对我?"

接线员:"很对不起,显示器是不在保修范围之内的,这一点已在协议书上写得很清楚了。"

客户:"那我的电脑就白裂开了?"

接线员:"很抱歉,我不能帮到您。请问您还有什么问题吗?"

客户:"见鬼去吧!"

案例思考题:

1. 接线员是否清楚客户打电话的主要目的?

2. 接线员是否了解客户的资料?

3. 如果你是该公司的接线员,你认为自己应该怎么做?

案例来源:《商务办公礼仪》PPT. MBA 智库网. 2014 年.

3. 其他应该注意的事项

电话沟通中,如果需要翻阅资料,被问及"需要多少时间"时,回答应该比要等的时间长,这样会给顾客你办事效率高,自己被重视的感觉。再回来听电话时要先道歉:"抱歉,让您久等了。"如果你估计要等很长时间,就要跟顾客先道歉然后说明情况,先挂断电话然后再回拨给顾客,不过此时一定要记住自己的承诺。

没听明白或者是重要的事情一定要复述给对方听,确保沟通信息的正确性。

如果电话中要找的人不在,要先和对方讲清楚,然后礼貌地询问对方是否需要传话,如果先打听什么事情,再说某人不在,会让人觉得是不想接听电话,这时会让人有种被玩弄和欺骗的感觉。

如果在有访客的时候电话响起,这时候要坚持访客优先的原则,征得访客的同意之后再接听电话;也可以让别人帮忙接听,这时要告诉对方一会再打电话过去或者自己一会回复对方。切勿在听到电话响起就马上接电话或者接听电话以后把访客丢在一边,这些都是不礼貌的做法。

4. 有效结束通话

如果暂时没有有效解决顾客的问题要向顾客道歉,并向顾客承诺会最大限度地解决问题,同时向顾客致谢,比如:"谢谢您打电话来""谢谢您提出宝贵意见,我们会改正的。"

要让顾客先挂电话,自己不要先说再见,这样会让对方觉得你不耐烦,从而可能产生不满。

5.4.3　结束电话后的整理工作

结束电话后要记录顾客电话中的问题,方便以后查询和工作改进;注意记录事情的重要顺序,以免遗漏或者是将顺序打乱而使得有的顾客等待时间过长;要记录对顾客的承诺,尽快地落实所有细节,这样会使顾客感觉被重视。

 润滑油公司的投诉电话

下面的案例是一家润滑油公司的客户投诉电话,客户网上支付时,由于网速太慢而向网络管理员打电话投诉。

客户:"您好,是实力润滑油有限公司吗?你们的网站好像反应很慢,谁是网络管理员,请帮我转接一下电话。"

前台:"我们网站很慢吗?好像速度还可以呀。"

客户:"你们使用的是内部局域网吗?"

前台:"是呀!"

客户:"所以,肯定会比在外面访问要快,但是,我们要等 5 分钟,第一页还不能完全显示出来。你们有网管吗?"

前台:"您等一下,我给您转过去。"

客户:"请问,网管怎么称呼?"

前台:"有两个呢,我也不知道谁在,一个是小吴,一个是刘芳。我给您转过去吧。"

客户:"谢谢!"(等待)

刘芳:"您好!抱歉让您久等了,请问您找哪位?"

客户:"我是×××公司的财务部,我刚才访问你们的网站,想了解一下有关奥迪用润滑油的情况,然后进行网上支付,但是都 10 分钟了,怎么网页还没有显示全呢?您是?"

刘芳:"我是刘芳,不会吧?我这里看还可以呀!"

客户:"你们使用的是内部的局域网吗?如果是,您是无法发现这个问题的,如果可以用拨号上网的话,您就可以发现了。"

刘芳:"您怎么称呼?您是要购买我们的润滑油吗?"

客户:"我是×××公司财务部,我叫曹力,曹操的曹,力量的力。我们公司平时也在用你们的润滑油,因为现金结账很麻烦,而且我们是长期顾客,因此就想看一下贵公司网上支付的服务情况,但是网页根本打不开。"

刘芳:"我是新来的,对于情况不是很了解,如果您很急的话,您可以告诉我们您的地址,我们将材料给您邮寄过去。我会尽快向我们的主管反映这件事情的,然后给您回复。"

客户:"那也行,我的地址……"

刘芳:"地址是……没有错误吧。"

客户:"是的,没错。"

刘芳:"耽误您的时间了真是不好意思,谢谢您给我们提的意见。"

案例来源:《电话营销实战案例精选》.《销售实战案例》.2015 年.

案例讨论题:

1. 你认为刘芳的接电话是成功的吗?为什么?
2. 在电话结束后刘芳应该进行哪些工作?

5.5　使用手机应注意的问题

在工作中我们可能会采用 E-mail 或者其他沟通方式来增强彼此之间的联系,使用手机进行沟通也是必不可少的工具。手机沟通的功能除了前面所提到的帮助商务人员拓展新的业务以外,还可以帮助管理人员与公司内部成员以及商业伙伴之间维系良好的关系,因此,管理人员有必要清楚使用手机应注意的问题。

5.5.1　手机放置位置

在一切公共场合,手机都要放在合乎礼仪的常规位置。不要在没使用的时候放在手里或是挂在上衣口袋外。放手机的常规位置有:一是随身携带的公文包里,这种位置最正规;二是上衣的内袋里;也可以放在不起眼的地方,如手边、背后、手袋里,但不要放在桌子上,特别是不要对着对面正在聊天的客户。

5.5.2　注意使用手机的场合

(1) 不要做声音污染源。在公共场合接电话时要注意音量的控制,避免影响到周围的人。例如大声通话,开着喇叭玩游戏或看电影。在要求"保持安静"的公共场所,如在音乐厅、美术馆、影剧院等处参观展览或观看演出时,应关闭手机,或将手机设置为静音状态。

(2) 排队办理业务时长时间接电话,会影响业务人员的工作时间和其他排队的客户。

(3) 在艺术展或其他展览会场不要拍摄、标记和分享未取得他人同意的照片及影片。

(4) 会客、会议或聚会等社交场合中不要沉溺于翻看手机,以免给别人留下用心不专、不懂礼貌的坏形象。

(5) 行车时,不要使用手机通话或查看信息,以免分散注意力,造成交通事故。

(6) 不要在加油站、面粉厂、油库等处使用手机,避免引起火灾、爆炸。

(7) 不要在飞机飞行期间使用手机,以免给航班带来危险。

(8) 最好不要通过手机谈论商业秘密或国家安全事项等机密事件,因为手机容易出现信息外漏,产生不良后果。

5.5.3　注意通话的方式

在人员较多的场合,如地铁或公交车内,切忌旁若无人地面对众人大声通话。正确的做法是侧身通话,或找个僻静的场所交谈。在大街或其他公共场合通话时,最好不要边走边谈。

5.5.4　选择合适的铃声

由于网络技术的进步与发展,铃声不仅可以从网络上下载,而且可以自行编制,特别是彩铃的出现,很受年轻人的喜爱。彩铃变化多样,乐曲、歌声、仿人声、仿动物叫声应有尽有,与千篇一律的铃声比较起来,确实有独特之处。但是彩铃是给打电话的人听的,如果你需要经常用手机联系业务,最好不要用怪异或格调低下的彩铃,以免影响正常工作。

5.5.5 尊重他人隐私

手机是个人隐私的重要组成部分，为了尊重他人，体现自己的涵养，不要翻看他人手机中的任何信息，包括通讯录、短信、通话记录等；一般情况下，不要借用他人的手机打电话，万不得已需要借用他人手机打电话时，请不要走出机主的视线，并且尽量做到长话短说，用毕要表示感谢。

5.5.6 微信沟通的注意事项

在互联网信息时代，微信已经成为使用频率最高的社交工具，在商务活动中我们也经常需要使用微信进行内、外部沟通，因此很有必要熟练掌握微信的沟通技巧。

（1）微信聊天的注意事项

首先，在与他人聊天时尽量避免开头使用"在吗？""可以打扰你一下吗？"等话语，因为对方可能当时并不在线，等到回复"在"然后就可能会没有下文，因此耽误时间。因而有事应直接说事，同时要注意称呼和敬语等。

其次，在谈工作的时候，应该减少长语音的发送，尤其是一次性发很多条长语音的情况。尽可能用文字表达，遇到说不清的情况可以在征求对方意见和同意后进行语音通话或视频通话。

最后，与对方聊天时，如果不能及时回复，一定要退出聊天对话框，否则对话框上方会显示"对方正在输入中"，这也许会让对方一直处于等待的状态中，长久等待后仍旧接收不到消息就会浪费对方的时间，同时可能会使其产生误解。

（2）慎用截屏

截屏功能与职场大多数礼仪背道而驰。两个人的聊天是非常私密的行为，发送出去与暴露他人和自己的隐私没有区别。在职场上使用微信截图要格外谨慎，不要随意截屏为证，更不可随意将截屏发送给第三者。

（3）朋友之间的分享

要注意保护朋友的隐私，不要在未经本人同意的情况下将其名片发送给陌生人，也不要随便拉新人进工作群或私密群，一定要征求群主和群内其他人的同意后再进行操作。此外，建议不要点赞对方很久之前发的朋友圈，这也许会让对方感觉自己在被"调查"。也尽量不要频繁地发送"求帮忙点赞"的分享，这或许会对朋友间的关系造成负面影响。

 电话推销会员卡

小王是海天娱乐有限公司新聘用的客户部职员。自从上班以来，虽然他已尽自己最大努力工作，但由于工作成绩不佳而造成的工作压力使他常常失眠，而且没有任何减轻的迹象。

海天娱乐有限公司是一家新成立的娱乐总会。公司内设有餐饮、健身（游泳、桑拿、保龄球、室内高尔夫等）、游戏、沙龙、表演等多种功能，是目前社会上高档的社交场所。公司成立的目的是为了满足社会上企业界高级人士日益增长的商务交际、企业公关的需求。

在海天娱乐公司成立之前,已有多家娱乐公司开张营业,并取得良好的经营回报,各娱乐公司之间的竞争也很激烈。

海天娱乐公司以会员制俱乐部的形式作为自己的经营特色。因此会员的来源是公司经营要重点考虑的问题之一。小王上班第一天,公司总经理用一个晚上请他吃饭,与他个别谈话。小王深感总经理对他的信任,决心把工作做好。总经理要求他立即着手开发会员。他也感到会员开发的成功与否关系到他今后的前途。

由于公司刚刚成立,许多人员还没有到位。目前客户部就他一个人,在做了必要的准备工作后,他满怀信心地开始进行客户摸底、接触的工作。小王以前曾在一家宾馆做过客户服务工作。为了工作的需要,经小王向总经理再三请求,公司允许让他挂一个客户部副经理的职务。

公司的潜在会员大多是企业的董事长、总经理。而这些潜在客户不太好接触,一般也不可能有充足的时间来面对面的交流,说服他们成为会员。因此,小王主要通过电话与对方进行沟通。

下面是小王给一家股份公司的李总打电话的经过。

接线员:您好! 这里是×××股份公司。

王:您好,我找李总。

接线员:我给您接李总秘书办公室。

王:谢谢。

秘书:您好! 这里是总经理办公室,请问您找哪一位?

王:我找李总,有些事要谈。

秘书:我是李总的秘书。您找李总有什么事?

王(语气诚恳):我是海天娱乐公司客户部王副经理。我想与李总约个时间见见面,想请李总加入我们的会员俱乐部。我们海天娱乐公司是一家高档的会员俱乐部,内部设施先进豪华,各种口味的菜肴和各种娱乐游戏应有尽有,加入我们的会员俱乐部,可以享受⋯⋯

秘书打断了小王的话。

秘书:我知道了,王经理。李总正在开会,等开完会,我会转告他的。谢谢您的电话。我会把李总的答复转达给您,请留下您的联系电话。

王:好的。

在接下来的几天时间里,小王按照上面的通话方式打了 20 多个电话,等来等去,几乎没有答复的电话。

小王在想:购买会员卡是身份的象征,提供高档的服务是我们的优势,因而打电话时要突出我们的实力,公司处于强有力的竞争地位,要主动出击、盯住不放,而守株待兔式的电话推销成功率太低。所以小王在接下来的电话沟通中改变了方式。下面是他与某公司总经理的电话对话。

接线员:您好,这里是×××公司。

王:您好,请转张总办公室,我跟张总约好的。

秘书:您好,我是张总的秘书,请问有什么事?

王：昨天我与张总约好，他让我今天打电话给他，我有重要事情与张总商谈。

秘书：请问先生的单位和姓名？

王：我是海天娱乐公司的王经理。

秘书很快把电话转到张总的办公室。

张总：喂，哪一位？

王：是张总吗？我是海天娱乐公司的王经理，上周五吃饭我们一个桌，您还记得吗？

张总：噢，对。王经理，您有什么事吗？

王(兴奋的语气)：张总，上周我们吃饭时，您对那家酒店的菜肴赞不绝口。现在我告诉您，我们海天娱乐公司比那家酒店的菜还要好，服务也更到位，还有许多精彩的表演活动，我们实行的是会员制，进入我们海天这个社交圈子的人档次都很高，我想张总这样一位知名度颇高的企业家，需要一个更好的结交朋友的地方，使您的事业海阔天空。希望张总在百忙之中抽出宝贵时间，我带您先参观一下鄙公司，不知您什么时候有空？

张总：噢，是这样，实在抱歉，今天不行，明天我有一天的会，改日再说吧。

王：您下午几点钟开完会？

张总：大概快下班了吧！

王：那我就在贵公司等您开完会，我只占用您十分钟的时间。

张总：可能我们散会时间会拖延，让您久等不太好吧。

王：没关系，我可以等。

张总：那好吧！

王：那么明天见。

第二天，小王去找张总，张总秘书告诉他张总去外地分公司处理急事去了，要过一个星期才回来，小王只好失望地回家。

时间一天天过去，总经理已经多次亲自过问会员开发的情况，小王如实汇报。从总经理的神色中，小王发现自己处于进退两难的境地，小王心里一直在想，怎样才能打电话推销掉会员卡？

案例来源：苏勇.管理沟通[M].上海：复旦大学出版社，2005.

案例讨论题：

1. 小王的两种电话沟通方式为什么成效不大？

2. 会员卡作为一种特殊的商品，在销售过程中，与客户电话沟通或其他形式沟通要注意哪些方面？

本 章 小 结

电话沟通是商务沟通中重要的沟通形式。为了提高电话沟通的效率，在通话之间应该通过情境分析法来有效制定电话计划，也即回答5W1H问题：When、Where、Who、What、Why、How。短短几分钟的电话沟通代表着公司的形象。因此实现高效电话沟通非常重要。

在打电话时，应研究确定目标顾客，做出完整的建议书和保持积极的情绪。这些准备工作都是不可忽视的。其次,在通话过程中,新奇的开场白、明确的主题以及因人而异的沟通方法都是促进电话沟通顺利进行的必要条件。在结束电话后的整理工作也是电话沟通的重要环节,在这一环节可以确立自己潜在的顾客数据库。

接电话和打电同样重要,和打电话一样,做好准备工作,根据不同的沟通者确定自己的沟通策略,做好通话后的整理工作等都是必须掌握的接听电话策略。

在工作中利用好电话可以使沟通工作事半功倍,因此使工作顺利的电话沟通技巧也是商务人员必备的知识。

复习思考题：

1. 分析 5W1H 在电话沟通中的运用。

2. 如果你是电话销售人员,你认为在电话销售中成功的关键因素是什么?

3. 分别找一个电话沟通成功和失败的例子,分析其中成功和失败的原因。

第 6 章

面　　谈

学习目的

1. 了解商务活动中面谈的要求；
2. 理解面谈的步骤；
3. 熟悉面谈的类型并掌握面谈的基本技巧。

引例

　　网络上有人给职场"80后"归纳了一个特征：不愿用声音交流，只想用文字沟通。电子化办公的普及使得大家都像钉子般埋在自己的电脑前，即使在网络上聊得热火朝天，工作环境中却是静悄悄的。

　　广州一家猎头公司的部门经理许凡谈起和员工的沟通，一脸无奈。许凡是个"70后"，经常用电话给下属安排任务，他发现，年轻的下属们很多时候连电话都不轻易打，有事经常发封邮件给上司，然后发手机短信知会一声。但这样的方式往往容易出错和滞后。

　　他发现，向下属交代任务，面对面的方式出差错最少，因为人在面对面时，眼神、语气和肢体语言能够帮助表达。和上司面对面时，你会保持专注，调动脑袋、嘴巴或身体的一部分参与进来，但是躲在电脑屏幕后却完全可以躲开和人的真实接触，一边和他人扯闲话，一边开窗口应对上司，这样沟通的效果大大降低，且容易隐瞒一些真实的想法。

　　面谈的方式使员工都更加注意沟通的有效性，会选择在面谈中尽快解决问题，而且员工在工作中也会更勤勉。

　　案例来源：《格子间沟通，请停下手开金口》.《新商报》.2009 年 8 月 9 日.

　　日常生活与工作中，面谈是最常见的交流方式。如求职人员为了找工作而与用人单位负责人之间的招聘面谈；在社会生活中，律师与当事人，新闻工作者与公众的面谈；经理们通过和下属面谈检查他们的业绩并给予建议和指导；企业之间为了达成双赢的目的，双方展开的商务面谈等，这些面谈有正式的，也有非正式的。其中，商务面谈属于正式面谈。

　　本章将围绕如何进行面谈进行讨论。首先通过介绍面谈的概念及特点而提出了商务活动中面谈的相关要求，接着阐述了面谈计划的制订及如何实施面谈，最后也列举了几种常见面谈类型，并做了技巧总结。

6.1　面　谈　概　述

6.1.1　面谈的概念

面谈指任何有计划的和受控制的、在两个人(或更多人)之间进行的、参与者中至少有一人是有目的的,并且在进行过程中双方互有听和说的谈话。

面谈属于面对面的口头沟通,但不能把任何一种面对面的口头沟通都称为面谈,面对面的口头交流可以分为面谈和闲聊两种形式。闲聊指交流对象之间没有明确目的的一种口头交流活动,轻松、愉快、随意、漫无方向是闲聊的主要特征。

6.1.2　面谈的特点

依据定义,面谈具有如下特点。

(1) 目的性:参与面谈的一方或双方有明确的目的。

(2) 计划性:谈什么(what)? 何处谈(where)? 何时谈(when)? 与谁谈(who)? 如何谈(how)? 等都要有预先的计划。

(3) 控制性:至少有一方处于控制地位,或者由双方共同控制。

(4) 双向性:面谈必须是相互的,而不是单向的教训和批评。

(5) 即时性:面谈一般要求沟通双方即时对沟通信息作出反应。

在这五个属性当中,目的性是最基本的属性,其他的四个属性是为实现目的性而服务的:实现目的,要求计划和控制,实现目的也离不开双向性和即时性,而没有相互的谅解便达不成统一,就实现不了面谈的目的,没有对方谈话的即时反应,就不可能达成一致。

另外,面谈还有无效与有效之分。在面谈中出现下列情况都视为无效面谈:时间过长;把重点讨论放在枝节问题上;一方说得过多,而不让另一方插话;在面谈中,未取得预期结果,让面谈一方感到不满意;让面谈的一方对面谈的真正目的摸不着头脑;面谈成为一场争论甚至变成相互攻击;面谈有害无益。

 案例

部门主管和职员之间的一次面谈

主管:小柳,我一直想找时间与你谈谈关于你在某些工作方面的事。也许我的话并不都是你喜欢听的。

小柳:您是我的领导,既然您找我谈,我也没有太多的选择。请说吧。

主管:我不是什么法官,也不可能给你什么判决,我只希望你能认真对待这次谈话。

小柳:可是……是您安排了这次会谈。继续发您的牢骚吧。我还记得一次我们吃午餐时您告诉我你不喜欢我那身褐色套服和蓝色衬衫的打扮。我觉得那有些无聊。

主管:我很高兴你提到仪表。我想你给客户造成了一个不合规范的印象。一个技术服务人员看上去应当是精明的。你给人的印象好像你买不起好衣服,你的裤子是松的,你的领带也不合时宜,并经常沾满油渍。

小柳:公司可以向顾客要价很高,但我的报酬不允许我购买绚丽的衣服。我对把自己装扮得使客户感到炫目这一点几乎没有兴趣。而且,我从来没有听说过来自他们的抱怨。

主管:然而,我想你的仪表应当更加稳重一点。好,让我们再谈谈另一件事。在对你的例行审计中发现的一件事,我认为你做得不对。你连续三周的星期三请一个客户吃晚饭,但你填写的出车单表明你每周都是在下午三点回家。那种行为是不符合职业要求的,对于这三次离奇的晚餐费用报销你怎么解释?

小柳:出车单可以说是下午三点,但我出去后可以去约见客户,既然约见客户就不妨请他们吃餐饭,公司不是有规定如果工作需要可以在500元范围内自己做主请客户吃饭吗?

主管:但你是怎样在下午三点在饭店吃晚饭的呢?

小柳:我认为所有在下午1点以后吃的饭都是晚饭。

案例来源:黄漫宇.商务沟通[M].2版.北京:机械工业出版社,2010.

很明显,这是一次失败的面谈。很容易看出来,主管面谈的目的是要批评小柳在仪表和招待费报销上的不当行为。但是,主管没有达到目的,他没有掌握充分的事实和理由,依据不足,却被职员以诡辩或颇似有理的言辞占了上风。也许,主管所判定的会谈目的本身就是错误的。当然,主管在面谈技巧和沟通策略上也都是存在问题的。

6.1.3　面谈的性质

1.把面谈与闲聊、打招呼、谈话区分开
面谈有明确的目的和计划,并且是与工作有明确相关性的。

2.对面谈要制订计划和策略
面谈时,沟通双方以口头语言作为沟通的媒体,针对沟通对象的特点,选择相应的沟通策略。面谈与一般沟通一样,同样要针对沟通对象的特点(受众策略分析),结合自身特点(沟通者策略分析),选择相应的信息编码策略、媒体策略和信息反馈策略。

3.面谈较笔头沟通有更高的要求
面谈作为面对面的口头沟通,在信息组织和表达(信息编码技巧)方面,与笔头沟通相比,更有技巧性。这一方面是由于面谈的即时性特征:它更需要快速的反应、灵活的信息组织技巧、及时的受众分析技能;另一方面是因为在日常沟通中,口头沟通的可能性和发生频率要比笔头沟通大得多,正如我们可以一月不动笔,但不能一天不开口讲话一样。这就给我们提出了挑战:如何把自己培养成为成功的面谈者?这个问题的解决,在相当程度上也决定了职业的成功。

4.要抓好面谈的每一个环节,确保面谈的成功
面谈分为准备或计划、实施两个阶段。准备或计划阶段又分为确立面谈目的、设计问题、安排面谈结构、安排环境、预计可能出现的问题及其回答五个步骤。面谈的实施又分为开始、展开、结束等步骤。

6.1.4　商务活动中面谈的要求

1. 把握相关原则

原则是面谈顺利进行且到达预期目标的基石。如：充分准备原则、主题明确原则、谨慎及留有余地、善于倾听、尊重对方、站在对方的立场去感受、真诚原则等，这些原则贯穿于面谈的始终，指导着面谈，使面谈人能游刃有余地把握及控制面谈过程，从而使面谈顺利进行，最终达到良好的效果。

2. 有目的性与计划性，遵从相关程序

上文提到对面谈的概念理解时着重指出，面谈是有目的性和计划性的交流活动，面谈不是漫无边际的闲谈。在正式的商务活动中，面谈的进行都要严格按照计划实施，开始前的准备，实施过程中如何提问、如何应答，以及如何应对可能出现的情况，如何结束面谈控制整个面谈的进行，使其朝着达到面谈目的方向发展。

3. 运用各种技巧

既然商务面谈是有目的和计划的，遵从相关程序的，那么其各个环节也是有规律可循的。各种细节的安排上都体现着面谈者运用技巧的智慧。小到两位面谈者的相对座位顺序，再到提问的类型与结构，再到问题的设置，以及如何妥善应对面谈者的情绪反应，最后巧妙委婉地结束面谈等。掌握各种技巧能够保证在面谈过程中信息传递的完整、有效，更好地达到沟通的目的。

4. 注意各方面礼仪

礼仪是商务活动中对人的仪容仪表和言谈举止的普遍要求，体现着人与人之间的相互尊重。在商务面谈中，更要重视礼仪。在与人面谈时，要检查自己发型是否整洁，面部是否清洁，着装修饰是否自然得体；在提问、回答过程中，表情和动作等非语言沟通方式是否传达着善意和尊重；在基本礼节如见面介绍、称呼、鞠躬、握手、交换名片等方面是否让人如沐春风，体现着一位高素质商务人员该有的表现。商务礼仪是需要大家在面谈中长期去保持的一种习惯。

6.2　面谈计划的制订

6.2.1　确立面谈目的

你若想成功地进行某次面谈，一定要在面谈之前先问自己这样一个问题："我为什么要与那个人谈""我想要达到什么目的"。这个问题解决了，你才可能解决面谈的策略、时间、地点等问题。

面谈的目的一般比较具体。可以大致概括如下。

（1）信息的传播、获取、探求发现。如教师与学生的面谈、记者与采访对象的面谈、市场调查、民事测验、学术讨论等。信息一般可分为以下六类。

① 描述性信息——要求被面谈者提供看到过或经历过的某些事的信息，被面谈者被问到的问题可能很多，就像律师对证人一样。

② 知识真实性信息——要求被面谈者对他所掌握的信息作出说明(例如由内行或专家进行的面谈)。

③ 行为状况信息——由被面谈者解释他从前、现在和将来的行为。

④ 态度及信念信息——揭示态度、性格、抱负和动机的一种较主观的信息,代表了被面谈者对事物的评价(好与坏)和是非观,例如,"我认为那可能是真的,但是……""我相信所有的工作人员应该……"

⑤ 情感信息——这类信息揭示反映个体状况的身体和(或)情感情况,例如,"我讨厌不尊重我的人对我吆三喝四""我真是太喜欢这项新工作了"等。

⑥ 价值观信息——这类信息传达了回答者非常珍视的长期形成的信念体系,例如:"一个人的基本品质是承担义务,也就是在困难的情况下心甘情愿地坚持工作,把事情办好。没有这一点,其他条件都是假的。"

(2) 进行评估和决策,改变对方的信念或行为。如产品推销、训导、劝告、绩效评估等。

(3) 解决问题。如安排面试、申诉等。

(4) 寻求对策,如讨论等。

6.2.2　设计问题

问题是面谈中获取信息的基本手段,在面谈中极为重要。

1. 设计问题的原则

第一,依据于面谈目的。问题来源于目的,有什么样的目的就会有什么样的问题,问题的设计是为达到面谈目的服务的。第二,依据被面谈者的特点组织语言,使对方能听懂,加强了相互之间的有效沟通。

2. 设计问题所应考虑的具体工作

(1) 综合运用开放式问题和封闭式问题,获取各具特点的信息

问题来源于面谈目的,它是在面谈中获取信息的基本手段。任何访谈者都会提问,只有精心准备的访谈者才能提出有效的问题,从而获取他们所需的信息。在准备问题时,很重要的一点是根据被访问者的特点组织语言,要用对方能懂的语言,加强相互之间的有效沟通,准确传达信息。具体在问题设计上,可采用两种类型的问题:开放式问题和封闭式问题。不同类型的问题可以达到不同的效果,获取各具特点的信息。

开放式问题,如"你的工作干得怎样"或"新的规章对部门士气影响怎样",一方面可以引出一般性的信息,而且可以让被访者感到谈话过程无拘无束,因为开放式问题允许被访者自由谈论他们有何感受,他们优先考虑的是哪些问题,以及他们对某一问题了解多少。另一方面,开放式问题有利于发展沟通双方之间的关系。但必须记住,开放式问题往往回答比较困难,特别是在被访者滔滔不绝时,话题可能会不着要点。开放式问题也很耗时,频繁使用会使访谈者很难控制面谈进程。

封闭式问题,如"你最后一次在哪里就职"或"你是愿意在项目 A 还是项目 Z 中工作",这样的问题有助于引出你需要的特定信息。封闭式问题限定了被访者可能给出的回答。它们适用于当时间有限或想要弄清开放式问题的某一点信息的时候。表 6.1 总结了

何时使用开放式或封闭式问题的建议。

表 6.1　何时使用开放式/封闭式问题的建议

开放式问题适用场合	封闭式问题适用场合
• 了解被访者优先考虑的事情	• 节省时间、精力和金钱
• 让被访者无拘无束地讨论他的看法	• 维持、控制面谈的形势
• 明确被访者的知识深度	• 从被访者处获取非常特定的信息
• 弄清被访者表述能力如何	• 鼓励被访者完整描述一个特定事件
	• 鼓励腼腆的人说话
	• 避免被访者泛泛而谈

（2）确定问题的结构或问题的顺序

最常见的顺序有三种：一种从一般到特殊，从大的方面问起逐步缩小范围，称为漏斗型；一种从特殊到一般，从小的方面问起逐步扩大范围，称为倒漏斗型。

漏斗型：从一般到特殊

有关在大楼内吸烟的规章，你认为怎么样？这些规章公平吗？这些规章是否限制了员工在大楼内的抽烟状况，实施状况如何？

倒漏斗型：从特殊到一般

这些规章怎样限制了员工在大楼内的抽烟状况？这些规章公平吗？对于有关在大楼内吸烟的规章，你认为究竟怎么样？

这两种顺序是用一系列相关问题进行深入的了解。其中使用漏斗型顺序的背景：试图发现被访者的总体看法；避免诱导被访者；想竭尽所能去探求问题；被访者愿意讨论这个话题。使用倒漏斗型顺序的背景：在总体反映之前了解特定事实；想鼓励一个不愿开口的被访者；想唤起被访者的记忆。第三种是各个不相关问题的平衡组合，称为隧道型。它适用于只要求获得对各种问题的最初答案，而不要求进一步了解的情况。

（3）安排问题的结构

将问题安排在不同的话题、子话题之下，形成一个体系，构成一个面谈指南，具体指导面谈的展开。

如果面谈指南是非结构化的，那么你就得把指南仅仅当作进程使用。例如，一个终止面谈的非结构化面谈指南，可能简单列举几个一般性问题来讨论，如"关于工作和公司，他或她喜欢什么、不喜欢什么？""他或她为什么要走？""有什么改进的建议吗？"在非结构化面谈中，需要鼓励被访者尽可能完整地回答你的问题。

如果面谈指南是结构化的，你只需读一下指南上的问题并记录被访者的回答。

如果面谈指南是半结构化的，你就得根据特定情况从每个话题下列举的几个推荐问题中选取合适的问题。

6.2.3　安排面谈环境

面谈地点会对面谈的气氛和结果产生较大影响。如果在办公室或单位会议室进行面谈，创造的是一种正式的氛围。如果在一个中立的地点（如餐馆）进行面谈，气氛就会轻松些。环境的选择取决于你面谈的目标。另外,面谈中的座次顺序也对面谈的进行起着润滑作用。最重要的一点是,在所有的可能下,你应当努力在一种有助于实现你所寻求的交流的环境中进行面谈。

6.2.4　预计各种可能出现的问题,做好应对准备

当你准备面谈时,你应当考虑你可能遇到哪些问题;被访者可能怎样回答你的提问;他或她会提出什么异议或问题;被访者的个性以及在面谈中的地位(支配地位还是被支配地位);预计需要多长时间提问等问题。每一次面谈都会遇到从未有过的问题,如果你能对这些情况提前作些安排,在实际面谈时,其结果就会比仓促上阵要好得多。

表 6.2 列出了面谈准备的问题清单,在此可以看到情景分析法(5W1H)技巧在面谈中的应用。

表 6.2　面谈准备的问题清单

为什么(Why)

(1) 面谈的主要类型是什么?

(2) 究竟希望实现什么?

(3) 你寻求或传递信息吗? 如果是,那么是什么类型的信息?

(4) 该面谈寻求信念和行为的转变吗?

(5) 要解决问题的性质是什么?

与谁面谈(Who)

(1) 他们最可能的反应以及弱点是什么?

(2) 他们有能力进行你所需要的讨论吗?

何时何地(When&Where)

(1) 面谈在何地进行? 在你办公室还是他们办公室? 还是其他地方?

(2) 面谈可能被打断吗?

(3) 在一天的什么时间进行?

(4) 面谈前可能发生什么?

(5) 你在这件事中处于什么位置?

(6) 需要了解事情全貌,还是只需提示一下迄今为止的最新情况?

谈什么(What)

(1) 确定需要包括的主题和提问。

(2) 确定被问问题的类型。

怎样谈(How)

(1) 如何实现你的目标?

(2) 你应如何表现?

(3) 以友好的方式开始和直接切入主题哪种好?

(4) 你必须小心处理、多听少说吗?

(5) 先一般性问题再具体问题,还是先详细信息再一般性问题?

(6) 你准备如何准备桌椅?

(7) 如何避免被打扰?

本节案例思考：你受邀参加一个老校友的婚礼，但是你已经用完了所有的年假，因此迫切需要说服你的老板准许你周五离开去参加婚礼。你打算采用什么方式开始与老板的面谈？

6.3　面谈的实施

你是一位正在就读的 MBA 学员，正参加一门课程的学习。你和你的同学对一位老师的教学方式不太满意，你作为班级学习委员会负责人，受全班同学的委托，去与这位老师进行私下交谈，希望他能改进教学方式。你打算如何开始这次面谈？

实施面谈的过程中要坚持两条原则：一是尽量开诚布公；二是建立良好的会谈气氛——建立双方和谐的关系以及建立建设性的气氛，即相互影响、开放式的气氛。这两条原则是不可偏废的：没有开诚布公，不触及要害，不涉及根本问题，怎么能实现你的目的，面谈有什么意义？没有良好的气氛，面谈怎么能够进行下去，你的开诚布公怎么能够落到实处？

面谈的实施分为开始、展开和结束三个阶段。

6.3.1　开始面谈

不论面谈的目的如何、类型怎样，精心安排面谈的开始是必不可少的：在最初几分钟里建立起的关系对接下来面谈的成功是至关重要的。建立起"一见钟情"、相见恨晚感觉的开始是最成功的。建立起了一见如故的开始也是不错的。至少使对方感觉到物有所值、希望在前。

不可能有适用于一切面谈的开始公式，一切要以时间、地点、条件为转移，但是有一些常用的开始方式可罗列出来作为参考。

（1）概述被面谈者或面谈者面临的问题。这种方式当被面谈者对问题略知一二又不很清楚时特别有效。

（2）开诚布公，就特别问题征求意见或寻求帮助。

（3）说明你是如何发现问题的，建议被面谈者与你讨论问题。

（4）以惊人的或引人注目的事实开始。这种方式往往在紧急情况下或被面谈者相当冷漠时很有效。

（5）提及被面谈者对特别问题提出过的看法。这种方式在被面谈者就某一问题已有了众所周知的立场，要求你提出建议，或很可能强烈反对你的想法时最有效。

（6）不谈问题本身而谈问题的背景、原因和起因等。这种方式在被面谈者可能对你的观点抱有敌意且熟悉问题时较有效。

（7）以说出派你与被面谈者面谈的人的名字开始。当被面谈者不认识你时，这种方式相当于"介绍信"。

（8）说出你代表的组织、公司或团体。

（9）请求占用对方 10 分钟或半小时时间。这种方式对那些忙碌、急躁或不耐烦的被面谈者比较有效。

面谈开始阶段,在不违背开诚布公原则的前提下,更应突出建立良好气氛的原则。面谈的开始部分不应占去太多的时间,在一个 30 分钟的面谈中,不应超过 2 分钟,在时间更长一些的面谈中,开始所占用的时间可适当加长一点,一定要避免从开始中走不出来,进入不了主体阶段的现象。

进行一次困难的面谈,开始的地位就更加重要,你就得更加机智地选取开始的方式。

6.3.2　展开面谈

展开面谈阶段,应在继续维护、增进良好气氛的前提下,进行开诚布公的面谈,突出开诚布公的原则。

在这个阶段中,主要的事项有三个:时间控制;提问、深究、答问;维护和创造气氛。

1. 时间控制

一些面谈可以允许被面谈者成为面谈的主导者,主要让他们来使用时间,面谈者只需作整体掌握和适时的调控。对于那些非结构化的面谈以及因为一些原因而未能充分准备好的面谈而言,这是很适用的。例如,在一些劝告性面谈,被面谈者有抱怨和不满以及个人情绪的面谈中,它非常有效。再如,在你没有能力准备好的面谈中,你可以借此作掩饰。

但是更多的面谈是由面谈者控制时间的。按照控制从易到难的排序,这些面谈有如下几种情况:第一是高度结构化-标准化的面谈。在这种面谈中所有问题都是限定性的,被面谈者只需从限定的答案中选取一个。这个时间控制是容易的。第二是高度结构化的面谈。它同前一种面谈一样,所有的问题都是事前安排好的。所不同的是它也有非限定性的问题。但由于主要采用限定性问题,时间控制还是比较容易的。第三是一般结构化面谈,它有一个主要问题的框架,但在被面谈者没有自愿提供所需要信息时还有进一步的问题;它的非限定性问题较多。因此,对于这种面谈的时间控制难度较大,对于控制时间的技巧要求更高。

2. 提问

提问是一项最重要、最基本的面谈技术,是获取有价值信息的基本手段。每一种提问都有它不同的特点、优点、缺点、适用范围,必须熟练地掌握、合理地运用。

（1）限定性提问

这类提问给被面谈者选择答案的自由很少或没有,通常只有一个明确的答案。如:"你是从哪个学校毕业的?""现在你已为我们工作多长时间了?""你的出生地在哪里?"等。

当对确定的主题寻求明确答案时,这种限定性提问是比较常用的。在寻找客观事实或个人经历资料,以及为与其他被面谈者比较而要求明确的答案时,例如,某一职务的资格证明、事件或事故的细节、统计的或客观的事实,这种方法特别有用。

（2）是非式提问

如果面谈者想对直接提问的有限答案作出进一步的限制,可以提出有两种相反答案的问题。这种问题把答案限定在两个选项上。如:"事故发生时你确实在那儿吗?""你是坐火车还是坐汽车来的?"等。

从某种意义上来说,是非式提问可以使面谈者更快地得到准确的信息。但是,由于这种提问对答案作了极大的限制,当使用不当时会迫使被面谈者选择这个或那个极端的答案,而他实际上想回答的可能介于两者之间。

(3) 引导式提问

这类提问的答案应该是什么或面谈者期望回答什么是十分明确的,面谈者实际是在"引导"被面谈者。如:"你不认为近来天气糟透了吗?"或"你不认为这是一个好主意吗?"

用这种方式以期得到肯定答复的引导式提问,当然是推销员的武器。如果他们能用这种方式准备一系列问题,他们就能引导回答者,而且他们很善于用这种方式让回答者接受他们的想法或产品。这种技术已经成功地为无数推销员所采用。当面谈者的目的是说服时,巧妙地运用它会很有效。

但是,过分或轻率地使用这种方法,可能会使被面谈者由于有表明了的标准答案而感到沉重的压力和受到攻击。例如,面谈者打量着对方问:"你在学校学得不怎么样,是吗?"这样的提问已经给出了他们自己的观点或标准,这促使被面谈者做出"对"的回答。而且,这类提问有可能是浪费时间。

(4) 另有用意的提问

有时在提问中使用表明感情的词暗示面谈者想要得到的答案:"你认为我们应该接收这个疯狂的想法吗?"很难想象这类提问能引出人们的真实感受和观点。

然而,当面谈者想了解被面谈者抗拒引导的能力和坚持自己观点的程度时,有时会使用这类提问。走极端的方法也被用来了解被面谈者在压力下的反应,当面谈者想看看必须用多大压力才能使被面谈者"垮掉"时也会采用这种方法。

(5) 无限制的提问

与前面的提问不同,这类提问允许被面谈者有最大限度的自由回答。如"请谈谈你自己""对此你有何感受?"

当问题经过认真选择时,这类问题能揭示出大量关于个人态度、信念和动机的信息。这类提问也能很好地揭示被面谈者能否很好地集中思想、组织语言和在无引导及提示的情况下表达自己。

虽然无限制的提问能使面谈者在一定程度上了解一个人的思辨能力,并引出出乎面谈者意料的有价值的讨论领域,但对值得重视的想法也应加以选择和注意实用性。此外,许多时间可能被浪费在寻求仅仅几个非常一般化的问题的答案上。

(6) 重复性提问

这类提问是面谈者向被面谈者"重复"对其最后回答的理解,或对被面谈者的几种不同表述加以总结。如"按你的说法,你基本上是支持这种观点了?""如果我了解没有错误的话,你喜欢音乐,是吗?"

这类提问是保证进行真正沟通的最有效的方式之一。它为被面谈者了解自己是否很好地表达了真实意思提供了直接的反馈,并使面谈者能检查自己理解的对否。这两个优点改善了面谈中听的质量,有助于增加融洽的气氛和信任。

但是,这种提问也有可能使被面谈者陷入"人云亦云"的危险,即使是那些并不赞同的观点,他们也表示同意。

(7) 深入调查的提问

在对于一个提问的最初回答可能缺失细节或表明需要提出进一步的问题时,可以使用深入调查的提问。如："你说你不是经常迟到,那么上个月你迟到了多少次？""你认为这些原因中哪个是最重要的？"

深入调查的提问引出更多细节——例子、说明、解释,鼓励被面谈者继续说,把面谈从一般引向具体,当偏离主题时把被面谈者引回面谈主题,鼓励被面谈者紧扣具体事实而不是泛泛而谈。但是过分地或持续不断地使用这类提问会使被面谈者感到自己在受审。

(8) 假设的提问

这种提问对于确定被面谈者处理工作中可能出现的问题的能力,或考察某人如何提出实际中需提出的建议是有效的。同时对发现被面谈者的偏见、陈规旧习及其他态度、信念和价值观也是有用的。如："假设我必须引进一种新的设备或工序,它将会影响雇员的工作习惯,对此你会劝我怎样做？"但是如果提出的假设太不着边际,就会无法了解被面谈者的任何价值观,而更像面谈者在自说自话。

在提问中也要避免一些误区：

① 不要暗示你想要得到的答案,如"你喜欢你的前任老板吗？""在大学里你有什么课外活动？"这两个问题错在它们暗示了正确答案的线索。在第一个问题中"喜欢"一词暗示不喜欢老板是不允许的。第二个问题,面谈对象会感到他或她"应该"甚至"必须"参加课外活动。这类问题应采用下面的问法："你认为你的前任老板怎么样？""在大学里你课余时间做些什么？"

② 一次提一个问题,如下面是一个连珠炮式发问的典型例子：你认为向投保人提供服务重要吗？你用什么方法提供服务？你使用这种服务方法的次数多吗？这些方法有效吗？连珠炮式发问的可能结果是面谈对象只回答了他最好记的那些问题。正确的提问方式是先问第一个问题,然后停下来听对方回答,再转向第二个问题,依次进行。这种方法能引出更为清楚有用的答案。

企业招聘时怎么对应聘者提问

有一家民营企业要招聘一位人力资源经理,老板问了三个问题。

(1) 我们公司的这个职位需要带领十几个人的队伍,你认为你带人带得怎么样？

(2) 你团队工作怎么样？因为这个职位需要到处交流、沟通,你觉得你的团队精神好不好？

(3) 我们公司是刚刚设立这个职位,压力特别大,需要经常出差,你能不能适应这种高压力的工作状况？

你认为这三个问题老板应该怎么问,才能获得他所需要的信息？

3. 回答问题

这里同样需要运用"第2章有效口头表达"的一些基本技巧。不过应注意,应使你的回答围绕着你面谈的目的,为目的服务,促进目的的实现。在整个面谈过程中,要时刻关心面谈的氛围,切不可让面谈出现紧张不利的趋向,切不可让开始所创造的良好气氛被破坏。

为此,你应当熟练地运用第3章所讲述的积极倾听的技巧。没有积极的倾听,是无法建立建设性沟通的。

另外,还要学会机智地适时转换话题。如下面的对话:

访谈者:感谢你今天花点时间和我谈谈。

被访者:噢,这完全不成问题。我能帮你做什么吗?

访谈者:我想知道你能否对我讲点有关上星期在办公室发生的那件事。首先,你知道它是怎样开始的吗?

被访者:不知道。当时我正在干我的活,突然,那两人就动手了。

访谈者:我明白。你没有听到他们在动手前的谈话吗?

被访者:我没听到。照我看来,好像起因于那个穿蓝衣服的人。

访谈者:你没有留意吗?

被访者:我怎么知道他们会要打架。

到此,问题显然开始激怒被访者了。访谈者对一个话题刨根问底,而被访者似乎认为已经说得够多了。此时,访谈者应该从这一话题上转移,努力减轻被访者的不快。

访谈者:是的,你真的没有预料到这种情况。然而,或许你能向我描述一下打斗之后发生了什么?

在回答问题时也要遵循一些原则:如,答话之间一定要使自己有一定的思考时间;在没有听清问题的真正含义前不要回答;有些问题纯属无须回答;有时只需对问题的某一部分作出回答;有些问题学着回避;寻找借口拖延作答;让对方将问题的确切意思说清楚;如果有人打岔,静候过去;问什么答什么,未必是最好的。

4. 要避免对面谈产生不利影响的问题

如:

(1) 时间过长;

(2) 讨论本末倒置;

(3) 整个面谈过程一言堂;

(4) 结果未达到时情绪失控,大发雷霆,表达不满;

(5) 努力隐瞒面谈的目的,让对方捉摸不定;

(6) 使面谈陷入一场争论甚至变成相互攻击。

6.3.3 结束面谈

这次面谈的结束应该是下次面谈的前奏,交往是不中断的。结束面谈仍然需要坚持前述开诚布公、创造气氛的原则。

结束面谈应做的主要工作有以下三个方面。

1. 掌握结束的恰当时机

当时间已到,当已得到所需信息,当已设法说服被面谈者接受你的建议或购买你的产品,当问题已经解决,或者当由于需要更多的信息或还要与其他人面谈,该面谈再进行下去显然无益时,就应该结束面谈。

2. 准备结束时做好四件事情

首先,你一定要明确表示面谈即将结束。说一些如"好吧,我的问题就这些"或"你帮了很大的忙"之类的话,这使得被访者知道如果他或她有什么问题,应该现在就问。其次,试着总结一下你得到的信息,用来检查一下刚刚得到的信息的准确性,如果有误,被访者能纠正你的印象。再次,让被访者知道下一次将干什么,商定下一次的会面或者下一次的行动,如你们需要再次会面吗?你要写一个报告?最后,对他(或她)拿出时间并仔细回答表示谢意,确保你和他(或她)继续建立良好的关系。

3. 整理信息

结束面谈后,要及时检查自己是否记录了所有重要的信息。尽管你可能很好地计划了这次面谈,提出了所有正确的问题和深究性问题,然而,如果你不能准确地记住得到的信息,这次面谈就不能算是成功的。毕竟,你准备和实施这次面谈是为了获取信息,而不是简单地因为你想同某人进行一次谈话。要记住获取信息单凭记忆是不行的。如果仅仅依靠记忆,有可能会导致信息被遗忘或为达到自己的需要对其重新调整。即使你在面谈一结束就进行总结,你还会冒没有按被访者本来的意思对信息进行重新解释的风险,因此,你一定要在面谈结束后立即写出总结,你还可以使用面谈指南作为总结的基础,回顾面谈的问题并写出被访者的回答。

记住信息的一个更好的办法是在面谈中做些笔记。一定要告知被访者你要做记录。做记录要尽可能不引人注目,不要让被访者感到不安。要学会怎样在做笔录时仍然保持目光与被访者接触。这是一个很难掌握的技巧,如果你能熟练地运用这一技巧,将极大地帮助你取得成功。

1. 有一个临时性工作:推销"总经理文具盒"(装钢笔、铅笔和夹子的容器)。假如你已经设法绕过秘书直接见到了总经理,你将如何开始这次面谈?

2. 你与某个同事相处有些问题。他似乎在躲着你,也没有人知道是为什么。你向你的上司提出了这个问题,他建议你在没人时先与那位同事说话。你将如何做?

6.4　常见的面谈类型及技巧总结

6.4.1　信息收集面谈

这是组织中最常见的一种面谈。它是指与信息有关的面谈主体在数量上占绝对多数比例的面谈形式。当你需要收集关于某个话题的事例或在能解决问题的情况下需要帮助时,可以进行这类面谈。为了保证自己能有效、准确地收集想要的信息,要如上文所述决定总体目的、形成问题、构建面谈结构、安排环境以及预期可能的问题。

根据这种面谈的特点,你应特别关注以下两个问题。

1. 关于被面谈者的选择,你可以自己选择被访者

这要基于两个因素:谁能给你需要的信息和谁愿意给你提供这些信息。例如,假定你的组织正在考虑实施弹性时间工作表,你被指定要求写一份可行性报告,尽管你可以从一个同事那里得到一些有关时间安排的想法,但如果你能找到一位弹性时间方面的专家

对你的面谈则更好。但是,当你需要知道这种变化的收效如何时,你最好还是和同事们面谈,而不是找专家面谈。

2.充分考虑这种面谈及谈话的特点

因为信息收集面谈很像一般的谈话,访谈者可能没有意识到你的意图,所以,要保证被访者围绕正题并响应你的问题会比较困难。因此,作为访谈者,必须灵活地对待被访者并适应他,比如,选择能鼓励说话的自然环境,创造轻松的气氛。一般来说,漏斗型顺序在信息收集面谈中可起到很好的作用,它能马上引出主题信息和被访者对该主题的感受。然而,当你准备就某一话题会见许多人或者评价他们的回答是否一致时,选择倒漏斗型顺序也许更好。

6.4.2　招聘面谈

站在招聘者角度而言,这类面谈的目的是确定求职者是否适合进入本组织,特别是是否具有从事该项工作的技能。问题应涉及四个一般性话题:以前的工作经历,教育和培训的背景,个性特征,参加过的相关活动和兴趣。一般分为五个步骤:工作分析;确定目的;编制面试问题;确定评价标准;组成面试小组并实施面试。

问题的设计要考虑一些特殊性。例如,依据组织对成员的一般要求标准来设计问题。例如,对于两次工作经历当中的间隔期应设计问题。又如,对于过于笼统的工作经历,要设计问题——如对于"我有多年在领导岗位工作的经历"应问"几年了?""什么岗位?""具体领导责任?"等问题。此外,一定要有一些涉及具体经历的问题,如"你能告诉我一个你曾经成功实现预定目标的确切时间吗?"而且,一定要注意问题的平衡性,如问一些正面信息,也问一些反面信息。这些特殊问题都是公司准确选拔人才所必需的。

招聘面谈中应该注意的问题:

(1)"坏事传千里"效应;

(2)近因效应("大型交响曲"效应、先入为主效应);

(3)晕轮效应,又名光环效应;

(4)"脱线风筝"现象;

(5)"只听不看"现象。

其他一些常见类型在各章讲述中都会有所体现,这里不再一一列举。这里的简单表述只是为了提醒注意这点:一般的面谈原理在不同的具体类型的面谈中会有各具特点的表现,在具体运用这些基本原理时,应灵活运用。

6.4.3　绩效评估面谈

这是一种反馈面谈,是绩效评估的重要环节。它要达到的目的有准确评估员工工作业绩,客观评价员工工作表现及能力,指出不足之处并提供改进建议,为之提供教育培训等职业发展的计划,最后指导员工制定下一周期绩效目标。

准确定位要达到的目标后就做好相应的准备工作,再正式实施面谈。

其中准备阶段的主要工作有收集所有材料和表格,仔细阅读有关资料,起草一份面谈要点提纲,选择一处不受干扰的谈话地点,确定一个共同适宜的谈话时间并且提前通知面谈对象,明白告知评估面谈的目的。在面谈实施阶段,要说明具体分值和打分的理由,肯定优点和成绩,指出不足之处,谈话的重点放在具体的工作表现与结果上,而不是其性格上,首先对无异议之处进行交谈,然后对有异议之处加以讨论(应留有时间让对方表达申辩),并熟练地运用聆听和引导,而达到面谈预期的效果。最后商定下次讨论发展行为计划的具体时间。

绩效评估面谈是一项管理技能,有可遵循的技巧,掌握得好,可以帮助管理者控制面谈的局面,推动面谈朝积极的方向发展。下面介绍两个重要技巧供参考。

1. BEST 法则

所谓 BEST 反馈,是指在进行绩效面谈时按以下步骤进行:

(1) 描述行为(behavior description);

(2) 表达后果(express consequence);

(3) 征求意见(solicit input);

(4) 着眼未来(talk about positive outcomes)。

例如,某公司市场部的小周在制作标书时经常犯一个错误,这时候,主管就可能用 BEST 法则对他的绩效进行反馈:

经理:小周,8 月 6 日,你制作的标书,报价又出现了错误,单价和总价不对应,这已经是你第二次在这方面出错了。

经理:你的工作失误,使销售员的工作非常被动,给客户留下了很不好的印象,这可能会影响到我们的中标及后面的客户关系。

经理:小周,你怎么看待这个问题? 准备采取什么措施改进?

小周:我准备……

经理:很好,我同意你的改进意见,希望以后你能做到。

法则又叫"刹车"原理,是指在管理者指出问题所在,并描述了问题所带来的后果之后,在征询员工想法的时候,管理者就不要打断员工了,适时地"刹车",然后,以聆听者的姿态听取员工的想法,让员工充分发表自己的见解,发挥员工的积极性,鼓励员工自己寻求解决办法。最后,管理者再做点评总结即可。

2. 汉堡原理

所谓汉堡原理(hamburger approach),是指在进行绩效面谈时按以下步骤进行:

(1) 先表扬特定的成就,给予真心的鼓励;

(2) 然后提出需要改进的"特点"的行为表现;

(3) 最后以肯定和支持结束。

如:"小王,上一绩效周期内,你在培训计划编制、培训工作组织、培训档案管理等方面做得不错,不但按照考核标准完成了工作,而且还进行了不少创新,比如……"

前面我们谈的是你工作中表现好的方面,这些成绩要继续发扬。另外,我在对你的考核中也发现了一些需要改进的地方,比如……我想听听你对这个问题的看法。"我是这么想的,培训效果评估……""嗯,不错,我同意你对这个问题的想法,那么我们把它列入你的改进计划,好吗?"

汉堡原理的作用在于提醒管理者,绩效面谈的作用在于帮助员工改善绩效,而不是抓住员工的错误和不足不放,因此,表扬优点,指出不足,然后肯定和鼓励,才是最佳的面谈路线,值得学习。

绩效评估面谈有下列四种类型:告知-说服型面谈,用于对员工的绩效评价,其做法是经理们将评价告诉员工,并劝说员工遵循推荐的方式以提高绩效;告知-倾听型面谈,用于对员工绩效评价,其做法是经理们将评价告诉员工,接着以不作判断的方式去倾听员工的反应;问题-解决型面谈,用于帮助员工的职业发展,其做法是经理们不给出评价,而是让员工找出薄弱环节并和员工一起提出改进计划;混合型面谈,用于绩效评价和员工的职业发展,其做法是经理们从解决问题开始,以更直接的告知-说服方式结束。

绩效评估面谈过程中要注意的事项:

(1)建立相互信任的气氛;

(2)留足时间让下属申辩;

(3)要先称赞成绩,不要提下属不可改变的短处;

(4)敢于承认自己的错误;

(5)避免算旧账或讽刺下属;

(6)避免说教;

(7)注意排除干扰;

(8)与下属共同制定目标;

(9)捕捉下属没说出的话;

(10)让下属尽可能满意离去。

一次失败的绩效面谈

经理:小明,有时间吗?

小明:什么事情,经理?

经理:关于你年终绩效的事情。

小明:现在?要多长时间?

经理:就一小会儿,我半个小时后还有个重要的会议。你也知道,年终大家都很忙,我也不想浪费你的时间。

小明:……

于是小明就在经理放满文件的办公桌的对面,不知所措地坐下来。

经理:总的来说你今年的业绩还说得过去,但和其他同事相比就差了许多,作为我的老部下,我还是很了解你的,所以我给你的综合评价是 C 级,怎么样?

小明:很多事情您都知道的,我认为我自己做的还是不错的呀!

经理:今年部门接到了好几项新任务,我也对大家做了宣传的,现在到了年底,还有很多任务没完成,我的压力很重啊!

小明:可是您并没有调整我的目标啊!

突然,电话铃声响了起来,是催经理去会议室开会。

经理：其实大家都不容易，再说了，你的工资也不错，你看小王，他的基本工资比你低。

小明：小王去年才来的公司，我在公司……

经理：好了，我马上要去开会，我们下次再聊。

小明：可是……

经理没有理会小明，匆匆离开了办公室。

请对这次失败的面谈做一下原因分析。

案例来源：《"绩效面谈"为什么说不下去了》.微头条——工作邦.2015年.

6.4.4　离职面谈

往往在员工准备离职或已经离职后即将离开公司时，企业会安排相关负责人与员工进行面谈，为了从离职员工那里获得相关信息，以便企业改进工作和维系与离职员工的良好关系。

面谈地点应选择轻松、明亮的房间，面谈时间以 20～40 分钟较为恰当。努力营造一种轻松气氛，打消彼此对立的情绪，建立相互依赖的关系，让离职者真正说出心中的想法。

在面谈过程中，应随时察言观声，从员工的角度出发，专注倾听员工所抱怨的人或事。当离职者产生抵触情绪时，要及时地关心他的感受，不要唐突地介入问题，更不可做任何的承诺。离职面谈结束后，应将记录汇总，分析整理出员工离职的真正原因，并且提出改善建议以防范类似情况再度发生，及时向上级报告；同时也要总结自己在此次面谈中的得失，发扬优势，改正不足，以期下次面谈做得更好。

各种离职员工面谈

（1）如果遇到离职员工跟你绕弯子，老是回答说不知道或是一直讲就是不想做，没有什么原因的时候。如果你是面谈者，该如何处理此问题？

（2）如果遇到员工回答问题有顾虑，不敢指出公司的具体问题。如果你是面谈者，该如何处理？

（3）如果遇到员工因本公司薪资太低考虑离职，碍于情面又不好意思提出加薪，另一家公司又以高薪聘请。如果你是面谈者，该如何处理？

（4）如果遇到员工做事经常出错，常受到上级领导的批评，而她又说是因为每天的事杂乱，没有一个专门的职责，所以导致出问题。如果你是面谈者，该怎样做离职面谈？

（5）如果遇到某老员工士气低落，还带领一批人歪曲公司事实，对新员工产生极度不良影响，多次与其交流都得不到妥善解决，故公司决定将其辞退，但考虑到影响，需进行离职面谈。如果你是面谈者，该怎么处理？

（6）如果遇到员工回答含糊其辞，如：回家有事不想做，不想干了，干得没意思等。作为离职面谈者，该如何辨别离职原因的假象？

案例来源：《如何提出离职策略与如何提出离职案例》.世界经理人网.2014年.

6.4.5 销售面谈

销售面谈是整个销售环节中的重要部分,它需要将适量的情感、热忱、逻辑和知识融合在一起,是向客户陈述产品及服务,游说并说服客户进行交易的良好机会。整个面谈分为准备、开场白、询问、聆听、陈述和成交六个步骤。成功的销售面谈引导我们迈向独立、安稳、高效及自信。为了使面谈进行的更顺利,需注意以下事项:

(1) 切勿与潜在客户争论;

(2) 提早预约面谈时间;

(3) 介绍时,建立一个良好的交谈氛围;

(4) 针对客户做特别的计划;

(5) 找出差距真正的原因;

(6) 时刻洞悉客户的感觉;

(7) 了解你的业务;

(8) 了解你的竞争者;

(9) 如何终止介绍;

(10) 总结成败与得失。

初级的销售人员销售产品,中级的销售人员销售公司,高级的销售人员销售自己。如果销售人员能够达到销售自己荣誉及人格魅力的程度,那么没有什么东西卖不出去了。所以,作为销售人员,要严格把握好面谈的相关步骤及技巧,更要注意面谈中与客户交流的技巧与礼仪。

一次成功的保险销售

王先生夫妻俩是小李的朋友,小李告知他们自己在做保险之后并没有直接让他们买保险,有一次去拜访他们的时候,只是说去看看他们。在拉家常的时候小李故意将话题引到他们另外一个共同的朋友身上……

小李:"你最近去看刘老板了吗?"

王先生:"有一阵子没联系了,他现在生意做得怎么样啊?"

小李:"唉,他前一段时间查出来得了鼻咽癌,现在在化疗呢!"

小李:"其实我刚开始做保险的时候就找过他,觉得他天天在外面忙,风险挺大的,让他给自己买一份保险。刚开始他还不同意,觉得自己身体很好,平时也很小心,不会有什么事的。我找了他几次,跟他说就当是存钱,在我的劝说下,他勉强买了一点。谁知道前段时间身体不适,到医院查出了鼻咽癌。保险公司赔了他10万元呢!我前两天去医院给他送理赔金,原来160多斤重的人,现在瘦的只有80多斤了,看上去真心酸!现在生意也不能做了,幸亏保险金还能帮他撑一段时间。他现在啊,见人就说保险好!"

王先生夫妻俩一脸震惊,王太太当场提出改天一定要去看看刘老板,王先生则问道:"这么说保险还真有点用?"

小李:"你看,这个人你也认识,就是我们身边的!其实我做保险就是为了让我身边的朋友把所有的风险都转嫁到保险公司，让我们可以安心地去挣钱！"

王先生："那你看我买点什么保险比较合适？"

案例来源：黄漫宇.商务沟通[M].2 版.北京：机械工业出版社，2010.

试分析本例中小李在销售面谈中采取了哪些策略？有哪些值得借鉴的地方？

6.4.6 面谈技巧总结

上文中在对面谈计划的制订及面谈的具体实施中无一不体现着对面谈技巧的阐述，在此不再赘述。下面将做些原则性的技巧总结。

1. 注意把握面谈的三大原则

面谈时要由情入理，即在情感交流基础上，双方互动找出共同的道理。其中对于面谈内容的妥当性要大于真实性，合理性要大于合法性，而同情性也要大于同理性。

2. 面谈心态调整——执行 3A 法则

要成为受欢迎的人，要想进行一次成功的面谈达到预期的目标，就必须善于向面谈对象表达我们的善良、尊重、友善之意，接受别人（accept），重视别人（appreciate），并赞美别人（admire）。其中接受别人要从内心接受面谈对象并善于倾听，接受其风俗习惯及交际礼仪；重视别人也就是在这样一个互动关系中要记住对方的重要信息及其由表情及行动表达出来的内心活动；而赞美是很常见的交往技巧，赞扬的态度要真诚，内容要具体，场合要适宜，也要运用好间接赞美的技巧。

3. 增强自己的说服力

（1）诱之以利，让对方获得利益；

（2）投其所好，让对方感到亲切；

（3）动之以情，令对方消除心理障碍；

（4）善于折中，让对方感到双赢。

4. 重视非语言沟通所传递的信息

由于中国人一向注意隐藏自己，使对方摸不清自己的动向，以求立于不败之地。我们的行为比较含蓄而不容易掌握，因此"看"重于"听"。看，一是要看说话者脸部的表情，二是看其说话的方式。据科学分析，信息的全部表达＝7％语调＋38％声音＋55％表情。

 本章案例   **电梯太慢了，还是太快了**

阅读下面的两个场景，思考以下问题：

• **场景 1**

谭小明大学毕业后初到公司，每天勤勤恳恳工作，某天晚上加班，从 10 楼坐电梯下来遇到公司董事长，董事长关切地问："加班到这么晚，很辛苦啊，最近忙什么呢？"小明回答："是的，很忙的……"

• **场景 2**

谭小明大学毕业后初到公司，每天勤勤恳恳工作，某天晚上加班，从 10 楼坐电梯下来遇到公司董事长，董事长关切地问："加班到这么晚，很辛苦啊，最近忙什么呢？"小明回答："最近做了……"便滔滔不绝地讲起来，可是一个项目背景还没有介绍完，电梯就到了……

案例来源：简书"EQ 阁主"：《让不期而遇变成机遇：用结构化表达抓住机会》，原文链接：https://www.jianshu.com/writer#/notebooks/28604421/notes/34189948

案例思考题：

如果你是小明，你会如何应对呢？你以前有没有遇到过类似的情况呢？如何将不期而遇转化为机遇？

本 章 小 结

面谈与闲聊不同，它是一种特殊的对话。面谈的定义使面谈具有了五个不同的属性。

五个属性中，目的性是最基本的。它使面谈又有了成败之别。为了确保面谈成功，应抓住五个方面及其性质。

面谈前首先要做好准备，制定面谈计划。这里主要的是抓住面谈目的、设计问题、安排环境、准备应对可能的问题。

面谈的第二个环节是实施面谈，包括开始、展开和结束三个阶段。

面谈的基本原理运用于不同类型的面谈，会有不同的表现特色及技巧运用。

复习思考题：

1. 区分面谈与闲聊。

2. 系统地阐述面谈的各个环节。

3. 判断下列提问方式是否妥当。

（1）"你旅行愉快吗？"

（2）"你是否知道，作为这个部门的主管，我正在为你们的缺点代人受过？"

（3）"你说你在问题面前从不退却，但四年中换三个工作不正说明你什么事都干不长，不是吗？"

4. 在工作中、生活中、小说中、影视中都有不少成功面谈或失败面谈的范例。结合本章节的有关理论分析这些案例，并且与其他同学一起交流体会。

第 7 章

演讲与演示技巧的应用

学习目的

1. 了解如何有效演讲的方法；
2. 有效地分析和组织演讲；
3. 有效使用视听设备和辅助工具；
4. 学习演讲过程中的行为举止；
5. 了解本人的长处,增强演讲的信心。

引例

王总看上去有点愁眉苦脸,问他为什么,他回答说:"年底了,又要开年会了,又要我讲话了。我这人,天生爱干不爱说,上台演讲不是我擅长的。"

"不擅长也得讲吧?"我笑着问,"那你今年打算怎么讲?"他说:"年会嘛,无非是总结总结,提提要求,还能怎么讲?"王总看着我,一脸茫然。我让王总的秘书把他前三年的演讲录像调出来看了一遍。情况正如王总所说,他的讲话,内容风格基本"一以贯之",回顾总结加几点要求,无可圈可点之处。当录像镜头扫向台下,听众的脸上没有表情,我根本判断不出他们是否在听。

看了录像心里有了底,我问王总:"今年你准备跟员工提哪几点要求?""我今年第一个要求:努力干活,艰苦奋斗。""为什么呢?""我们当年就是这么做起来的。""能说说你当年的情况吗?"我顺势问。"……我清楚地记得,那是个三伏天,办公室没有空调,只有一个非常小的玩具电风扇,但还是奇热难熬。我们两个男人干脆赤膊,在办公室里放一盆冷水、一块毛巾,实在太热了便擦一擦。就这样打个电话擦把汗,到处找客户……"

我聚精会神地听着,摄像机也在同步记录。"还是那个三伏天,没有空调。那天,办公楼前来了一辆皇冠车,走下一位衣着讲究、气质儒雅的知名国际公司总裁。我们准备了两盒红宝橘子水(那是对贵宾最好的招待了),问总裁,要喝冷饮还是热茶? 他选择了热茶。看着他满头大汗,西装也没脱,还喝着热茶,心想:完蛋了,就这条件接待大老板,肯定没戏了。不过,我们还是硬着头皮把介绍做完,并告诉他,我们有多努力,我们一定会把事情做好……三天后,我们接到了一个意想不到的电话,是这位总裁打来的……"

王总原汁原味的描述让我听得入神。我说:"这故事很好嘛,你为什么不跟大家说说呢?""年会怎么好讲故事?""为什么不呢?"我问。王总从前是这样做报告的:"当初我们创业的时候太艰苦了,现在条件好了,倒看不到你们的干劲了……你们要……"我问王总,假如把诸多"你们要"换成你刚才讲的故事,你觉得效果会怎样? 员工可能更爱听哪个版本? 你估计哪种说法他们更愿意接受,更能够真正听进去?

案例来源:《年会,老板该讲点啥?》.世界经理人互动社区网.2016 年.

在我们的工作中,经常会碰到需要当众发言的机会,其实每个人都具备应对这一挑战的潜能,但是很多时候更多的人会选择回避这样的挑战。即使是公司高管,面临公开演讲时也会有各种各样的困扰,相信学习完本章后,你会对演讲和演示有一个更加正确的认识。

7.1　演讲与演示的准备

7.1.1　听众分析

听众分析是一个找出听众的构成,了解他们对这个题目已经知道了什么、可能对什么感兴趣、拥有什么样的态度和信念的过程。在接到演讲任务后,应该把听众分析当作进行准备的最重要部分。

只有对听众了解越透彻,演讲的针对性才越强,对听众的吸引力以及产生的效果也就越好。正如林肯所说:"当我准备发言时,总会花三分之二的时间琢磨人们想听什么? 而只用三分之一的时间考虑我想说什么。"

1. 人口统计分析

人口统计分析即搜集、分析关于听众特征的数据,包括年龄、性别、教育、职业、种族/民族/民族根源、地理位置和团体隶属关系等。

当我们研究人口统计信息时,要对全部听众进行归纳,然后,以这样的归纳为基础,可以预测这些听众可能对什么感兴趣以及他们可能有些什么背景知识。

(1) 年龄

作为一个演讲者,你必须对听众的年龄范围敏感,因为兴趣因年龄而不同。大学年龄段的人通常对学校、未来的工作、音乐和人际关系感兴趣;年轻的父母通常对那些影响孩子的问题,如校车安全和学校政策感兴趣;中年人倾向于把重点放在工作上;老年人则倾向于对与休闲活动和健康有关的问题感兴趣。

(2) 性别

演讲者对于性别问题必须保持敏感和做出反应。如果对男女混合的听众发表演讲,但是事先并不知道两种性别的听众都在场,不了解他们的需要,那么不仅不知道从哪里开始,而且演讲甚至可能显得存在性别歧视和不合时宜。

(3) 教育

听众的受教育水平对于演讲者来说是重要的,因为它反映了这个群体的知识和经验状况。可以假定人们受的教育越高,他们的知识就越专业化。律师、医生和博士都具备专业化的知识,然而,对专业知识以外的其他领域他们可能只了解很少的知识。在准备一个演讲时,需要考虑的问题是听众是否与你一样具有同样的知识,或者你是否必须从基础开始讲。同时你的语言和词汇应适应你的听众的教育水平。

（4）职业

听众的职业也可以影响怎样处理某些主题。比如，了解大多数听众的职业，常常能预测他们的平均收入水平，相应地你就可以了解他们关心的主题。有时职业能够代表一种专业知识领域，表明对某个主题的兴趣。大多数职业团体或许会对其所在职业领域中的道德问题感兴趣；工厂工人可能会对工会工作和怎样组成一个工会感兴趣。如果对一个职业群体演讲，设法使演讲主题与听众的工作兴趣相匹配。

（5）种族/民族

听众有时由单个种族/少数民族组成。如果为一个具有不同背景的群体演讲，在语言与使用上应特别小心。因为不同的听众可能在俗语和口语表达上存在着问题。这就需要演讲者对多样化的听众保持敏感并做出反应。对听众的信息了解得越多，就能更好地根据听众的需要对演讲做出具体的调整。

（6）地理位置

听众的地理位置可能影响演讲的内容和方式。如果政府在出钱改善机场跑道，你就得查明这笔钱的一部分是否拨给本地机场。如果国家遭受犯罪浪潮（或一股热浪）的袭击，这也是当地的一个问题吗？假设有机会为不是自己所在的一个城镇或城市演讲，如果你知道有关当地的某些奇闻逸事，听众将会很高兴。

（7）团体归属

了解听众所属的俱乐部、组织或协会可能有用，因为人们通常认同自己所在组织的目标和兴趣。如果为一个团体演讲，应该知道它支持什么，并相应地调整自己的演讲。如果为本地的历史协会演讲，听众将希望你讲一个带有某种历史视角的题目。校园新闻协会将有兴趣听关于新闻理论（例如出版自由）或新闻实践（例如用计算机辅助报道）的演讲。有些组织在相应的年份有特殊的问题和主题，他们寻找的是能把演讲与这些主题联系起来的演讲者。

2. 听众知识背景分析

想一想你的听众的背景和信息需求。如果你想避免让听众中的专家觉得你的演讲很乏味，或是使听众中的初学者一头雾水，你应该记住下面两点。

（1）慎用术语和行话

在设计你的演讲之前找出那些不为一般人所熟知的术语和行话。一个对你再熟悉不过的术语可能对于听众中的很多人来说是个十分陌生的概念。另外，如果听众习惯于运用某些特定的词汇，你应该学会在你的演讲中运用这些词。

（2）面对拥有多种不同背景的听众群体时，应多做几手准备

在考虑如何应对拥有多种不同背景的听众群体时，你可能会发现听众中的专家们如果发现大部分听众没有专业背景的话，他们会愿意多听一些基础知识。在演讲开始之前做个非正式的抽样调查会有助于让听众们知道他们的群体中对有关演讲知识的背景的了解程度是参差不齐的。另一个选择是你把演讲的有关背景知识在演讲之前以材料的形式发给听众。一定要特别关注"主要决策者"们的背景知识和信息需求。你当然不想传递模糊不清的信息给听众，但你也一定更加不希望你的演示所传递的信息过于基础以至于令

主要决策者们感到无聊,或是你所传递的资料他们根本不关心。

3. 听众的兴趣分析

应该记住的是,你的听众在情绪上的反应与他们所掌握的知识水平对你来说同样重要。许多演讲者都错误地认为,所有从事商业工作的听众都只会从事实和理性的角度去考虑问题。事实上,他们的反应还会受他们对你和你所传递的信息的感觉的影响。

你的话题让你的听众兴趣盎然还是百无聊赖?你今天要说的事对他们来说非常重要还是不重要?他们会认真听你讲还是会很快把你"扫地出门"?

如果你的听众兴致高涨,你可以直入主题,而不必花太多时间去激发他们的兴致。如果你计划的是一个非正式的演说,别忘了留下较多提问题的时间,因为人们通常喜欢讨论他们感兴趣的话题。

假如你的一些听众对演讲兴致不高,你应该运用一些技巧去吸引他们的注意力,克服他们的冷漠。第 7.2 节提到的技巧能够帮助你的听众保持注意力。此外,还可以考虑通过邀请听众直接参与演讲的方式来激发他们的兴趣,同时为了保持他们的兴致,一定要使你的演讲尽量简短。如果你是在做一个营销演讲,那你必须对听众对你的兜售策略的每个反应和态度变化做出响应。

4. 听众态度和信念分析

在准备演讲时,也需要考虑听众对题目的态度和信念。你经常要在一些与自己有同样信念的听众面前演讲,如在自己所属的俱乐部或宗教团体里演讲。市场营销俱乐部将有兴趣听打破以前所有销售记录的本地销售代表的演讲,一起工作的雇员有兴趣听某个专家对有关利润分享的演讲,大学生将支持一项要求老师把已用过的考试试卷放到图书馆的建议,这些题目都与听众的态度和信念相联系。

有时听众可能对题目没有任何的态度和信念。他们可能没有足够的知识来形成自己的看法,或者可能不是非常在意有没有观点,后一种情况将特别难以对付。如果想吸引一群漠不关心的听众,必须设法使这些听众感觉这次演讲与他相关且很重要。

但有时自己的信念可能与听众信念相反,这时演讲可能会受到敌视。对于那些抱有敌意的听众,你必须给予特别关注,把握他们的情绪变化。对于一位分析师来说,如果他最近推荐的股票表现令人不满的话,那在对一群客户进行演讲之前就一定要非常小心了,很多人都会表现出不满,因为这位分析师鼓励他们卖给客户的股票有不少正在下跌。分析师可以运用幽默来转移人们的这些恶劣情绪,他的开场白可以是这样:"今天早上,就在我要面对你们之前,我觉得自己就像是一个刚刚在掷硬币的比赛中赢了几分钱,却被选去参加奥运会标枪比赛的家伙一样。"这句话会引起哄堂大笑,许多客户的恼怒情绪从而会得到缓解。

7.1.2 确定目标

不成功的演讲者们常常花费大量精力全身心投入到搜集、整理资料和设计演示图中,他们惴惴不安地担心着自己在演讲现场上的表现,却完全忽略了他们究竟要去实现什么样的目标。若想避免掉入这样的陷阱,就一定要确立一个清晰的演讲目标。

1. 为什么要确定目标

一个清晰的演讲目标会使你时刻把握演讲的重点,它也是唯一能够真实衡量演讲成功与否的标准。一个成功的演讲决不只意味着屏幕上漂亮的演示图和演讲者准确无误的表达,事实上,只有实现了其初始目标的演讲才算得上成功的演讲。演示图设计和精彩的表达更多的是艺术而不是科学,演讲目标则实实在在地验证了你的工作是否获得了成功。

2. 如何确定演讲目标

(1) 确定总目标

总目标一般应包括打算传递知识还是打算劝说。

如果是知识性演讲,通常只集中在解释——阐述某事是如何进行的,意味着什么或怎样做。例如在作一般性报告或汇报项目过程中,演讲者只需解释工作是如何开展的,或是宣布公司的某种策略。

在劝说性演讲中,演讲者站在一种稳定的立场上,并设法使听众接受或支持这种立场。例如在一个营销演讲中,演讲者往往在争取说服听众,可能在推销自己的想法或一件产品,或尝试改变听众现有的想法和行为。因此在劝说性演讲中,演讲者应把重点放在寻找可利用的最好信息上来支持自己的观点。

(2) 确定具体目标

在确定了演讲的总目标是传递知识还是劝说后,你必须确定一个具体目标。对具体目标的陈述有助于将重点准确地集中在想要完成的内容上——它将有助于你准确地确定将告诉或劝说听众的内容。在确定具体目标的过程中,应该注意以下两点。

① 清楚、完整地陈述目标。例如:告诉听众家庭教育的价值;说服听众支持保护犯罪受害人的法律;说服听众成为有教养的消费者。

② 根据想要在听众身上产生的效果来陈述目标。要向听众传递什么知识,或演讲后想要他们思考什么或做什么?

在知识性演讲中,所寻求的主要效果是让听众记住这些知识。例如:告诉听众他们能够帮助残疾人的方法;告诉听众怎样停止家庭暴力。

然而,在一个劝说性的演讲中,理想的效果是让听众采取直接的行动。例如:说服听众停止酒后开车;使听众相信精神压力的减轻可以减少患心脏病及心脏病发作的危险。

7.1.3　整理思路

1. 搜集材料

(1) 确定你已经知道的有关演讲话题的内容

经常进行演讲的人总是对他们演讲的题目很熟悉。在知识性演讲中,演讲人很可能就是该演讲题目的专家。同样,在劝说性演讲中,演讲人也可能是他要销售的产品或类似事物的知名倡导者。然而,即使是这样,你也应该在开始设计演讲结构时,在脑海或档案中收集足够多的信息。

(2) 进行必要的调研来增加演讲者的知识

调研的途径有很多,概括起来,有以下两个方面:

① 访谈

调研的一个很好办法是与人们谈你的题目,先试着找某个人谈一谈,如果就有关于你的题目,他能够提供第一手材料或第二手材料,你可算是"开门大吉"了。要是有几位熟悉你这个主题的著名专家愿意与你交谈,那是最好不过了。在你与某人交谈之前,你总要作些初步研究,清理一下你占有的知识。然后,准备问一些有关你这个话题的简明扼要的问题。在交谈前先解释你为什么需要他的观点和意见。避免重复或有偏见的问题,力图客观;注意所提问题的来源;仔细听。

② 阅读

阅读是搜集材料最有力的方法。你可以通过阅读书报、杂志、年鉴、索引、百科全书、上网等获取大量资料。

你的材料的最大来源是图书馆和网络,这是一个巨大的信息宝库,要善于利用它。几乎每个图书馆都有定期文献、读者指南。这个来源列出了杂志文章的作者、题目和主题,多年成卷,存于图书馆的参考资料部分。

一个好的大百科全书选集(如《不列颠百科全书》、美国《世界百科全书》)在许多图书馆都可以见到。而且,这些出处对于所列条目的说明无论哪儿都是简明扼要的。每年的年鉴所提供的资料使这些百科全书通常能够跟上潮流。但是,你的知识来源不应当仅仅是它们。

网络是目前发展迅速的电子产物,你只要在网上轻轻点击几个著名网站,就可以获得大量资料;你也可以轻松进入世界著名的图书馆网站浏览,利用互联网能够更快、更迅速、更便利地获取材料。

2．组织材料

要使你的信息变得有条理,你要用一些方法把类似的信息合并。换句话说,就是要为你的演讲做一个"组织结构蓝图"。

(1) 组织方法

如果用传统的列提纲的方式无法使你的内容有条理,你可以试试下面四种方法。

① 主题思想表(金字塔形)

a. 把资料堆中的思想全部列举出来;b. 把这些思想分类合并;c. 给每类思想起个名字,就像给它们一一贴上标签。

② 思路图(圆形)

a. 在一页的中心画一个圈套,写入你的演示目标;b. 像辐条和车轮那样把圆圈中心和圆圈周围的附属思想连起来——用词语、句子、图像、点状线等代表或连接这些点。思路图可以包含图片或其他视像图形。

③ 情节串联图板(一系列的演示图)

a. 选画一些空的方框,代表你的演示图像;b. 勾勒出主要的信息和图像,先做一个演示议程的演示图设计,再加些简单的演示图背景。

④ 个人化的设计方法

把以上的方法综合起来或是选择别的方法,比如索引卡片、不干胶贴条、计算机软件。图 7.1 和图 7.2 是使用主题思想表组织信息的例子。

| 用"思想表"来组织信息 |
| "资料堆中的思想" |
| 放弃产品 X |
| 提供模拟说明 |
| 重新定义部门职责 |
| 降低资本性支出 |
| 扩大营销部门 |
| 集中生产产品 Y |
| 重组短期债务 |

图 7.1　用思想表组织信息（步骤 1）

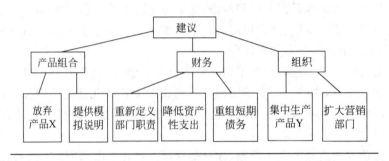

图 7.2　用思想表组织信息（步骤 2）

（2）组织材料的模式

材料经过归类后，仍然还只是材料，并没有纳入你的演讲框架中。这时，你需要对材料进行安排。

组织材料的模式有多种多样，常见的类型包括以下五种。

① 按时间顺序

指的是按照事情发生的顺序安排材料。从过去开始，再论述到现在，以对未来的展望结尾。

② 问题—原因—解决模式

描述一下问题的症状，再论述其原因，提出解决方案。采用这种模式，当听众认为解决方案比较容易接受时，最为有效。

③ 按逻辑顺序

这种方法采用通用的或明显的因果关系。当一个话题自然地呈现出条理性或者当现象之间的联系非常清晰时，相应地组织你的材料也许就十分便利。

④ 排除模式

解释一下问题的症状。先说出显而易见的解决方案，并说明这种方案为何不能解决问题。结尾时再讨论另一个能解决问题的方案。当听众认为解决方案难以接受时，采用这种模式相当必要。

⑤ 正反模式

先列举所有正面的理由，再列出反面的因素。这种模式在试图使听众意识到自己的观点存在缺陷时使用十分有效。

7.1.4　准备有效的视觉帮助工具

每个人都有自己习惯的学习方式,不过大多数人对运用了视觉工具的演讲反应都会比只是听人讲述要好。调查表明人们获得的信息中有 75% 是通过视觉获得的,另外,利用图片传递信息的效率要比单纯用文字叙述高 3 倍,如果同时运用文字和图片的话,效率会提高 6 倍。

你可以利用视觉工具帮助沟通对象集中注意力,记住你所提供的事实,理解你的思想与设计思路;你还可以利用视觉工具来提示沟通对象,你将转向一个新的主题。举例而言,如果你的演讲包括了三个相关的内容点:销售、服务和跟进,你就可以将这三项内容排列在一个三角形的三个顶点上,然后当你从一项内容转向另一项内容时,如图 7.3 所示,用黑体字和方框显示的"服务"二字就能清楚地显示出即将要讨论的话题是什么。现在,演讲用的专业软件可以提供更多用来捕捉沟通对象视线的手段和方式。

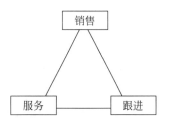

图 7.3　演讲中的视觉工具示例

要记住,不管怎样,当沟通对象将目光投向一张图片时,他就不会再盯着你看了,所以你要将这些视觉工具的使用量压缩到最低限度。还有,就是不要用塞满了密密麻麻文字的幻灯片来做演讲者的提纲。

在使用视觉工具时,你有许多选择,包括屏幕投影、幻灯片、图表以及手册等。当你在这些媒介中进行选择时,要考虑到它们的优点和缺点。

7.3 节"视觉辅助手段的使用"将详细介绍更多关于视觉工具的内容。

7.1.5　对演讲进行演练

练习可帮助你做出更好的演讲。你可能对练习犹豫不决——可能因为你觉得对着空屋子演讲很愚蠢。然而,如果你到一个商店买一件新衣服时,可能花很多时间在试衣间里从各个角度来看它。练习就是你对演讲做同样的事情。要试一试,看它是否合适,如果不合适,就花时间做出某些必要的修改。

怎样练习表达才能使演讲的内容和语言准确、恰当,同时又不太过死板,而不使你的语言听起来像是机械地背诵呢?下面是一个可能对大多数演讲者有用的方案。

1. 准备演讲内容

在练习期间,在演讲前,应该做到以下三点。

(1) 详细地准备演讲内容

你的演讲不会比你对它所做的努力更好吗?你可以清楚地陈述目的吗?你选择的标准支持陈述目的吗?你做了足够的研究来支持每一个主要观点吗?

(2) 把内容组织成一个完整句子纲要

你能恰当地区分主要观点和次要观点吗?你的纲要条理清楚、逻辑分明吗?你对于所要说的内容非常清楚吗?

（3）从完整句子纲要里提炼一些练习或演讲时能够使用的关键词或短语

把关键词写在一系列"3cm×5cm"的卡片上。你能按照这个关键词提要作演讲吗？你写出了你想要精确引用的短评或引用语吗？你能很容易地看清卡片上的内容吗？

2．演练实际表达

在练习演讲时，设法想象，面前有一个个"听众"。

（1）面对着墙站着，巡视"听众"。记住与室内所有的人保持目光接触。

（2）核对演讲开始的时间。在演练期间，你要关注演讲需要多少时间。

（3）要一次把所有的演讲内容讲完，不要停下来。在演讲时，要记住注视"听众"。

（4）演讲完后，看一下结束的时间。

（5）现在分析一下你的表演：是否演讲的某部分让你觉得很难？演讲的组织清楚吗？检查一下纲要。在演讲中遗漏了任何内容吗？纲要清晰和容易看清楚吗？时间怎样？需要增加或删除任何材料使其满足演讲的时间要求吗？

（6）做出必要的改变并且再练习一遍。

3．练习使用演示设备

你需要训练自己熟练地将屏幕演示内容和你的讲话内容专业而自然地结合在一起。

（1）熟悉演示设备。你必须对演示设备的使用得心应手，一些高科技的演示设备可能需要一些培训，尤其是那些你不会经常使用的设备，如果你即将在一个从未去过的地区或国家使用演示设备，你最好在演示前做好充分的实地练习。

（2）演练。如果在演示中为了演示设备而手忙脚乱会影响你在听众中的信服力，所以一定要反复练习如何熟练使用演示设备，尤其是那些带有高科技成分的功能。可以试着按下面的程序演练：把设备摆放到合适位置和高度，打开电源，按下功能键，启动遥控器，把视像资料放入投影设备，试试翻页功能，调整幻灯片显示的大小和位置。应该注意的是，不同的演示设备，甚至同一设备的不同品牌都有不同的使用程序，从电源开关到启用灯泡都可能需要不同操作规则。

（3）预备一个备用方案以防演示设备失灵。

7.1.6　放松心情

你一走近讲台就感到紧张吗？神经紧张是否会导致你在开始演说时发生失误呢？如果你对这两个问题的任何一个回答为"是"，那么你的情况很正常。即使是专业的演说者和舞台演员都会感到紧张。著名的演员伊恩·霍姆在职业生涯的早期就有这种舞台恐惧，以至于改行去拍电影并在几十年中都没有直接面对过现场沟通对象。

幸运的是，即使你不能完全消除紧张情绪，你也能成为一个成功的演说家。关键在于控制你的恐惧感。

1．临场身体放松技巧

很明显你不可能在演讲马上开始时做伸展运动或进行练习，但是你仍然可以运用一些别人不会觉察到的动作在最后一刻为身体做放松练习。

（1）提高肌肉张力的运动

握拳，然后迅速放松肌肉。比如，你的脚可以在地面上用力踩，一只手用力压另一只手,手用力压桌面或椅子,握紧拳头,收缩大腿、脚趾的肌肉等,然后迅速放松绷紧的肌肉。

（2）深呼吸运动

缓慢、深深地将空气吸入肺部,然后再慢慢完全把气呼出,做完一个动作后可以暂停一下。试试用鼻子吸气,用嘴呼出,或是想象你正在吸入"积极的因素",呼出"消极的因素"。运动时要避免呼吸过快,或是呼吸很浅只停留在胸部。

在演讲开始前的最后一刻,你可以用意识放松的方法驱散"舞台紧张感",即运用被行为心理学家称作"自我对话"的方法来实现意识上的放松。下面就是一些"自我对话"的例子。

① 跟自己做一次神气活现的谈话。"我正要谈的是一件相当重要的事情""我已经完全准备好了"或"听众也是平常人"。

② 使听众的反应比实际情况显得更好些。"他们对我的话题似乎很感兴趣"或"这群人真友好"。

③ 重复说一些积极的话。"站在这里真让我高兴""很高兴你们能来听我的演示"或"这些我都非常清楚",以及"我真的非常关心我的听众"。

2.演讲过程中保持放松的技巧

（1）对着有兴趣听你演讲的听众讲

总会有一些善意的听众在点头、微笑或友好地做出反应。你应该注视这些人,尤其在演讲刚刚开始时,不要看那些低头读文件、望向窗外或打哈欠的听众。看着那些带着积极肯定神情的听众有助于你增强信心,很快你就可以毫无胆怯地环顾整个房间了。

（2）对着房间最后一排的人讲话

演讲开始前做一次深呼吸,然后对着离自己最远的一排听众讲话,强迫自己提高音量,调匀呼吸。

（3）一定要记住,你看起来往往比自己感觉的要好一些

你的紧张症状在听众看来远没有你自己感觉的那么明显,研究表明即使是专门训练演讲的专业人员也不会觉察到演讲人的全部紧张症状。所以,经理和学生们往往在观看自己演讲的录像带时会惊喜地发现"我看起来比自己想象的好多了"。

（4）把注意力放在现在和眼前

要把注意力放在你要传递的思想以及你的听众身上,不要在意你犯的错误、遗憾和未来的不确定因素。你已经对应该做什么有了详尽的分析,现在你只需要全心全意地执行你的计划。你应该乐于同你的听众交流你的思想,并展现你的热情。

7.2　发表演讲

7.2.1　组织演讲结构

1.设计开场白

开场白,就是一个信号,它是可以沟通演讲者和听众之间的第一座桥梁。开场白对于提高演讲者的可信度、调动听众的兴趣、帮助听众理解演讲非常重要。

（1）设计开场白的注意事项

① 布置舞台

开场白就像为演讲布置了舞台，它向听众介绍了你，介绍了你的演讲概要。如果听众对你并不熟悉，你更需要借助开场白向大家介绍自己，以建立你在听众中的可信度。如果你演讲的题目不是听众所喜欢的，你需要在开场白中作些解释，表明这个话题为什么对听众至关重要。

② "抓住"听众的注意力

你的听众也许正想着别的事情，或是对你的话题不感兴趣，这时候，你需要工具来激起听众的兴致。这样的工具包括：向观众提问，就你的演讲能解决什么问题给出承诺，生动地描述一个形象的事物，讲一个令人吃惊的故事、实例或统计数字，说明你的演讲可以给听众带来的"好处"。

③ 谨慎地运用幽默

幽默是非常有效的抓住注意力的工具，但只能在这些幽默符合你的身份和风格时使用，而且不会令听众中的任何人感到不适，当然幽默必须和你的演示或你所处的场合有关。千万不要让你的幽默使听众中的某个人觉得被完全忽视了，或是令听众灰心丧气，甚至有些不快。

④ 说出你的建议

在很多劝说性演示中，你的建议会在开场白中就出现。在这种情况下，你最好使用直接吸引法。

（2）开场白的形式

① 设问式

在开头向听众提几个问题，让听众帮助共同思考，可以立即引导听众进入共同的思维空间。你提出的问题，既可以是需要听众立即回答，也可以是不用回答的，仅仅是吸引他们的注意。至于选择哪种形式的问题，则要根据你的演讲主题的需要而定。

例如，在谈《如何避免疲劳》时，你可以用前一种问题开头：

"让我们来举手瞧瞧，各位当中有多少人，在觉得自己该疲倦前就已早早的疲倦了？"

但你要记住：要请听众回答，应先给他们一点提示，告诉他们你要这么做。不要劈头盖脸就说："这里有多少人相信所得税应该降低？让我们举手瞧瞧。"你应该这样说："我要请各位举手回答一个对各位而言十分重要的问题。问题是这样的：'各位有多少人相信货品赠券对消费者有好处？'"

请注意，无论你提什么样的问题，在提出后要把自己的意见讲出来。

② 示物式

吸引听众注意力的最简单办法莫过于高举起某种东西，让人们看看它。当你使用展示物时，人们都会情不自禁地去注意这种刺激性的举动。

例如，有一位董事长在公司成立25周年的庆典活动上发表演讲时，先通过让大家看他手腕上的手表，然后告诉大家他的手表有三个突出的优点：可靠、品质上乘、有价值，然后再告诉员工之所以先介绍这只手表，是因为这只手表的很多方面与员工相似。"正像它具有可靠、优质和有价值的特点一样,今天晚上在此出席这个庆贺会的诸位都体现了可靠、优质和有价值的特点。"通过这样的自然过渡,演讲进入了正文。

你可以利用的展示物有许多,但有一点必须注意:展示物必须与你所谈的主题有密切关系。如果你在谈论种族歧视的时候拿着一个普通杯子则让人觉得迷惑,或许听众还会以为你是打算喝点水润润嗓子。

③ 制造悬念

下面是鲍威尔·希利在费城宾州运动俱乐部开始演讲的方法:

140 年前,伦敦出版了一本被公认为不朽的小说,很多人都称它为"全球最伟大的一本小说"。在小说出版之初,市民们在街头巷尾遇到朋友,都会彼此相问:"你读过这本书吗?"答案总是一成不变的:"是的,上帝保佑,我读过了。"

它出版的第一天,便销售了 1000 本,两星期之内销售了 15 000 本,自那时开始,它无数次的再版,并被翻译成各国文字。数年前,银行家 J. P. 摩根以不菲的价格买到了这本书的原稿,而它现在正与许多无价珍宝安憩于纽约市的美术馆里。

当听到这些时,你感兴趣了吗? 你是否急于知道更多? 你是否觉得这段开场白已经捉住了你的注意力,而且随着情节的发展又进一步提高了你的兴趣? 为什么它能吸引你呢? 因为它已激起了你的好奇心。

说不定你正在好奇呢? 你会问作者是谁? 这本书叫什么名字?

就在听众急巴巴时,鲍威尔才点破谜底。

这是哪一部世界名著呢? 它就是狄更斯 19 世纪 40 年代写的《圣诞欢歌》。

好奇是人的天性。对于一些超出自己想象的事物,人都有特别强烈的求知欲。因此,在演讲一开始就要引起听众的好奇心,使他们对你产生兴趣并注意你的论题。

④ 根据会场气氛,直接发挥

有时,你已经准备了一段开头的话,但临时会场上发生了一些意外的情况,那么你不妨大胆地根据即景即情,拟一段即兴的开头。这样,你的讲话就与现场气氛紧密联系在一起,从而引起听众强烈的共鸣。

1935 年 3 月 7 日,高尔基应邀到苏联作协理事会第二次全体会议上讲话,当代表们听到高尔基的名字时,长时间热烈鼓掌和欢呼。于是高尔基打消原来的开场白,即兴地这样开始:

如果把花在鼓掌上面的全部时间计算起来,时间就浪费得太多了。

这时,场下响起一片笑声。这个开头,实在是妙,它既对现场情况自然地作了评价,使大家倍感亲切,也表现了高尔基的谦逊和幽默,从而更加吸引听众。

⑤ 引用名人名言

名人名言总是有一种引人注意的力量,名言之所以有名,是因为它用简练的语言,生动形象地概括了一定的哲理,至少是在语言上有独到之处。如下列名人名言:

思考是我无限的国度,言语是我有翅的道具。——席勒

语言是一架展延机,永远拉长感情。——福楼拜

可见,名言具有很强的说服力。在演讲开头时引用一句名言,既可以起到提纲挈领的

作用,也能吸引人。

⑥ 利用事实开篇

我们先看几个例子:

亚当斯是美国宾州州立大学婚姻顾问主任,他在《如何挑选配偶》的文章中,这样写道:"今天,我们的青年从婚姻中获得快乐的机会真是微乎其微。离婚率的高涨令人触目惊心。1940 年时,5~6 桩婚姻中有一桩会触礁;到了 90 年代,已变为 2∶1 了。"

巴兰丁演讲《广播的奇妙》时,他一开头就说:"各位可知道,一只苍蝇在纽约一块玻璃上行走的细微声音,可以用无线电传播到非洲,而且还能使它扩大成像尼亚加拉大瀑布般惊人的声响?"

这些话一说出就引起我们的注意,并有兴趣倾听下面的话。演讲一开始就作惊人之语,能震撼听众的心灵,建立与他们的接触。

在陈述惊人的事实时,可以采用倒叙的方法,即先把事情结果讲出来,然后再叙述事情的经过,这样最容易引起听众的好奇心。例如:

1978 年 12 月底的一天,在南美圭亚那的一个丛林中,忽然响起了一阵清脆的枪声,附近的人们都预料可能发生了什么不吉祥的事情。12 个小时后,圭亚那军队开进该地区,呈现在人们眼前的是一幅血淋淋的场面,到处都是横七竖八的尸体。男的、女的、老的、少的,都被子弹穿过,看得出,有些是一家人,他们趴在地下,手拉着手,惨不忍睹。原来这是"人才圣殿"教的教徒集体自杀,这次一共死了 900 多人。

2. 主体演讲内容的设计

主体演讲部分也即正文部分,它直接影响演讲质量的好坏,是非常关键的一个部分。正文在结构安排上离不开提出问题、分析问题和解决问题。但它又不是一成不变的刻板的公式。你应当根据主题的需要,恰如其分地安排好正文的层次结构,做到层次清楚,逻辑紧密;重点突出,内容连贯。在安排正文结构时还要注意到,演讲的结构不同于文章的结构,不能肆意铺排,不可太复杂。文章可以反复看,结构复杂一些,读者反复揣摩也会弄通;演讲只有一遍就过,结构过于复杂,听众会抓不住纲目,始终不得要领。对于演讲主体内容的设计应注意以下事项。

(1) 层次清晰

通常可以按照以下四种方式划分演讲稿的层次。

① 并列式

它是横向地从各个不同角度或侧面去分析论题的结构形式。其主要特征是把演讲的主题所涉及的若干主要问题并列起来讲述,各个层次之间的关系是并列的,相对独立而又有联系。

② 递进式

演讲者抓住某个问题,步步深入,层层推进,鞭辟入里地进行分析,使演讲的结构呈现出递进的形式。这种结构的主要特点是在论述主题时,各层意思之间一层接一层,一环扣一环,最后水到渠成。

③ 总分式

演讲者首先概括阐明自己的观点、见解或评价;然后围绕这些论点分出层次加以论述。这种总分式的特点是使人首先获得总体印象,然后通过分别论述,加深听众对演讲内容的全面理解。

④ 对比式

这种讲述层次是,把分论点与分论点之间、段落与段落之间形成一正一反的对照,使听众从两种事物的不同或对立之中明辨是非,认识中心论点的正确性。

(2)内容统一、完整,讲求连贯性

在划分时,要注意内容的统一与完整,并有内在联系。统一,就是一段集中表达一个意思;完整,就是一个意思要在一段里集中讲完。各段之间有内在联系,是指各段之间内容连贯,上、下段之间在内容上有逻辑联系,体现出下一段是上一段意思的必然发展。

(3)注意过渡与照应

过渡一般有这样几种情况:讲述的问题由总到分或由分到总时;由一层意思转到另一层意思时;由议论转为叙述或由叙述转为议论时。照应也有三种情况:行文和演讲题目的照应;论点和表现中心思想的关键词的照应;提出问题和解决问题的照应。

3.准备结束语

在演讲中最容易被记住的部分是结束语,结束语不应该只是"谢谢"。结束语应该和演讲的目标紧密相连,也就是究竟想通过这个演讲让听众知道什么,或是你想让他们听完你的演讲后表示什么。

(1)结束语的形式

① 知识型演讲结束语

结束语应该对主要的演示信息进行总结,根据你的演示目标对听众有针对性地做出提示。

② 劝说型演讲结束语

例如营销演讲的结束语应该是挑明销售主旨的一环。比如,向决策者要求一份订单,或请他们批准执行你的建议。你也可能在这一环收集到那些主动希望帮助你的人的名单。在一些特殊情况下,你可能是在演示结束后的一个私人谈话中提出结束语中的要求。

(2)关于结尾的其他告诫

① 在考虑结尾时,必须感觉到不用稿子也能讲才行。如果对结尾有把握,就会对演讲更有信心。

② 如果告诉听众要结束演讲了,就要真的结束,不要说了结束后还要多讲几分钟。

③ 不要让"谢谢你"和"有什么问题吗?"代替了结尾。

④ 如果合适,结束后离开演讲台。否则将毁了结尾的影响,甚至毁了整个演讲。(如果在演讲之后还有提问的时间,离开演讲台就不太合适)

下面的表 7.1 和表 7.2 说明了知识型演讲和劝说型演讲的组织结构,在知识型演讲中,你的开场白包括你的演讲目标,结束语是一个总结。在劝说型演讲中,你的建议先出现,你的实际要求放在最后。

表 7.1   一般知识型演讲的组织结构

一般的知识型演讲	
开场白	简介
正文样本	要点 1 总结/过渡
	要点 2 总结/过渡
	要点 3 总结/过渡
结束语	结束

表 7.2   一般劝说型演讲的组织结构

一般的劝说型演讲	
开场白	简介
	建议
正文样本	理由 1 总结/过渡
	理由 2 总结/过渡
	理由 3 总结/过渡
结束语	行动步骤

7.2.2   演讲和演示过程中的非语言沟通

演讲是演＋讲，即影响演讲效果的不仅包括语言的内容，也包括演讲中的非语言沟通。要强化观众的视觉效果，使你成为一个受人欢迎的演说者，一定要注意在演讲和演示过程中充分利用非语言沟通与观众沟通。

1. 展现你的外表

当你从椅子里站起来走上讲台做演讲时，听众对你的第一印象将来自你的外表。听众会注意你如何着装，走上讲台是否有信心，对这次演讲是否感兴趣。

在准备演讲的日子里，你要显得很精神。良好的外表不仅能够使听众对你产生积极的印象，也能给你心理上的支持。

尽量不穿那些使听众分心的服装，例如，避免穿印字的 T 恤。信息本身可能会使人分心，听众可能会把他们的注意力转移到试图猜 T 恤上所写的内容上，特别是当某些字被讲台挡住时。同时，也要避免佩戴任何可能诱惑你摆弄的东西，脖子上的围巾或珠宝可能会引起这方面的麻烦。

在当众演讲时，要穿听众希望你穿的服装。如果是一个正式场合，要穿正规服装；如查是非正式场合，要穿你认为别人会穿的服装。如果你对此不了解，要请教一下邀请你演讲的组织。

2. 注意身体语言

姿势和身体的移动是与观众沟通的一个重要的非语言表达方式。

（1）可能分散观众注意力的姿势

你肯定曾经注意到一些演讲者演讲的姿势或在演讲台上的走动分散了观众的注意力。

① 脚的姿势怪模怪样。两只脚离得太远,像模特衣架或是跨在牛背上;两只脚离得太近,像即将倒下的斜塔,脚尖却像鸭嘴一样跷起。

② 多动的姿势。有些演讲者总是来回摇摆,或上蹿下跳,动个不停。这些动作都很容易被观众注意到,分散观众的注意力。

③ 斜靠在墙上的姿势。这种姿势使演讲者的腿可以来回摇摆、摞起来或是弯曲、点地等,都非常容易分散观众的注意力。

④ 坐着演示。有些演讲者坐着的时候或是弓背弯腰,或是斜着身子,像是躺在沙发里。

（2）根据场合选择合适姿势

在一些非正式的场合,只要你没有做出过分的举动或是分散观众的注意力,坐下演示是可以的,一些不太正规的姿势也是可以接受的,但如果你是斜靠着桌子演讲,千万不要摆腿或经常移动你的脚。

在正式场合,你的选择就少得多了。

① 正式的"开放姿态"。要塑造一个正式而又开放的姿态:两脚应与肩平行;重心在两脚之间,要让两条腿均匀地支撑整个身体;在脚掌和脚跟之间分散身体的负重,既不要让重心后倾,也不要让重心都集中在脚尖上;脚要自然舒展,脚趾展开,不要使脚尖像鸭嘴一样跷起;不要跷"二郎腿"。

② 正式姿势下的移动:在正式的场合下,演讲者也需要在讲台上移动,比如要突出某个演示屏幕上的重点,或是靠近观众征求大家的提问。

③ 在不同环境下的姿势:房间的大小可能会影响你的移动。比如,演讲者在小房间里往往不如在大房间里移动得多。座位的情况也是一个变化因素,在一个 U 字形观众席中,不要太靠近房间的中心,否则在前面的观众只能看到你的背影。

（3）手和胳膊的姿势

演讲中,自然而安稳的手势,可以帮助你平静地说明问题;急剧而有力的手势,可以帮助你升华感情;稳定而含蓄的手势,可以帮助你表明心迹。

① 常见的手势及含义

a. 仰手

仰手即掌心向上,拇指张开,其余几指微曲。手部抬高表示欣赏赞美、申请祈求;手部放平是表示诚恳地征求听众的意见,取得支持;手部降低表示无可奈何。

b. 覆手

覆手即掌心向下,手指状态同上,这是表示提醒,也可表示否认、反对等。

c. 切手

切手即手掌挺直全部展开,手指并拢,像一把斧子嗖嗖地劈下,表示果断、坚决等。

d. 剪手

这是手切式的一种变异。掌心向下,然后同时向左右分开。这种手势表示强烈的拒绝、毋庸置疑,你也可以用这种手势排除自己话题中涉及的枝节。

e. 伸指

伸指即指头向上,单伸食指表示专门指某人、某事、某种意义,或引起听众注意;单伸拇指表示自豪或称赞；数指齐伸表示数量、对比等。

f. 包手

包手即五个指尖相触，指尖向上，就像一个收紧了开口的钱包。这种手势一般强调主题和重要观点，在遇到有探讨性的问题时使用。

② 设计手势时的注意事项

很多演讲者觉得他们在演讲中手和胳膊的姿势非常别扭，他们不知道该把手放在哪或是觉得胳膊伸得太长了。在这方面，演讲者应该考虑以下三个建议。

a. 找出对你来说最自然的手势

你可以在诸如晚会或闲坐时的放松场合下摸索出自己觉得最自然的姿势，你也可以从周围的朋友或观看你演讲录像的同事那里得到意见。别人的意见可以告诉你在演示中你最让人觉得自然的手势是什么，以及你的动作是不是太多或是太过，你有没有紧张的症状等。

b. 像和别人谈话那样自然地做手势

除了要避免分散观众注意力的姿势外，作为一名演示者，你在演示中使用的手势应该和你与他人谈话时用的手势类似。

——要用得精，不要太多。你的手势不必完美，你可能拍打了大腿，过多地使用了你最习惯的手势，即便如此你仍然可能实现你的演示目标。所以，应该考虑的是如何把手势用得精、用得好，避免手势泛滥。

——避免走极端。你的大部分手势应该在脸部以下、腰以上进行。要留心极端的手势，诸如，把手放在身体两侧，只用手尖做出轻描淡写的小动作，这样的动作看起来会显得懦弱；另一个极端是，你大量地使用高过头部或低过膝盖的大动作，这些动作使你看起来像个煽动家而不是进行演示的专业人士。

——谨慎地使用指指点点的动作。你只应该指向演示屏幕，不能冲着人指指点点，你或许可以试试用全手掌礼貌地指向某个人。

c. 考虑到你周围的环境

手势的使用当然与演示规模的大小有关。

——想一想演示房间的大小。在大一些的房间里，手势即使有些夸张，看起来也不过分，而在小房间里或是在电视里讲话时就只能使用一些小手势。

——考虑到你的听众。有些听众喜欢经常做手势的演示，而有些观众则可能希望演示者尽量少使用手势。

——考虑到文化因素。在一些文化中，人们习惯用夸张的手势，而有些文化则比较倾向于矜持。你最好能调查一下，在你要做演示的国家里，哪些手势是没有意义的，哪些手势是侮辱性的，以免出错。

（4）目光接触

绝大多数的美国商业界人士希望你在整个演讲过程中注视着他们，"注视"在他们的文化理念中是诚实和信心的标志。眼睛是心灵的窗户，得体地运用目光语言会给你的整个演讲过程增光添彩。如下表 7.3 及表 7.4 所示。

表 7.3　目光类型及其含义

类型	正视	斜视	仰视	俯视	逼视	瞪视	打量	偷觑	注视	圆睁
含义	庄重	轻蔑	思索	羞涩	命令	敌意	挑衅	困窘	尊敬	吃惊

表 7.4　目光状态及其含义

状　态	含　义	状　态	含　义
目光炯炯	精神焕发	目光睿智	聪明机敏
目光明澈	胸怀坦荡	目光呆滞	心事重重
目光狡黠	心术不正	目光坚毅	自强自信
目光如豆	心胸狭窄	目光颓废	自暴自弃
目光执着	志向高远	目光闪烁	狡猾奸诈
目光浮动	轻薄浅陋	目光阴暗	邪恶刁钻

下面这些建议将告诉你如何通过目光接触联系听众。

① 找一张友善的脸来注视

如果你非常紧张，与一个支持的听众进行目光接触可能会使你平静下来。你从这个支持者那里看到的点头认可和微笑可以帮助你度过演示中最困难的时候，增加你的信心和能量。

② 试做"小型谈话"

假想你在和一个人而不是一群人进行谈话，这样可以减少你的恐惧感并使你更易于自然地表达。

③ 足够长的注视时间以使你完成思考过程

你当然不想让人看上去像机器人一样目不转睛。所以你可以注视某个听众的整张脸，并记住他对演示内容的反应，然后移开视线。

a. 锁定主要决策者。如果你做的是一个"说服型"演示，千万别忘了不时注视听众中的主要决策者，观察他们的反应，但不要只盯着他们看而忽略了其他听众。

b. 目光接触的时候不要只转头不转身体。在一间大一些的房间里，如果你只是把头转来转去试图进行目光接触，则你看起来像是在观看网球比赛。

c. 如果观众很多，目光接触的方式应该做出调整。假如你是在向几百人做演讲，你应该把听众分为几个部分，并且在每个部分找到一个友善听众不时进行目光接触。而且一旦你曾经与某个听众进行了目光接触就不要在后面的演讲中忽略他，也不要总是忽略听众中的某个部分，如果灯光太暗，不能看清每个听众，你也一定要让人觉得你注视到了听众中的每个角落。

（5）面部表情

要避免呆板、木刻似的表情，也不要显露出紧张不安、面如死灰般的表情。面部表情要放松、自然。

① 谈话式的面部表情。同手势类似，面部表情也是每个演示者所特有的演示风格。不要忌讳使用你觉得自然的面部表情，尽量多地使用目光接触把你和你的听众联系起来。

② 在适当的时候微笑。谈话式的面部表情并不意味着你需要时刻保持微笑，比如你

在介绍自己时可以微笑,但不能出于紧张而傻笑,或是在谈论严肃及悲伤话题时微笑。

③ 与听众互动。你可以试着找一个面部表情很自然的观众并模仿他的表情,比如你想让自己记住要不时微笑,你可以不时看一看一个经常保持微笑的听众,他的微笑也许能激发你的微笑。

7.2.3　展现你的声音

如果你的声音自然且容易引发听众的兴趣,那就非常理想了。想做到这一点,最简单的方法就是不要生硬地朗读或背诵演示内容。如果你打算把演示内容读给听众,你就很难表现得自然、风趣。人们在读文件时容易吐字不清或用一些听起来不自然的书面表达。当一个演讲者试图把演讲内容背出来时,就会像是在排练台词一样,相当不自然。

声音表达的好坏取决于以下四个因素:音量、语速、语音、语调。

1. 音量

你的声音要足够大,至少要确保房里的每个人都听得见。特别是在公众演讲场合,更应大声地演讲,因为发声装置离自己的耳朵很近,因此,你可能认为自己演讲的声音很大,而实际上却比想象的小。这就意味着你的声音可能需要比你感觉合适的声音更大。

(1) 要不断地检查后排的人是否能听见你的声音

通常可以看出他们听起来是否费力,他们常常要给你某种必须大声说的非语言信号(例如,向前探身,或者把手放在耳朵后做成杯子形状)。如果演讲的地方非常大,甚至可以问后排的人是否能听见。如果人们必须费力地听,他们就可能不会努力去听,除非说出一些特别的事情。

(2) 对最后一排讲话

如果你生来声音小而柔,别人难以听清,在演示时你一定要对着听众中离你最远的人讲话,而且要保持音量不降下来。你可能听到自己的声音已经很大了,但听众却不一定和你感觉一样。

(3) 提高音量但不要声嘶力竭

假如你需要提高音量,应该学习增加音量但不会给人声嘶力竭的感觉。练习这个技巧时可以假想自己站在高高的露台上,对着下面的听众发表演讲。当你试图把声音向下传递时,你会感觉声音来自腹腔而不是喉咙,你的音量提高了,但听起来不像喊或是声嘶力竭。

(4) 留意声音落差

偶尔也会出现声音小得很难听清,这种情况可能出现在:当你读到一句话的结尾时,如果你发现你的声音在句子结束时越来越小,建议你在每个句子结束时都停顿一下,喘一口气再继续读,这样可以保证持续不降低音量地读完下一个句子;当你介绍演示屏幕上的内容时,如果你的音量明显下降,你可以试试向着听众中最远的一排讲话,或是干脆等你把演示图展示出来以后,面向听众讲话。

(5) 避免太大的音量

假如你天生声音很大,你也需要做声音检查,可以问问听众中最后一排的人,你的声音是否震耳欲聋。

（6）改变音量

适当改变音量能吸引听众的注意力,抑扬顿挫的讲话会给演示带来勃勃生机。如果你要重点强调某个词或某句话,你可以稍微提高音量。有时,突然降低音量也能出人意料地吸引听众的注意力。

2．语速

（1）避免讲得太快

有些演示者在过于兴奋或过于紧张的时候,倾向于加快讲话速度。如果你本来就是一个讲话很快的人,在演示时也应该试图慢下来。慢慢讲话也许让你觉得做作、不自然,所以你必须经常练习才能在演示中不至于讲得太快。

（2）避免讲得太慢

如果你本来就是一个讲话慢声慢语的人,你应该试着把讲话速度加快,至少在演示内容非常简单的时候不要讲得太慢,而应该用诸如变化语音、语调等其他技巧吸引听众的注意力。

（3）适当停顿以改变讲话的频率

增加停顿次数是改变讲话频率的一个好办法,在每个逗号、句号、重要信息的后面停顿一下,并在下一句开始前深深吸口气。

（4）注意你所面对的文化及当地口音

改变讲话的频率,以确保你所面对的当地听众理解了你的演示,比如美国东西部的人讲话语速快,而南部则慢一些。如果你的口音听众并不熟悉,那么你应该尽量放慢语速,在介绍你自己时尤其要注意这一点。如果你的语言对一些听众来说不是母语,你更要讲得慢一些让大家逐渐习惯你的语音。

3．语音

语音即发音,就是指吐字是否清晰。

（1）用正式的发音

在正式场合下,正式的发音非常重要。要把每个字节都讲清楚,尽量不要连续。

（2）用非正式的发音

在非正式场合下,如果一字一顿地讲话会让人感觉僵硬。在这种情形下,可以用简称或连续,让人听起来轻松、自然。

（3）设法改变特定的发音错误

把你经常发不准的词汇列成一个表可以帮助你练习。如果有一个在你出现发音错误时提醒你的朋友,也会对你有帮助。一旦习惯于寻找发音问题,就能更加容易地发现自己的错误。如果你有几个发音动作问题,不要立即解决所有的问题。如果你对一个词如何发音有疑问,就查查字典。互联网提供了能听见正确发音的发音字典。一次纠正一个,当掌握了那个发音时,再纠正另外一个。

4．语调

语调是指音阶的高低轻重的变化,这种变化对于表情达意的思想感情来说,是非常重要的。

（1）有效地运用语调

如果从头到尾都用相同的语调一定会令人感到机械、乏味,生动活泼地改变音调会使演示富于变化,显得格外有生机。

（2）避免高音

语调太高反而会降低演示内容的可信度,所以如果你天生噪音很高,最好能够试着把音调降下来,使声音浑厚有力。

（3）避免单一不变的语调

如果你的声音太低沉,就一定要尽量避免在整个演示中音调一成不变。特别是在强调某特定的词或短语时更应注意语调的变化。较多的重音结尾,以造成一种强烈的气氛,突出结尾所概括话题、主要内容,从而把演讲推向高潮,给听众留下深刻的印象。

7.2.4　保持听众注意力的技巧

大多数演讲者都会遇到一个或几个难以应付的沟通对象:观点不同的、过于疲劳的或者是非常忙碌的。没有什么人会听你讲话,除非你设法突破进去,抓住他们的注意力并且一直保持这种状态。

你可以从下面的五个技巧中选择一些来抓住听众的注意力。

1. 重复

重复信息是为了能让人们注意这些信息,所以突出要点的一个重要手段就是重复。比如说,你可以在开始时简单介绍一下本章的主要内容,进入下一个话题之前再说一下这一章的内容,这样你就把一章的核心内容要点说了至少三遍。但是一定要用不完全雷同的语言来描述同样的思想,以避免重复得单调乏味,而且一定不要去重复不重要的信息。

2. 重点强调

这个方法直接而且简单易行。比如你可以这样说:"如果我今天讲的你只能记住一条,那你一定要记住下面这一条……"或者"这是我今天要谈到的最重要的一点……"这些话就好比一个教师对全班学生说:"这些内容期末考试一定会考。"不管你用什么样的语言和句子,你就是要向听众说明你下面要介绍一个非常重要的信息。

3. 出其不意

人们倾向于记住一些奇异的或出乎意料的信息,这被称作"冯雷斯托夫效应",因为是一位叫冯雷斯托夫(Von Restorff)的心理学家发现了这个现象。通过让听众大吃一惊或使他们的注意力发生改变,你可以让听众抓住一些很可能被忽视的演示要点。比如,忽然加一个小幽默,讲一个怪诞的事,突然改变你的表达风格,播放可以吸引大家注意力的照片或录像剪辑,或是出其不意地改变你的演示节奏。不过就像运用其他强调技巧时那样,这样的技巧用的次数越多,强调的效果就越不明显。而且还要注意,用来吸引听众注意力的小手段如果过于哗众取宠会严重影响你的可信度,还会使那些你最不愿意让大家记住的尴尬时刻成为最难忘的时刻。

4. 让听众参与

人们只是坐在那里听的时候容易走神,所以,要想突出强调要点,你需要提高听众的参与度,让他们不仅仅是坐在那里听。你可以通过提问,或让他们提问、你来回答的方式来提高听众参与度。有时候演示者用听众模拟、听众演示或讨论的方式来突出强调重点。

5. 强化视觉效果

在演示过程中,演示者当然是大家视觉关注的焦点。但是,设计精美、内容独特的幻灯片,其视觉效果比演示更重要。如果听众在听某个信息的时候,还能同时看到这个信息,他就容易记住这个信息。

7.3　视觉辅助工具的使用

视觉辅助工具是帮助解释演讲中的要点的装置,常常在以下几方面帮助演讲者:为他们提供支持和解释演讲内容的其他手段;为演讲增加不同的,常常是有趣的、能抓住听众注意的要素;给他们机会四处走动或示范;为他们提供记忆这些信息的辅助手段。

7.3.1　选择设备

在开始设计演示图像前,你需要知道在演示中可以使用什么设备。试想一下,用计算机投影仪、活动挂图(可逐页翻开)以及宣传单张所需的演示图像会有很大不同。下面就是对你的资源和约束条件的分析,同时,你还要考虑每种设备的利弊。

1. 分析你的资源和约束条件

在分析约束条件和利用资源以前,你先要仔细考虑你在演示方面受到了什么限制,你拥有哪些资源。

(1) 听众/演讲者方面的约束

① 听众的期望

试图发现你的听众、你的公司或他们所处的文化希望你采用什么样的设备进行演示,尤其要考虑到演示的正式程度和复杂程度。

② 听众规模

听众的人数决定了你要分发多少份材料,以及各种演示设备对听众产生的影响。

③ 正式程度

只选择那些你用来感觉很好的设备。

(2) 客观条件的约束

不能就会场是否有该种演示设备做假设。你需要知道演示设备是否确实在那儿,当你要在一个你不熟悉的地方做演示时,尤其要注意他们是否有你需要的设备。虽然你可以带着设备前往,比如带着立式活动挂图、投影仪或者其他便携式投影设备,但是显然非常不方便,而且自带设备会增加你的成本。

① 会场的大小

事前了解会场的大小、形状,会场内有何设备和固定家具(讲台和投影背板),投影仪和大屏幕之间的距离等。这些因素会影响演示图像的字号。

② 室内家具

你还应该查一查一些必要的家具,比如固定或能移动的桌椅。如果你需要听众在你分发的材料上记笔记,你需要配有桌子的会场座椅,最好你可以使所有听众享有相同的待遇。

③ 灯光

最后,还要看看室内的采光,包括窗户的位置、灯光明暗调控等。在演示时,最好一直把灯开着。

表7.5总结了在分析听众和客观条件后,在选择视觉辅助工具时的一些做法。

表 7.5 使用视觉辅助工具的注意事项

资源和选择	
发现……	然后,选择……
听众规模	• 小:用活页书、笔记本计算机、写字板或挂图
	• 大:用活页书或投影设备
听众期望	• 入乡随俗
	• 不遵守大家的习惯,脱颖而出
正式程度	• 选你用起来舒服的设备
	• 学会用新设备、全面练兵
	• 一定要让你的设备得心应手
高科技选择	• 带上备用设备,以防新设备出现问题
	• 如果需要,自带计算机、转换插头等,事前了解计算机的开机密码和开机程序
会场和设备	• 大:避免手写,演示图像用大的字号
	• 小:不要带太多的设备
	• 座椅:确保坐在每张椅子上的人都能看得见演示
灯光	• 选择灯光明暗可调的会场
	• 如果你把灯光关掉,千万别太久
色彩显示能力和质量	• 提前到会场调整演示图像的颜色,计算机里的颜色和投影到大屏幕上的颜色往往不一致
	• 打印出的颜色和投影到大屏幕上的颜色永远不会完全相符

2．常用的视觉辅助工具

（1）实物

有时把谈论的东西作为直观教具很有用。听众愿意看你正在谈论的东西——特别是他们不熟悉的物体。一个学生把一把小提琴和一把中提琴带到演讲台上,以说明两种乐器在声音和外观上的不同。某人从生物系借了一个骷髅以便对关于骨质疏松(一种骨骼疾病)的演讲做说明。

（2）模型

模型是实物的复制品,当实物本身太大不能展览(如一个建筑物)或太小不能看见(如一个细胞)以及人的视力无法达到(如人的心脏)时,就使用模型。模型是一种非常有效的直观教具,因为它能确切地显示某物。它比图片更好,因为它是三维的,例如,一个学生谈论用于战争的飞机时,带了一个他自己制作的飞机模型。

（3）写字板和活动挂图

写字板和活动挂图有助于活跃讨论的气氛,还可以营造不太正式的宽松环境。

① 传统的写字板有助于提高讨论热情,但不能记录下写字板上的内容。

② 电子复印写字板可以提供写字板上内容的复印件。

③ 直播式写字板可以从计算机写入注解。

④ 活动挂图可以把需要的画页挂在墙上供大家讨论。

（4）多媒体

通过多媒体设备将文字、图像声音等展示出来，给听众留下更深刻的印象。

① 固定装置式投影仪

这类投影仪被永久性固定在某个位置，通过 CRT（阴极管）、LCD（液晶显示）或等离子体显示等技术来投影。不同投影仪的显示质地有很大差异。

② 便携式投影仪

便携式投影仪的质量差异也很大，在大型演示中，用液晶显示技术和数码光处理技术的大屏幕显示效果较好；而在中型演示中，一个大的视像屏幕就足够了；在小型演示中，一般的计算机显示就可以。

（5）文字材料

有时让听众有一份供大家讨论的文字材料是非常必要的。

① 有针对性的宣传单张

有些材料提供了演示中某一章节中某个图像的具体信息，以为听众提供更详细的说明，比如财务资料或财务报表。

② 活页书

另一类分发的材料叫作"活页书"（或项目建议书、卡片书），这类材料提供了演示内容的纸质文件。活页书有专业装订、彩色印刷的，也有用订书器订在一起、黑白复印的。有时活页书提供了演示图像的纸质文件，也有的在演示者就某一话题讲解时单独使用。用这类文件时，一定要插入页码，这样你可以指导听众到哪一页去找你要说的信息。此外，螺旋形装订的书要比订书机订起来或压膜装订的书用起来方便。

③ 演示图复印

另一个不如活页书正式的方法是提供给观众演示图的复印件，每页 2～6 个演示图。

7.3.2　编写信息题目

在选定了演示设备，但还没有开始设计演示图像之前，需要注意你要传递的主要信息。你的核心思想以及支持这一思想的观点将决定你如何设计演示图纸以突出这些思想和观点。理想情况下，你的许多思想和观点就可以成为演示图像的题目，被列在每页上方，这样做就是在编写信息的题目。

1．集中在信息的思想和主要观点上

你要先找出演示中有意义的重要信息，从而知道哪些信息不仅要在演示中写出来，还要讲出来。从这个意义上说，有些信息对每个演示来说都是重要的信息，而另一些信息则是特别针对你的演示的。

2．避免话题型题目

很多演示者会采用我们称作"话题型"的题目，但一个话题型题目只是指出了要讨论的对象，却没有告诉听众或观众这一页将带给大家什么信息。

比如,看看下面这个话题型题目演示图,听众可能会看到有关这个题目的一个或更多具体信息:"销售额在增长","销售额在 2000 年达到 0.9 亿美元",或"销售额在 1996 年是 0.3 亿美元"。在这个例子中,观众要自己决定究竟哪个具体信息是最重要的。

3．有效运用项目符号

有效运用项目符号是设计方案演示图时的一个重要元素。在运用项目符号时要注意:突出项目符号,引起公众注意;所有行都要在起始处等距离缩进,这样项目符号才会突出。为了做到这一点,可以在计算机文字编辑工具中选择"悬挂缩进"。

4．力求简洁

关于演示设计重要的原则,也是最基本、最简单的原则,就是使你的演示画面尽量简洁。这个原则既适用于演示的整体设计,也适用于每个演示页的设计。

(1) 不要有过多的演示页

总体说来,每分钟演示一页是比较合适的,如果你的演示内容很复杂,那么每分钟应该不超过一页。但不能为了减少演示页数,把过多的信息塞进一页里。

(2) 不要让演示页"超载"

所有以视觉效果为主的演示,尤其是投影幻灯片,一定要一目了然。曾有人把视觉演示比喻成广告牌,不宜有过多的文字,你最好在每页留些空白,不能把每页都用信息填得满满的。

(3) 注意画面的使用

不要试图用杂七杂八的动画、幼稚可笑的剪辑艺术、过分的色彩,还有会让每个排列项目在屏幕上飞上飞下的动画。尤其要慎用计算机中预先内置的一些动画效果软件程序。

(4) 及时让旧画面消失

以免它们分散听众对现有演示页或你正在进行的演示的注意力。

(5) 不要过度使用演示设备

如果你同时使用不止一个演示设备(比如,你的演示中既要使用幻灯片投影又要使用录像剪辑,可能还要用挂图来记录观众的问题),你最好不要过度使用这些设备,因为,从一个设备转换到另一个设备是需要时间的,而且会分散观众的注意力。

5．易读

演示图的一个通病是在领会意思方面有时令人困惑,不是版面太大,就是排版复杂,或是颜色搭配不当。下面的这些指导原则可以帮助你克服演示图难读的问题。

(1) 选择一个易读的字形

计算机内置软件通常已经提供了众多的字形。有些是带衬线体的细体字,有些则没有。细体字看起来更传统,尤其适合于字数密集的文件。粗体字看起来更现代,适合于在屏幕上显示的文字内容。

(2) 选用易读的字号

你可以选择的最小字号取决于你的显示设备。此外,它还依赖于你所选择的字形。

① 用于投影显示

用于投影显示通常要选 18 号以上的字,只有列举次级项目时才用比 18 号小的字(比如横坐标上的标志),即使你要在这些次级项目上使用小字,也一定要事先试验它的显示效果。此外,还要确保题目字体和正文字体的区别足够大,以便观众很容易地把它们区分开。题目要用 32 号以上的字体,正文可以用 24 号字。

② 用于挂图和宣传单张

当你要用挂图或宣传单张来做演示时,正文的字体应该至少用 11 号或 12 号字。在设计宣传单张时,题目可以和正文用同样大小的字体,并用黑体等形状变化来区分题目和正文。

③ 用于手写显示

对于手写显示的一般原则是,要使 10 米以外的观众能够看见,字体必须有 1.5 寸高。在你的手写体不够清楚或墨迹不够浓的情况下,为了确保大家能够看清楚,你应该把字写得更大些。

④ 避免出现文字垃圾

电脑内置软件常常诱惑你使用各种各样的突出显示,明智的突出显示方法包括普通文字、黑体字或斜体字,但应该慎用斜体字,有些字体斜了以后会难以辨认。运用下划线、文字阴影、文字镂空等方法时应十分小心,因为这些方法常常使字很难辨认。

7.3.3　使用视觉辅助工具的规则和技巧

要使用一种确实起作用的视觉辅助工具。一种错误的视觉辅助工具将会损害演讲,并使演讲的效果差得多。

在考虑视觉辅助工具时,应记住以下八点规则:

1. 用视觉辅助工具支持而不是代替演讲

视觉辅助工具不应该变成演讲的全部,它应该是一种支持演讲的附属品。

2. 为那些需要更多解释的观点选择视觉辅助工具

浏览一下你的演讲,决定哪一些细节需要通过视觉辅助工具才能做出更好的解释。有需要强调的特殊的统计数字吗? 有那种听众看见才更容易理解的东西吗? 它能在演讲中帮助形象地展示主要观点吗?

3. 只有准备使用视觉辅助工具时才拿出来使用

把这些直观教具放在一个不显眼的地方,然后当你准备使用它时再把它拿出来。用完以后把它放在一边,不要让它夺走听众对你的注意力。

4. 要确保每一个人都能看到这些视觉辅助工具

在画图时,要用带有粗线的深色标线器,这样就能够画出听众能够看清的粗线条。如果你心存疑虑,就要预先检查这些直观教具。把它放在场地的前面,然后问离得最远的人是否能看见它。如果不能看见,就把它固定在能看到的地方。

5. 在演讲前,检查一下场地,看看视觉辅助工具是否能容易地显示出来

如果用投影设备,要找到电源插座并看看场地里是否有灯光阴影或窗帘。如果要挂一个图,要确定怎样挂,需要胶布或图钉吗?

6. 在演讲前练习使用视觉辅助工具

如果使用某种图,站在它的旁边用左手或右手指着它,而不是站在它的前面用后背对着听众。练习使用这些设备直到能迅速、容易地操作它为止。如果用某种复杂设备,如投影仪,可以考虑让一个学生帮你操作。如果这样做,要与这个学生一起练习。在练习使用视觉辅助工具时,看看操作它需要多少时间。如果花的时间太多,就要决定如何缩短。

7. 演讲时要面对听众而不是面对直观教具

你只需要偶尔地看看视觉辅助工具,但要记住与听众保持目光接触。

8. 保持对于演讲环境的控制

由于视觉辅助工具会分散听众对你的注意力,要尽量使它们简单。

 领导者讲话脚本模板——让自我介绍闪亮登场

在面试中 HR 之所以会让面试者先做自我介绍,一般出于以下考虑:第一,参加面试的人很多,需要通过自我介绍这个环节迅速熟悉面试者的情况,同时用这个时间再次浏览面试者的简历;第二,通过这个环节了解面试者的情况,在听完自我介绍后对面试者有个大致的印象,根据初步评价和判断考虑是否有必要后续重点考察该面试者,并根据面试者的特点有针对性的提问。

由此可见,要让 HR 对自己形成良好的第一印象,不能小觑自我介绍,一定要根据岗位需求和自身的特点恰到好处的进行自我介绍,牢牢吸引住 HR。

1. 什么是"领导者讲话脚本模板"

如何在面试这一即兴时刻出色的表现呢?《即兴演讲》一书中有一个"领导者讲话脚本模板"(见图 7.4)或许可以给我们启发。

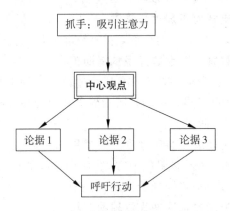

图 7.4　领导者讲话脚本模板

（1）抓手部分

抓手被视作"口头的握手",用于和听众建立联系,引起听众的兴趣,使之有兴趣且有耐心听你说下去。抓手不仅要能吸引听众,还要与你讲的要点相联系。比如在面试中,自我介绍的抓手部分可以是感谢面试官给予自己机会,也可以进一步说出自己对公司是多么的景仰,从而表示自己应聘该公司的诚意。

《即兴演讲》的作者汉弗莱曾在该书中提到:"多年来,我面试过很多想入职汉弗莱集团的人,我总是注意候选人的开场发言是不是提及我们公司,面试一个对公司很感兴趣的候选人会让我更加兴奋。"

（2）中心观点

中心观点，即在这段沟通过程中自己的核心观点是什么，其具备以下特征：

第一，中心观点是沟通信息中的重点，沟通必须围绕这个重点。如果没有重点，观点太多，则会使听众不知所云，等于没有观点。

第二，必须清晰、简单，可以用一句话概括，越简单要点则越突出。

第三，中心观点要足够吸引人，最好能够打动听众的心。

第四，中心观点积极和正面，包含希望、目标、可能性和成就，传递满满的正能量。

第五，清晰可辨。采取强势、明确、宣告式的陈述方式，以确信的语气凸显自己的观点，还可以用"我认为""我相信""事情是这样的"等语言作为标识中心观点的信号。

（3）论据

论据的作用在于说明了自己所提出的观点以后，还要解释为什么，这些论据之间也要以一定的结构进行呈现，常用的结构包括：

第一，原因模式，即罗列各种原因来支持主要观点，比如你的要点是"我是一个勤劳肯干、善于动脑筋的人"，则需要通过几个理由（或者事例）来证明你的这种特质。

第二，方法模式，这里呈现的是实现中心观点可以采取的具体行动方式，即解决问题的步骤，比如你的中心观点是"我知道我可以解决这个客户服务的问题"，论据则是解决这个问题每个步骤的内容是什么。

第三，时间顺序模式，即通过时间序列详细描述讲话要点，比如要点是"我出色地完成了 6 个月的实习工作"，接下来的要点可以是以时间为轴介绍每个阶段所取得的业绩。

第四，地点顺序模式，与时间顺序模式的逻辑大致相同，以地理位置为轴展现论据以支持论点。

（4）呼吁行动

这个部分通常要求听众围绕讲话内容采取行动，也可以告诉听众你打算采取的行动，或者总结大家应采取的一些协同行动。这也是一个再次强化自己的观点，感染、吸引、启发和激励听众的过程。

2．如何将"领导者讲话脚本模板"运用于面试中

自我介绍的内容不能千篇一律，必须根据所申请职位的介绍，精确地将自己的优劣势与职位所需技能和经验进行对比，然后再开始准备，列举自己适合这个职位的原因。

抓手部分可以是感谢面试官给予的机会，也可以显示自己对于公司或者面试官的了解，并且对于公司非常感兴趣，以此打动面试官，让面试官感觉到你已经做了充分的准备，并且非常有诚意。

中心观点当然是表达自己正是这个职位的最佳人选。

论据可以从教育背景、实习经历（工作经历）、以往的业绩、价值观等各个层面并列说明。

而呼吁行动部分则可以是在总结亮点的基础上表达自己期望来公司工作的意愿。

值得注意的是，根据记忆力规律，建议论据的要点不可过多，3 点足矣。如果自我介绍的时间比较短，比如只有 10 秒钟，可以只说中心观点。如果没有足够时间把论据全部说完，可以根据重要性，把最能说明中心观点的亮点放在前面。

此外,按照这个思路准备自我介绍,即使没有自我介绍环节,也可以在 HR 问到相关问题时抽取部分内容进行回答,比如在回答"你为什么对这个职位感兴趣?"这个问题时,就可以用抓手和中心观点的内容进行回答(我对于这个职位感兴趣、我对公司的认识,我适合这个岗位),然后进行详细解释。

为了将上述问题想清楚、说明白,也可以用思维导图呈现这个结构化的模板。这样做的好处是,当自我介绍的时间要求不同时,可以让我们很快确定在有限的时间内讲什么。比如只有 10 秒钟,则主要讲抓手和中心观点;如果有 30 秒钟,则可以增加一个最相关的论据;如果有 2 分钟,我们可以基本呈现主要的论据;而如果再有更多的时间,我们就可以在各个论据下讲述具体事例来进一步验证了。

3. 举例:"领导者讲话脚本模板"让自我介绍亮起来

下面将通过一个案例来说明"领导者讲话脚本模板"在自我介绍中的应用。

某知名教育机构招聘从事市场营销方面课程设计与讲授的培训师一名,对于应聘者的要求是具备 5 年以上从业经验,能够独立设计与讲授营销方面的课程,并且能够根据客户需求开拓新的课程。那么我们将如何准备自我介绍呢?

下面的思维导图展示了根据"领导者讲话脚本模板"所设计的自我介绍内容(见图 7.5)

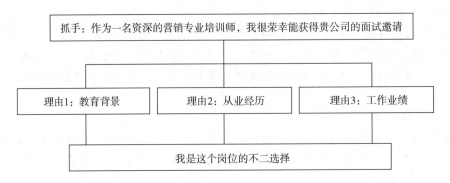

图 7.5　思维导图演示

"领导者讲话脚本模板"的作用在于让我们的自我介绍更有结构性,通过清晰的结构化表达应对各种不同时间要求的自我介绍,同时打动 HR,从而形成良好的"第一印象"。该模板不仅帮助我们从容地应对自我介绍,而且有助于我们更有条理性、更有针对性地回答面试中关于个人情况的问题。

案例来源:简书"EQ 阁主":《这个模板让你的自我介绍闪亮登场》,原文链接:https://www.jianshu.com/writer#/notebooks/28604421/notes/34259633

案例思考题:

结合自己的实际情况,运用"领导者讲话脚本模板"做一个自我介绍的设计。

本 章 小 结

无论何时被安排作演讲或是演示,你应做好充足的准备。在作演讲和演示前,你首先要对你的听众作全面的分析,确定你的演讲和演示目标,然后据此收集资料并选择有效的视觉辅助工具。在演讲和演示前一定要进行演练,以熟悉演讲和演示的内容,同时放松心情。

一个完整的演讲稿由开场白、主题演讲和结尾组成。开场白对于提高演讲者的可信度、调动听众的兴趣、帮助听众理解演讲非常重要。常见的开场白的形式:设问式、示物式、制造悬念、根据会场气氛直接发挥、引用名人名言、利用事实开篇等。在设计正文时,要注意做到层次清楚、重点突出。同样,结尾也是非常重要的,知识型演讲结束语应该对主要的演示信息进行总结,根据你的演示目标对听众有针对性地做出提示。而劝说型演讲结束语应该是挑明销售要旨的一环。富有吸引力的演讲和演示应该具有"注意、专注和直接"的特征,为达到这些目标你可以通过展现你良好的外表和声音来实现。

利用视觉工具帮助沟通对象集中注意力,记住你所提供的事实,理解你的思想与设计思路。选择有效的视觉辅助工具非常重要。你应根据你的资源情况和权衡各种视觉辅助工具的优缺点来选择适合你的工具。在编写信息题目的时候应注意以下几点,集中在信息的思想和主要观点上,避免话题型题目,力求简洁和易读。

复习思考题:

1. 演讲和演示前需要做哪些准备工作?

2. 如何进行听众分析?

3. 组织材料的方法和模式有哪些?

4. 说明开场白的重要性和形式。

5. 分析在展现你的外表和声音过程中需要注意哪些方面。

6. 你所知晓的视觉辅助工具有哪些?请列举它们各自的优缺点。

7. 使用视觉辅助工具需要遵循哪些规则?

第 8 章

群 体 沟 通

学习目的

1. 群体沟通的优缺点和常见形式;
2. 了解组织会议的准备工作;
3. 掌握会议主席高效主持会议的技巧;
4. 掌握积极参加会议的指导原则。

引例

小王是一家公司的职员,他对公司会议有自己的一些想法,他的想法反映了许多公司会议的某些现状,值得我们思考。

很多公司往往由于以下原因,开会效率低下:

(1) 公司的主管都不知道何时是开会的最好时机。许多重要的会都安排在周五下午开,或非要安排在事务繁忙的周一开。

(2) 许多主管对于何时开会几乎都不征询员工的意见。这使得员工疲于奔命,甚至得延后或放弃参加其他会议。

(3) 有些"必须到会"的员工,因为已经与重要客户或政府官员有约在先,根本不能出席,这使得会议讨论很难进行。而到场的人往往并非与议题关系最密切的人,所以准备不充分或者根本来不及准备。

时下有一句很流行的话——"最近比较烦",对太多像小王一样的职场人士来说,这句话可以改为"开会比较烦"。开会之所以烦,用小王的话来说,就是"会议常在毫无章法的状况下进行,甚至毫无意义地延长时间,即使有决议,质量也很低",简而言之,会议效率不高。因此,寻找致使会议效率不高的原因就显得格外重要。

案例来源:时代光华管理培训高效会议技巧.

群体沟通是一种一对多或者多对多的沟通方式。会议沟通是群体沟通中最常用的一种形式。作为管理人员,经常需要参加或者组织会议。在很多组织中可能存在"三天一小会,五天一大会"这样的频频开会现象。据统计,西方发达国家的经理每天工作 1/3 的时间是与某个人单独会谈,还有 1/3 的时间是参加各种各样的群体会议。实践表明,在一个企业中,作为管理者,会议越多,说明这位管理者的职位越高;工资越高,说明这位管理者的会议越多。

会议沟通在管理者日常工作中占据如此重要的位置,这提醒管理者一定要注意进行高效会议,在组织会议时既要做到节约时间和会议成本,又要做到使会议达到预期目的,为更好地开展下一步工作奠定基础。

会议的时间就像一块海绵,很多会议的时间至少可以缩减 1/4,参会的人数也可以降至原来的 60%。高效会议已经成为了众多公司所追求的目标。在西方甚至掀起了"会议革命",有的学者提出会议沟通的高效程度与企业竞争力直接相关。

8.1　群体沟通的优缺点及常见形式

随着现代商业组织规模的扩大以及学习型组织、团队精神的不断倡导,群体沟通也逐渐成为一种常见的沟通方式。通过群体沟通可以调动集体的智慧,得出更富有成效的方案。但是有时候在集体讨论以后也很容易发现,一两个人无须别人帮助也可以得到同样的结果。大量的时间、精力可能被浪费在毫无效率的群体沟通中。群体沟通虽然有诸多的优势,但是也因为一些本身存在的缺陷而使其陷入毫无效率的状态。

讨论 1:

某服装公司决定加快工艺流程改造,并进行工艺重组。但以前在进行工艺重组时,工人的反应非常强烈,对工艺的改动持敌对态度。为了实施计划的改革,公司管理层采用了三种不同的策略:

策略一,与第一组工人采取沟通的方式,向他们解释将要实行的新标准、工艺改革的目的及这么做的必要性和必然性,然后,给他们一个反馈的期限;

策略二,告诉第二组工人有关现在工艺流程中存在的问题,然后进行讨论,得出解决的办法,最后派出代表来制定新的标准和流程;

策略三,对第三组工人,要求每个人都讨论并参与建立、实施新标准和新流程,每个成员全部参与,如同一个团队一样。

结果令人惊奇。虽然第一组工人的任务最为简单,但结果他们的生产率没有任何提高,而且对管理层的敌意越来越大,在 40 天内有 17% 的工人离职;第二组工人在 14 天内恢复到原来的生产水平,并在以后有一定程度的提高,对公司的忠诚度也很高,没有人离职;第三组工人在第二天就达到原来的生产水平,并在一个月里提高了 17%,对公司的忠诚度也很高,没有工人离职。

思考:

1. 从这个案例中你得到什么启示?

2. 在什么场合下要采取群体决策的方式,如果不采取群体决策的方式,而由自己做个人决策是否可行?

3. 根据你自己的工作体会,谈谈群体沟通的优缺点。

8.1.1　群体沟通的优点

讨论 1 中的案例结果揭示:基于充分的群体沟通之后,员工的自我管理能力、创新能力、信息共享、员工参与程度和工作绩效较传统管理方式下的员工要好得多。英国管理沟通专家 Nicky Stanton 认为,群体沟通的优势主要体现在以下两方面。

1. 产生更多的承诺

当群体参与决策的过程时,他们可以更加了解政策的性质、背景和需要,所以更能理解为什么这项政策或决定是必要的。而且由于个人参与了决策,更容易持赞成态度。因此,当人们参与决策过程时,对决策会更多地承担义务。正如讨论1中案例所示,越是让工人参与决策,他们就越可能贯彻决策。

2. 产生更好的决策

群体共同做出的决策比个体独自做出的决策之所以更好,主要是因为:①有更多可利用的信息;②有更多更好的建议;③产生的决策更加大胆。

讨论2:

根据上述群体沟通的优点,考虑什么样的工作最好由群体执行?

提示:最好由群体执行的工作包括:

1. 那些要求有某些分工的工作,如项目分工、部门工作分工等。
2. 那些需要创造性的工作,如通过头脑风暴法激发创意。
3. 记忆和回忆信息非常关键的一些工作,如史料的编撰工作等。

8.1.2 群体沟通的缺点

虽然群体沟通有诸多的优点,但是要能够形成这些优势的前提是"优秀"群体在"良好沟通气氛"下进行工作。而实际情况是,许多会议之所以流于形式、浪费时间是因为与独自工作相比较,群体决策有时有缺点,而这些缺点的存在正是导致会议沟通低效率或者无效率的原因。这些缺点主要表现在以下四方面。

1. 有可能浪费时间,降低工作效率

如果以群体沟通的方式制定决策,可能会使过程变得太长;在讨论过程中会由于花去过多的时间纠缠于一个问题而使议程无法完成;由于观点的不一致也可能给成员造成伤害;与独立思考相比较,群体沟通可能会人为地制造一些影响沟通效率的阻碍,如成员坚持讨论不相关的问题、成员花在维持群体士气和其他人际关系上的时间过多等。曾经有学者提出会议的长度是参加人数的平方,这说明很多时候为了提高工作效率,必须采取果断决策而不是使用委员会或者会议。

2. 群体压力的存在有可能导致平庸决策的出现

由于一般的从众心理的存在,这会形成由于他人的存在而产生一种"群体压力",它影响人们去同意一个平庸的决定。群体压力不会必然引出平庸的决定,但群体的确重视妥协,通过迁就寻求一致的过程,妥协就会导致平庸。这也可以解释为什么真理总是掌握在少数人手中。

3. 专家和领导的压力存在有时候不利于问题的解决

专家和领导的存在很难使群体沟通过程采取平等、民主的参与式沟通风格进行,因为这些人的特殊身份会使其他成员很难开诚布公地发表自己的真实观点。更为严重的是,如果这些专家或领导以权威的身份对其他成员的观点采取压制和否定方式,不但不利于问题的解决,反而会恶化群体成员之间的关系。

4．有可能产生说而不做

大多数人似乎不喜欢做决定，并且很多时候避免做决定。群体沟通为大家在决策时互相推诿提供了机会。因此，有些群体愿意讨论几乎所有的问题却不去解决它。难怪有人评价会议是由一群单个什么也不会做、聚在一起决定什么也不做的人组成的；会议是一群不配合的人聚在一起，不情愿地去做指定的、白费劲的、不必要的事情。

8.1.3　影响群体沟通效率的因素

群体沟通的过程是一系列非常复杂的、相互联系的因素相互作用的过程。分析这些影响群体沟通效果的因素，有助于在群体沟通中采取相应的对策，提高沟通效率。群体沟通效率可以从群体生产率以及成员间关系满意度这两个方面衡量。

一般认为，影响群体沟通绩效的因素包括可控因素和不可控因素两大类。可控因素是指参与沟通的群体从成立开始到问题解决为止这个过程，成员自己可以完全设法解决的因素；不可控因素是指所有成员在正式沟通开始之前无法控制或不能完全控制的因素。

1．可控因素

可控因素主要包括领导者的风格、参与成员的相互影响和角色定位两个方面。

（1）领导者的风格

领导者处于群体沟通绩效控制的核心地位。领导者可能是由外部指定的，也可能在群体内部形成。不同的领导风格对群体、群体成员的相互作用以及群体的生产率和士气都有不同的影响。领导风格主要包括以下三种类型。

① 民主的风格

领导者只在必要时进行引导，工作的基本信念是成员能用自己的资源去实现自己的目标，成员从这种信任和做自己的决策中得到满足。因此，群体生产率通常相当高。在民主风格的群体沟通中往往表现出群体导向的行为，目的在于取得群体目标和群体成员的满意度。

② 独裁的风格

领导者认为，由于成员总是从追求自己个人目标出发，而不是首先从群体目标出发，因此必须不断给予指导，让成员不断强化群体目标的信念，才可以达到群体沟通的目标。在独裁风格的影响下，群体沟通一般会表现出任务导向的行为，也即主要以完成任务为中心，几乎不关心成员的满意度和群体中的人际关系。

③ 自由放任的风格

由于几乎完全不关心目标的实现，任务可能不被执行，成员的满足只来自实现个人目标而非群体目标。在这种风格下，群体沟通会表现出自我导向的行为，也即成员的目的在于达到个人目标的实现。

尽管民主的管理风格是现代管理的趋势，但是由于任务的性质、可用时间的限制、成员的个性等原因都可能要求在适当的时候采用其他的领导风格。

（2）群体的相互影响和角色

领导风格的不同将影响群体成员之间的相互影响方式。如在领导者采用高度结构化、独裁领导风格的群体中,相互影响是高度集中的;而在比较自由的讨论中,成员的意见指向许多方向中的一个,而不是指向领导(见图 8.1 和图 8.2)。

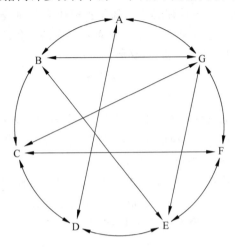

图 8.1　分散的沟通结构

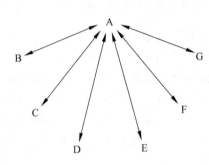

图 8.2　集中的沟通结构

在大多数的相互影响中,大多数人把注意力集中于任务的内容而忽视了过程,甚至当过程成为影响群体行动的主要原因时仍然如此。作为群体沟通的成员,对过程的敏感能使其及早判断群体的问题并有效地加以解决,因为过程存在于所有群体中,了解这些过程可以使成员为提升群体沟通效率做出贡献。

2．不可控因素

（1）群体变量

① 群体规模

显然,群体越大,可利用的信息、技能、才能、背景和经验就越多样化。但是,群体越大,个体参与的机会就越少。实践表明,在较大规模的群体中,权利和力量大的人支配更多的可利用时间,而实际上他们并不一定有更多的知识和经验。同时,也永远听不到那些沉默者的观点,因为他们参与太少。

因此,必须在有利于参与和有一定广度的可利用的知识与经验之间对规模进行权衡。鉴于规模与凝聚力相联系。当人数增加到超过 6 人或 7 人时,凝聚力开始下降。因此,合适的群体规模大概在 5～7 人之间,但 5～10 人的规模在提供足够多样化的才能和个性去富有想象力地解决问题的同时,仍可以让人们充分表达想法。

② 成员的个性和目标

当一个群体形成或被组织后,成员加入时,往往会带来完全不同的态度、价值观和信念,并且这些东西融入群体过程的方式将再次影响群体参与和相互影响的程度、风格,并最终影响生产率和成员的满意度。有效的群体在成员间有高水平的和谐共存,但这并不一定意味着群体必须有态度、信念和价值观相似的成员才能有效。尽管同质群体能提高满意度,异质群体已被证明比同质群体生产率更高。因此,在成员组成上,要考虑满意度和效率之间的平衡。

③ 身份和角色

当一群人走到一起时,他们可能都作为群体平等的成员,但在群体其他成员的眼中,每个人又有一个以前的身份。这种身份会影响其在其他成员心目中的地位和影响力。同时,每个成员也都会认为自己来到这里是根据需要扮演一个特别的角色。另外一个重要的因素是这些成员中,有的可能在以前就建立了关系或友谊。以前进行过的交流质量和范围将影响他们在群体内的行为方式。因此,每个成员领导一个新的群体时,就应该根据自己的身份和地位而考虑以下问题:

a. 在这个群体中我是谁?扮演何种角色?其他人期盼我扮演何种角色?谁将对我的行为进行评判?

b. 影响沟通的方式是什么?谁有可能影响?我是否可以施加影响?若可以,又如何影响?

c. 我个人的目标和需要是什么?它们与群体目标和需要是否一致?若不一致,我又该采取何种对策?

（2）环境

① 自然位置

首先,自然位置的接近可以增加相互影响。如群体成员更可能与那些坐在附近的人结成小团体,而与桌子另一边的人发生冲突。对此有所了解的领导者在实际安排座位时,就可以让潜在对手坐在桌子的一边而不是对着坐。其次,会议的位置也会发出信号。如果会议在管理者的办公室举行,以前存在的地位关系就可能被加强,而在中立的地方举行会议则可以减少这种关系的影响。

② 群体间的关系

群体或社会中的其他人对某个群体的看法会影响它的生产率、凝聚力和士气。没有人会愿意属于一个被组织中的其他人视为不重要的群体中的一员。

③ 群体的期望

很多组织希望以自己的"特殊风格"组织会议,这些特殊方式可能包括会议议程、工作方法、报告和协调方式等。群体成员不可避免地要遵守这些规范和期望,但重要的"风格"可能是成员们所不习惯的。

（3）任务

任务的性质、困难程度和特殊要求,例如完成时间,都会影响群体成员的态度、工作方式和领导者对是否组织会议和会议的最好方式的决定。

8.1.4 群体沟通的常见形式

名义群体法、德尔菲法、电子会议法以及头脑风暴法是群体沟通中普遍使用的四种形式。

1. 名义群体法

名义群体法在决策制定过程中限制讨论。按照这种方法组织群体沟通,成员必须出席会议,但他们是独立思考的。这种方法一般遵循以下步骤:

（1）成员集合成一个群体,但在进行任何讨论之前,每个成员独立地写下他对问题的看法。

（2）经过一段沉默后，每个成员将自己的想法提交给群体。然后一个接一个地向大家说明自己的想法，直到每个人的想法都表达完并且记录下来为止（通常记在一张活动挂图或黑板上）。在所有的想法都被记录下来之前不进行讨论。

（3）群体现在开始讨论，以便把每个想法搞清楚，并作出评价。

（4）每一个群体成员独立地把各种想法排出次序，最后的决策是综合排序最高的想法。

这种方法的主要优点在于，使群体成员正式开会但不限制每个人的独立思考，而传统的会议方式往往做不到这一点。

2. 德尔菲法

这是一种更复杂、更耗时的方法，除了并不需要群体成员列席外，它类似于名义群体法。具体步骤包括：

（1）确定问题。通过一系列仔细设计的问卷，要求成员提供可能的解决方案。

（2）每一个成员匿名地、独立地完成第一组问卷。

（3）第一组问卷的结果集中在一起编辑、誊写和复制。

（4）每个成员收到一本问卷结果的复制件。

（5）看过结果后，再次请成员提出他们的方案。第一轮的结果常常是激发出新的方案或改变某些人的原有观点。

（6）重复4、5两步直到取得大体一致的意见。

德尔菲法降低了群体沟通的成本，又获得了来自各个专家的反馈。当然，其缺点是太耗时间。当需要进行一个快速决策时，这种方法通常行不通。

3. 电子会议法

电子会议法是一种将名义群体法与计算机技术相结合的一种最新的群体决策方式。会议所需要的技术一旦成熟，操作就比较简单了。与会者围坐在一张大圆桌旁，这张桌子上除了一系列的计算机终端外别无他物。组织者将问题通过电脑显示给群体成员。成员将自己的回答输入计算机。个人评论和票数统计都会投影在会议室内的屏幕上。电子会议的主要优点是匿名、诚实和快速。成员能在不透露自己姓名的情况下传递所要表达的任何信息。它使人们在毫无顾虑的前提下充分地表达自己的想法，可以有效克服因群体沟通中存在群体压力和专家、领导压力而带来的问题，也可以有效消除闲聊和讨论偏题。

4. 头脑风暴法

头脑风暴法可以人为地增加信息的数量，特别是新的、想象的和创造性的信息。它利用一种思想产生的过程，鼓励提出任何种类的方案设计思想，同时禁止对各种方案的任何批评。在典型的头脑风暴法中，一些人围桌而坐。群体领导者以一种明确的方式向所有参与者阐明问题。然后成员在一定的时间内自由提出尽可能多的方案，不允许任何批评，并且所有方案都当场记录下来，留待稍后再讨论和分析。

头脑风暴法又称智力激励法、BS法，是由美国创造学家奥斯本于1939年首次提出，1953年正式发表的一种激发创造性思维的方法。该方法经各国创造学研究者的实践和发展，至今已经形成了一个发明技法群，如奥斯本智力激励法、默写式智力激励法、卡片式智力激励法等。在此主要介绍奥斯本智力激励法,它是后两种方法的基础。

默写式智力激励法和卡片式智力激励法简介

1. 默写式智力激励法

默写式智力激励法又称 635 法,它是由德国学者荷立根据德意志民族善于沉思的性格,以及由于数人争着发言易使点子遗漏的缺点,对奥斯本智力激励法进行改造而创立的。具体操作方法是:召开由六人参加的会议,主持人在会上阐明议题。发给与会者每人三张卡片,在第一个五分钟之内,每人针对议题在三张卡片上各写下一个点子,然后传给右邻;在第二个五分钟内,每人从传来的卡片上得到启发,再在另外三张卡片上各写一个点子,之后再传给右邻。这样继续下去,经过半个小时可以传递六次,共得 6×3×6＝108 个点子。由于这种方法是六人参加,每人三张卡片,每次五分钟,因此得名 635 法。

2. 卡片式智力激励法

该方法是由日本创造开发所所长高桥诚创立的,其特点是对每个人提出的设想可以进行质询和评价。具体作法是:召开由 3～8 人参加的会议,会前宣布讨论议题,会议时间为一小时。会上每人发 50 张卡片,桌上放 200 张卡片备用。在前 10 分钟内与会者独自填写卡片,每张卡片填写一个设想。接着用 30 分钟,按座位每人轮流宣布自己的设想,一次只能介绍一张卡片,然后其他与会者可以咨询。最后 20 分钟,大家可以相互评价和探讨各自的设想,从中诱发出新设想。

（1）智力激励法的五大原则

在通过头脑风暴法激发创意时,群体成员一定要遵守以下原则:

① 禁止评论他人构想的好坏;

② 最狂妄的想象是最受欢迎的;

③ 重量不重质,即为了探求最大程度的灵感,任何一种构想都可被接纳;

④ 鼓励利用别人的灵感加以想象、变化和组合等以激发更多更新的灵感;

⑤ 不准参加者私下交流,以免打断别人的思维。

不断重复以上五大原则进行智力激励法的培训,可以使参加者渐渐养成弹性思维方式,涌现出更多全新的创意。

（2）实施要点

① 关于议题的选择

首先,议题的选择应从平日悬而未决的问题着手。也即议题的选择必须合乎参与者的层次和关心程度,它以参与者们一直期待解决的问题为佳。当然,事先公开议题的做法也是可行的,但参加人员是否会围绕议题尽力去思考点子,是值得考虑的。因而将大的议题细化,从接近参与者关心程度的议题开始,不失为一种好的办法。

其次,议题的内涵应该明确,而不宜模棱两可、似是而非。会议开始后,主持人应该仔细阐述议题,以便参加者理解。

② 尽量利用激发出来的灵感

按照实施头脑风暴法的原则,应尽量利用激发出来的灵感使参加者相互激励,从而引发灵感的连锁反应。应督促参加者在规定的时间内将自己的灵感写下来,并要求他们在各自发言前将内容整理清晰明了,以便记录员记录在记录板上,进而让他人看后产生更多联想,激发更多创意。

③ 主持人注意事项

a. 在参加者发言气氛显得相当热烈时,可能会出现许多违背五大原则的现象,如哄笑别人的意见、公开评论他人意见等情况,此时主持人应立即制止这种情况。

b. 当许多灵感陆续被激发出来,而参与者也呈疲惫状,灵感激发速度明显下降时,主持人可以以"每人再提两个点子就结束"之类的话语结束会议。

c. 为避免参与者太疲倦而产生反感,主持人应控制好时间,一般建议控制在 30 分钟左右。

d. 会议结束后,主持人表示感谢并鼓励和表扬大家。

④ 记录员注意事项

记录员应依照发言顺序标号记录点子,在发言内容含糊不清时,应向发言者确认,发言内容过长时,仅记录要点即可。字迹要清晰,确保每位参与者都能看清,记录板应简洁整齐。

⑤ 注意记录的分类整理工作

会议结束后应该对所作记录进行分类整理,并加以补充,然后交与有丰富经验和专业知识的专家组进行筛选。筛选应从可行性、应用效果、经济回报率、紧急性等多个角度进行,以选择最恰当的点子。此外,由于用智力激励法产生出来的构想大部分都只是一种提示,绝少是可以用来直接解决问题的,因此,整理、补充和完善构想这一步就显得相当重要。

⑥ 注意经常使用智力激励法

经常使用此方法,可以提高员工的创造性能力,塑造工作现场自由轻松、相互激励的氛围,提高工作效率、取得可喜的成绩。在整理补充点子后,为了使构想更加具体化,仍有继续使用该法,让构想延伸发展下去的必要。

(3) 智力激励法适用的范围

智力激励法适合于解决那些比较简单、严格确定的问题,比如研究产品名称、广告口号、销售方法及产品的多样化研究等,以及需要大量的构思、创意的行业,如广告业。

案例

头脑风暴法在盖莫里公司的成功运用

盖莫里公司是法国一家拥有 300 人的大中型私人企业,这一企业以生产电器为主,在法国电器行业竞争比较激烈。该企业的销售负责人参加了一个关于发挥员工创造力的会议后大有启发,开始在自己公司谋划成立了一个创造小组。在冲破了来自公司内部的层层阻挠后,他把整个小组(约 10 人)安排到了乡村度假村,在以后的 3 天中,每人都采取了一些措施,以避免外部的电话或其他干扰。第一天全部用来训练,通过各种训练,组内人员开始相互认识,他们相互之间的关系逐渐融洽,开始还有人感到惊讶,但很快他们都进入了角色。第二天,他们开始使用智力激励法以及其他方法。他们要解决的问题有两个,在解决了第一个问题,即发明一种拥有其他产品没有的新功能电器后,他们开始解决第二个问题,为此新产品命名。在第一、二两个问题的解决过程中,都用到了智力激励法。在为新产品命名这一问题的解决过程中,经过两个多小时的热烈讨论后,共为它取了300多个名字,主管则暂时将这些名字保存起来。第三天一开始,主管便让大家根据记忆,默写出昨天大家提出的名字。在300多个名字中,大家记住20多个。然后主管又在这20多个名字中筛选出三个大家认为比较可行的名字。再用这些名字征求顾客意见,最终确定最佳名字。新产品一上市,便因为其新颖的功能和朗朗上口、让人回味的名字,受到了顾客的热烈欢迎,迅速占领了大部分市场,在竞争中击败了对手。

案例来源:黄漫宇.商务沟通[M].2版.北京:机械工业出版社,2010.

8.2　组织会议的工作重点

与参加会议相比,会议的组织工作是千头万绪的。一个会议是否可以取得成功,很大程度上取决于准备工作是否做得充分。会议的每个细节都不应该忽略,这不仅可以给召集并主持会议的领导者带来召开会议的自信感,而且也可以提高会议参加者的满足感和满意度,从而轻而易举地达成团队目标。此外,会议主持者的组织能力也十分关键。西方一些国家的公司在掀起会议革命时,已经开始在公司内部实施会议召集人制度,所有会议召集人都必须经过选拔和培训,并且制定了一套严格的制度来对会议召集人的工作业绩进行绩效考评。下面介绍组织会议需要做的一系列准备工作以及会议主席的工作技巧和职能。

小资料　　　　　　　　　　　**高效会议的标准**

(1) 只在必要时才召开;

(2) 经过认真筹划;

(3) 拟定和分发了议程表;

(4) 遵守时间;

(5) 一切按部就班;

(6) 邀请了有相关经验和才能的人出席;

(7) 作出了评论和归纳;

(8) 记录所有决定和建议。

1. 明确会议的目的

会议的目的一般包括以下八方面。

(1) 开展有效的沟通

会议是一种多项交流,集思广益,实现有效沟通是会议的一个主要目的。

(2) 传达资讯

通过会议可以向员工通报一些决定及新决策,也就是说向员工传达来自上级或其他部门的相关资讯。

（3）监督员工、协调矛盾

许多公司或部门的常规会议其主要目的是为了监督、检查员工对工作任务的执行情况，了解员工的工作进度；同时，借助会议这种"集合"的、"面对面"的形式，来有效协调上下级以及员工之间的矛盾。

（4）达成协议与解决问题

达成协议与解决问题一般要经历以下6个步骤，通过这6个步骤，最终实现协议的产生和问题的解决（见图8.3）。

图8.3　达成协议与解决问题的6个步骤

（5）资源共享

利用开会汇集资源，以期相互帮助，共同进步。

（6）开发创意

开发创意的会议目的突出反映在广告公司、媒体公司中。通过举行会议，形成新的构思，并且论证新构思，使其具有可行性。

（7）激励士气

年初或年底的会议通常具有这一目的性。这种会议是为了使公司上下团结一心，朝着一个方向共同努力。

（8）巩固主管地位

经理或主管为了体现自身的存在价值，更为了巩固自己的地位，经常会召开一些上下协调会议，以此来强化自己的地位。

2．确定是否需要开会

首先必须明确开会的成本是比较高的，具体包括以下两项。

（1）显性成本

如场地租用费用、与会人员的餐饮费、差旅费等。这些费用是可以在账面上显示，直接计算为会议成本的。

（2）隐性成本

这些成本虽然在账面上不会显示或者即使显示也不会直接以会议成本的方式显示，但是在确定会议成本时也必须考虑在内。

一个方面是与会人员的工资。每个与会人员每开会一小时的费用大约是：

$$工资总额 \times (1+25\%)/220 \times 8$$

考虑到在会议上耗费的时间与管理者的等级层次成正比，这项成本在企业中将是一项较大的开支。

另一个方面是机会成本。也即这些员工如果不来参加会议可以去做其他有收益的工作,但却因为参加会议而失去了机会。例如,销售人员可以通过销售为公司创收;高级管理人员能够策划可在未来创收(或节约资金)的新产品或新设计。这项成本虽然难以准确计算,但是在进行会议的财务分析时也必须考虑到。

综上所述,会议的成本是相当高的,因此在确定是否开会时应非常慎重。定出会议的费用后,值得考虑的是,在基本上不影响效果的前提下,是否有其他的更加廉价的替代方式以达到会议目的。这些方法包括:

① 打电话、发传真或者发信;

② 电话会议;

③ 发文件;

④ 一两个人的面谈,而不是全体会议。

对会议的必要性进行评估,只有当大量的信息需要在短时间内扩散到较大范围,并且需要多方协商时,才有必要召开会议。如果确实如此,确定没有更好的替代方式,会议的收益大于成本,则可以开始进行会议结构的策划。

3. 确定会议议程

(1) 确定会议时间、地点

确定了会议的目的和必要性后,要制定会议的议程。而制定会议议程之前,首先必须确定会议时间和地点。

在确定会议时间时应注意根据情况选择合适的时间段。一般而言,按照一天 8 小时工作制,安排会议的时间规范大致为:

① 上午 8~9 点之间,正是员工从家到公司,准备开始一天工作的时候。这个时候的员工,心绪尚且混乱,还需一段时间才能进入工作状态。因此,试图在这一时间段举行会议或让员工回应会议提议或进行业务分析,从人的生理和心理角度来看是不现实的。

② 上午 9~10 点之间,员工已经开始进入工作状态。在这个时间段最适合进行一对一的会谈,同样也是进行业务会谈的最佳时机。

③ 上午 10~12 点或下午 1~3 点之间,最适合调动员工集思广益。大家利用头脑风暴,不断想出新点子、新方法。

④ 下午 3~5 点之间,最好不要安排会议。这个时段的员工开始进入一天当中的倦怠期,人人希望马上回家,在这个时段举行会议往往会事倍功半。

确定会议地点,一般要遵循交通方便的原则。可能的话,应是距离与会者工作或居住场所较近的地方,以保障与会者可以方便及时地到场。会场应该能够适应会议的级别和与会者的身份,不能太简陋。当然也不必太奢侈,应符合经济适用原则。为了防止会议被频繁打断,无法正常进行,地点应尽量设置在一个封闭的会议室内,而且最好围着圆桌进行。

(2) 制定会议议程

"议程"一词来源于拉丁文,意为"必须做的事",一般也就把会议议程定义为"在会议上所要讨论的问题以及讨论的先后顺序"。会议的议程应由组织者精心考虑。议程涉及的问题不应该太多,否则开会时间过长,会使与会者感到疲倦。如果需讨论的确实较多,可以分成若干个会议召开。议程表上的内容不能写得太简单,让会议参与者不知道将要干什么。应将要讨论的重点标出来,并且有条理,让与会者事前有所准备。在安排所讨论问题顺序时,应遵守以下原则:

① 由重要到不重要——会议开始时即讨论重要议题,以免延误时间影响到后面重要议题。

② 由不尖锐到尖锐——将尖锐议题挪后,让与会人员建立默契和信任感,再接触尖锐议题,使气氛不尴尬。

③ 由容易到困难——让大家渐融入会议进行的节奏,不要开始就接触到未熟悉的议题造成挫折感。

会议议程示例

博大音像制品公司 2014 年 3 季度销售总结会议

日期:××××年×月×日,星期×

时间:下午 2:30~3:45

地点:B 大厦第二会议室

会议目的:总结 3 季度销售情况,并确定下季度计划

1. 议程

(1) 上次会议记录中提出的问题(2:30~2:35);

(2) ××经理做 3 季度销售情况总结报告(2:35~2:55);

(3) 讨论、分析这一季度存在的问题(2:55~3:15);

(4) ××经理宣读下季度销售计划及重点(3:15~3:30);

(5) 全体讨论(3:30~3:45)。

2. 附件

(1) 3 季度销售情况总结;(2) 4 季度销售计划。

议程应该在会议前发放给与会者,提前的时间,具体视与会者需要准备多少时间而定。

4. 确定与会者

理想的会议规模应该有 10 位参加者。一方面可保证会议中有不同的意见;另一方面也可避免由于人数太多使一些不善言谈的人难以加入讨论。当然,由于会议目的的不同会议规模会有所不同(见表 8.1)。

表 8.1　参考会议规模

会议目的	参考与会人数
决策制定和关键问题解决	5
问题识别或头脑风暴	10
研讨会和培训班	15
信息研讨会	30
正式报告会	不限

在确定合适的与会人选时,把握的基本原则是邀请来参加会议的人必须是有必要倾听与会议议题相关的讨论并且有必要就这一议题发表意见的人。因此,参加会议的人应该做到:

① 对于所讨论的问题掌握了足够的信息与专业知识。

② 都能够坦诚地发表自己的见解。

③ 有权利在不向上下级请示、通报的情况下做出决定。

④ 能够准时参加会议。

在与会成员的构成上,可考虑三个要素:同质性和相异性的平衡、竞争性和合作性的平衡、任务导向和过程导向的平衡。

首先,从同质性和相异性平衡的角度看,一个团队如果内部成员之间具有很强的同质性,成员之间具有相似的背景、性格、知识和价值观,那么成员之间就会较少出现冲突和分歧,会议成果也许就会平淡无奇、缺乏想象力。但是,如果团队成员具有很大的相异性,会议期间就会出现种种冲突和争论,可能使得会议什么问题都解决不了;但也可能会得出更加新奇和优秀的问题解决方案。基于这些事实,根据会议的目的去有效地平衡与会者的结构就显得很有意义。

其次,从竞争性和合作性的平衡角度而言,当与会人员为了共同目标奋斗且对他人采取合作态度时,团队讨论的方式比个人决策更有效,更有助于激发全体成员去努力以获得竞争的胜利,并且会导致更高的成员满意度。更进一步地,合作团队显示出更加有效的人际关系、更彻底的劳动分工、更高的参与度和更好的绩效。

最后,从任务导向和过程导向的平衡角度而言,与会者的特征会显示出其思维倾向性:侧重于过程还是侧重于任务。如果这两类与会者在构成上能够相互平衡,会议将更高效。一般而言,任务导向的与会者埋头于事务,他们不怎么容忍开玩笑或者有关情感和友谊的讨论,能有效完成任务但满意度可能较低。而过程导向的与会者则强调团结精神和参与合作,他们对成员感情和满意度比较敏感,甚至不惜牺牲"任务结果"来满足成员的愉悦。

在确定好与会者的人数和结构后,会议组织者还必须明确与会者的角色安排。与会者一般可以分为会议主席、会议成员和会议工作人员(如会议秘书、记录员等)三类。

5. 发出会议通知

如果是公司内部会议,发出会议议程就可以了,但若是涉及很多外来往来单位成员的、非常正式的会议,则一般要求发出会议通知。会议通知应注明会议时间、地点、名称、参与人员、主要议题、主办单位、个人需支付的费用、对方答复是否参加的最后期限及回复的地址、电话。但是很多人可能对这种约定最后期限的方式比较反感,而不愿意回复允诺。所以组织者应当在最后期限前后打电话向各位受邀人征询一下,以确定他们是否参加会议。重要的会议,可以先寄发会议通知,对方答复后再寄发精美的请柬,这样可以表示对他们的尊重。

6. 布置会场

在进行会议的准备工作过程中,应该根据需要精心布置会场。具体要考虑的事项包括:

（1）根据会议的目的布置会场的环境。一个舒适豪华的房间暗示着轻松，比较适合于举行一个需要深思熟虑或是一个需要发挥创造力的会议，而不适合那些需要大量讨论的会议。

（2）要精心设计会场中的家具。考虑是否确实需要桌子？没有桌子讨论是不是显得更直接、友好？什么样式的椅子能恰到好处地表达会场中的气氛？柔软的扶手椅很容易使人打瞌睡，但另一方面，坚硬的不太舒服的座椅会使与会者有急躁、不耐烦的情绪。

（3）会场应大小适宜，有良好的通风状况。如果有人想抽烟，能方便地抽烟，且不想抽烟的人又不觉得空气太混浊，则可以。如果做不到这一点，就应禁止会议人员抽烟。会场的照明情况也很重要，光线明亮会使人精神振作，提高会议效率。

（4）考虑一下如何根据会议目的摆放椅子，如：

——把椅子摆成 U 形或是围成方形，有利于讨论的进行；

——众多的椅子排成几排面对主持人，表明会议以介绍发言为主，或是有清楚的规则可遵循的正式会议；

——把椅子围成一个圆形表明了与会者之间的平等；

——把椅子分成几组表明会议将以小组为单位进行。

（5）会场内应具有一些与会议有关的设施，包括黑板、粉笔，以便于与会人员板书。电源、屏幕、投影仪、幻灯设备，可以展示会议的一些背景资料及议程大纲。扩音设备，这一点在较大型的会议中尤其显得重要。录音设备，可以录下会议进行的实况等。

（6）保证室内温度令人感觉舒适。如果合适的话，安排准备一些饮料和小零食。

（7）如果是特别正式的会议，与会嘉宾大多是对号入座的，此时在安排座位时就必须考虑到位次问题，一般而言，安排座位时应该遵循的原则是"面门为上，居中为上，前排为上，以右为上，以远为上"，当然这里的左、右等方位是从当事人的角度而言的。如按照此原则，不难判断，在图 8.4 中 A 为上座；其次为 B、C、D。

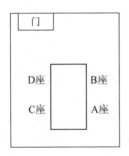 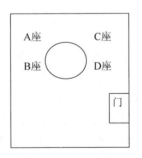

图 8.4 位次排列

7. 做会议记录

如果说一个会议是值得召开的，那么对过程与结果进行清楚的记录则十分必要。之所以要做会议记录是因为：

（1）下一位会议主席可以通过会议记录了解本次会议的情况，便于其进行工作。

（2）没有到场的人可以通过会议记录了解会议中的讨论内容以及做出的各项决议。

（3）提供一份在商务工作中大家都认可的协定。

（4）有可能对将来的某些决策起到参考作用。

规范的会议管理，都要求保证有完整而实用的会议记录存档。

（1）做合格的会议记录的指导方针

① 记录准确、简单、清楚。

② 注意突出重点，应该重点记录的内容包括：会议中心议题以及围绕中心议题展开的活动；各方主要观点；权威人士或代表人物的言论；开始时定调性言论和结束前的总结性言论；会议已经决议或议而未决的事项；对会议产生较大影响的其他言论或活动。

③ 把会议的发言人写在显眼的地方，或是写在页边的空白处，使人一目了然。

④ 在会议召开两天后分发记录。

⑤ 及时收集人们关于会议记录的反馈：他们是不是希望记录更详细些、再简洁些或是再清楚些。

（2）会议记录的格式

一般而言，会议记录的格式包括两个部分：会议安排和会议内容。

① 会议安排

这部分内容包括会议名称（如果是围绕某个主题的一系列会议，还应该注明本次会议的序列号）、会议的时间和地点、会议的出席人（包括应出席而实际上缺席的人）、会议主席、会议记录人。

② 会议内容

这部分内容包括会议主席的发言要点，讨论中各方的主要观点，会议中间形成的主要决议（如果是一致通过，应如实记录；如果是大部分人同意，则应该记录赞成的人数以及投反对票的人的姓名）。

会议记录示例

大洋软件公司项目会议记录

时间：××××年×月×日

地点：公司会议室

出席人：公司各部门主任

主持人：刘明（公司副总经理）

记录：李峰（办公室主任）

一、主持人讲话

今天主要讨论一下《中国办公室》软件是否投入开发以及如何开展前提工作的问题。

二、发言

技术部朱总：类似的办公软件已经有不少，如微软公司的 Word、金山公司的 WPS 系列，以及众多的财务、税务、管理方面的软件。我认为首要的问题是确定选题的方向，如果没有特点，千万不能动手。

资料部马主任：应该看到的是，办公软件虽然很多，但从专业角度而言，大多不是很规范。我指的是编辑方面的问题。如 Word 中对于行政公文这一块就干脆忽略掉，而书信这一部分也大多是英文习惯,中国人使用起来很不方便。WPS是中国人开发的软件,在技术上很有特点,但在中文应用文方面的编辑十分简陋,离专业水准很远。我认为我们定位在这一方面是很有市场的。

市场部唐主任:这是在众多航空母舰中间寻求突破,我认为有成功的希望,关键的问题就是必须小巧,并且速度极快。因为我们建造的不是航空母舰,这就必须考虑到兼容问题。

……

三、会议决议

各部门都同意立项,初步的技术方案将在10天内完成,资料部预计需要3个月完成资料编辑工作,系统集成约需要20天,该软件预定于元旦投放市场。

散会。

主持人:(签名)　　　记录人:(签名)

8. 有效控制会议进程

主席组织能力的高低使得会议的效果有天壤之别。如果会议主席不能够胜任主持会议的工作,则很容易使会议陷入无序或遇到困难,会议将会出现一些不成功的场面。

(1)会议主席的五项基本职能

讨论

会议主席角色

情形一:某公司的年终市场销售分析会议正在进行,公司总经理担任会议的主席。在会议进行过程中,公司负责市场工作的副总经理提出,公司明年的市场营销重点应从"以巩固国内市场为主"转向"以开拓国际市场为主"。他希望他的设想能在这次会议上得到大家的支持和通过。但在会议进行过程中,负责市场营销的部门经理、副经理对这个设想提出了反对意见,他们认为国内的市场潜力还很大,而企业的资金实力不够,如让其全面开花,还不如采用"各个击破"的方略,先在国内市场取得绝对优势地位。结果双方争论得不可开交。

如果你是会议主席,面临与会代表这种相争不下的局面,你准备如何解决?如果最终需要你就这次分析会议作总结,你又如何对"市场营销的重点"问题作总结?

情形二:某高校科学馆会议厅内正在召开"中国二十一世纪的管理教学发展趋向"的研讨会。会议进行期间,就MBA教育的发展方向问题,不同的与会者提出了不同的看法,有的认为MBA教学应该以"案例教学"为主;有的则认为应以理论修养的培养为主;也有的主张像美国哈佛商学院那样采用大量的案例教学,甚至可以取消传统的教师讲解的形式;……这些不同观点在讨论过程中,争论得比较激烈,眼看讨论时间将近尾声,但与会代表为了充分表达自己的主张,很难"刹车"。

如果现在你是这次研讨会的主席,面对这种不同主张分立的局面,你如何应付这种局面?你又如何就研讨的问题作总结?

上述两种情形就是我们在会议中经常遇到的两种典型现象。第一种情形的会议主席和第二种情形的会议主席面临"相持不下"的争论时,所采取的对策是不一样的,因为这两种类型的会议,在性质上有很大的差别。

但是,作为会议主席,在上述两种情况下都需要承担基本的五个职能。只是由于会议目的、性质的不同,会议主席实际所扮演的角色以及所承担的职责会有所差别。会议主席应该承担如下五项职责。

① 会议控制

会议控制的方式和组织取决于召开会议的目的。会议控制工作应当着眼于建立行为标准,以这些标准衡量会议结果,并在必要时进行调整。领导者的责任是必须确保做到这一点,因为他们个人必须对小组的表现最终负责。作为有效的会议主持人,应当遵守以下五个基本原则:

a. 决定讨论主题;

b. 明确讨论范围;

c. 确保人们围绕主题依次发言;

d. 尽可能做到公正,尽全力避免与会者的争论;

e. 确保其他成员了解会议进展情况。

② 会议引导

作为会议主持人,无论怎样试图限制自己的作用,他们必须能够发起会议,并且确保以良好的秩序进行与主题相关的问题讨论。为此,主持人需要明确以下四个基本步骤:

a. 识别主题/问题:对会议主题清楚地加以说明,如有必要,会议间隔后要重复强调。

b. 交换和开发建议:在取得解决问题的建议之前,收集和解释依据。

c. 评价不同方案:列出可选方案,预测每个方案的可能结果(时间、成本、资源、政治因素)。

d. 选择行动计划(5W1H):为达到预期效果,决定"谁""何地""何时""怎样做",并确保每个人都明确自己的责任。

③ 促进讨论

会议是一个集思广益的过程,主席应当经常以提出恰当问题的方式激励与会者。提问不仅有助于激励会议成员,也是控制讨论的手段。这也可以被用于打断滔滔不绝的人,征询更多未发言者的意见。

案例

如何对待会议中的"闷葫芦"

小李刚刚调到一个新的项目组任项目经理,当他刚刚接手这个团队时,就遇到这样的问题:开会讨论时,每次小李滔滔不绝之后并没有起到抛砖引玉的效果。因为团队中间的"闷葫芦"太多。所谓"闷葫芦"就是那种无论遇到什么情况、什么事情都一言不发的人。给人的感觉是让他开口比铁树开花还难。这些"闷葫芦"在执行"3S"会议管理战略,即沉默(silent),领导问我意见时,我就是不说话;微笑(smile),当有人注意时,我就微笑;sleep(睡觉),当没人注意时,我就睡觉。

在这种情况下,要开展工作很难,因为很多事情是需要集思广益的,很多创新的火花是在思想碰撞下产生的。如何让这样一些沉默寡言的人开口说话,是当前小李很为难的一个问题。

经过一段时间的琢磨,小李发现其实还是有办法让一个不说话的人开口。他总结出以下几点。

1. 赞扬加提问

每个人在听到赞扬的时候,一般都有心花怒放的感觉,哪怕他再害羞。小李首先让不愿说话的同事知道,小李会欣赏并感激他的讲话,并认为他的观点将非常有价值。小李甚至曾经暗示他只有那些有过专业背景的人才能回答小李的问题,然后再让他详细陈述观点。

2. 直接提问

小李认为那些少言寡语的人,即那些只说"是"或"不是"的人会觉得说话越少越自在。小李想应该利用这点而不是抵制这一特点。小李首先弄清自己究竟想要知道什么,然后直截了当地提出只需回答"是"或"不是"的问题,或者提出只需回答一两句话的简短而切中要害的问题。

3. 引发议论

只要有合适的鱼饵,再不容易上钩的鱼也会上钩。为了使不愿意说话的同事打破沉默,小李还经常用容易引发议论的陈述或问题做鱼饵。如有时候小李围绕想了解的主题,对现有的一些共识提出疑问,或直接对一些观点(尤其是不愿意说话的同事的观点)提出反对意见。当自鸣得意的观点受到挑战,或有机会拆穿一个广为流传的谬误时,很少有人会无动于衷。

4. 不要打断

一旦小李想方设法让不愿意开口说话的人开了口,小李要做的就是把自己的嘴闭上。如果在他们说话的时候插嘴,陈述自己的观点,那么就会使他们有借口停止说话。而此时,再想让他们开口将会非常困难。即使小李想到一个重要的问题,或有什么高见,也要等到不愿说话的同事说完之后再说出自己的见解。

5. 适当反馈

要想让不愿意说话者继续讲话,还需要告诉他们,他们说的非常有趣、非常有价值,纵使他们算不上世界上最好的说话者,小李还是非常希望他们能继续说下去。这里要强调一点,不能用语言来鼓励他们,这只会让他们分心。小李想最好是运用身体语言,通过看得见的信号对他们做出积极反馈:同意时点点头、赞许时微微一笑;有意识地盯着说话人的眼睛,就好像他在说一件小李从未听过的、有意思的事情。

案例来源:胡巍.管理沟通:案例101[M].济南:山东人民出版社,2005.

④ 处理不同意见

由于与会者的观点不一致,可能在讨论过程中会因为意见不一致而产生争论。这种争论很容易导致群体沟通中人际关系和情绪等问题的出现,从而会影响、转移群体的注意力,使会议无法达到预期效果。此时,会议主席需要做一些协调工作以"维持群体"。这些工作包括：

a. 对争论双方或各方的观点加以澄清；

b. 分析造成分歧的因素；

c. 研究争论双方或各方的观点，了解协调的可能性；

d. 将争论的问题作为会议的主题之一，展开全面的讨论，以便把会议引向深入；

e. 若分歧难以弥合，那就暂时放下，按会议议程进入下一项。

⑤ 作出决策

群体作出决策一般可以采取以下四种方式（见图 8.5）。

权威决策	少数服从多数决策
共识决策	无异议决策

图 8.5　4 种群体决策

a. 权威决策

权威决策出现于最高掌权者具有决策权和否决权，单方面作出决定时。适宜使用的场合包括当组织授权团队领导人作最终决策并全权负责时；不宜使用的情况包括：当团队领导人希望团队成员接纳并支持某项决策时。如特别行动小组向部分领导提交报告并等待最后决策；经理决定工作日程表，然后通知该小组。这种决策方式的优点表现在决策迅速高效，在急需行动的情况下最实用，在权力界限明显的地方最有效。不足之处表现在虽然可迅速做出决策，但实际支持和执行建议也不易；当复杂性增高时，权威决策的质量会由于考虑面不宽而受到影响。

b. 少数服从多数决策

少数服从多数决策出现于多数成员同意提案时，它以民主原则为基础。当时间有限，而决策结果不会对反对者造成消极影响时可以使用这种方法决策。不过投票容易导致输赢之争，输方将难以尽职和投入。诸如团队成员投票接受一项新的工作程序，团队成员投票选举团队领导等都是少数服从多数的决策实例。这种决策方法的优点表现在允许多数人对问题发表自己的意见；保证大多数人获胜；决议可通过简单唱票的方式相对迅速和高效地做出。不足之处是在小集团内，投票将促成人们分派，这种竞争会影响一项决议的质量和执行。

c. 共识决策

共识决策产生于所有成员都不同程度地支持某项提议，每一团队成员均有否决权。共识决策提供一种反映所有成员想法的全面解决办法，能够提高成员实施决策的积极性，体现平等之风。但是如果决策时间有限，或团队成员不具备决策的足够技巧，决策就难以形成。这种决策方法的优点表现在保证所有问题和思想得到公开辩论，每个团队成员有机会发表意见；复杂的决议会经过深思熟虑，从而产生高质量决议。不足之处是达成一致需要相对长的时间，并具挑战性。而且需要大量的沟通、耐心的聆听并理解他人观点；为确保所有团队成员有机会发表意见和分享其见解，必须进行有效的推动。

d. 无异议决策

无异议决策产生于所有成员对某项决策完全赞同时。当提案非常重要，要求所有成员达成完全一致时，团队应作出无异议决策。但是无论团队具备什么样的经验，无异议决策都很难达成。只有当一项决策的结果对每个成员都至关重要时才有可能作出无异议决策。这种决策的优点是可以确保团队每个人都认为所达成的决议是最佳的，并公开支持它；意见不合和冲突是最低的。缺点表现在因为没有哪两个人的思想完全合拍，达成无异议决策也许会花费很长的时间。无异议决策常常难以做出。在会议中主席的角色可以通过表8.2的问题单进行自我评估。

你是一个合格的会议主席吗？

表 8.2　主席自我评估问题单

准　　备	自我评估得分(1～7分)	准　　备
1. 目的 我知道这次会议要实现的目的		我不知为什么举行会议
2. 会议议程 我至少在会前两天发出会议议程		我在会上发放会议议程
3. 与会者 我选定与会者或影响对与会者的选择	1234567	我让与会者的各部门代表决定
4. 会议地点和布置 我检查会议室及其布置情况		开会时我才去看看
主　持　会　议		主　持　会　议
1. 总结 讨论中我概括总结相关要点		我让他们自己做出总结
2. 打断 我不打断会议进程		我经常打断会议进程
3. 提问 我提清楚的问题 我问公开的问题	1234567	我问无关的问题 我提保密的问题
4. 感受 我感到轻松且精力集中		我感到紧张难以放松

说明：得分为27分或27分以下，说明你的会议主持得很好；得分在36分以上，则预示你在主席角色方面存在某些问题。

（2）有效解决"隐秘议程"

在有效的群体中，全体成员都接受群体的目标，并为取得这一共同目标而工作。然而，大多数人来到群体时可能带着自己个人的目标，这种目标在多数情况下是与共同目标相冲突的，因此这种目标往往是不可告人的，一般被称为"隐秘议程"。常见的"隐秘议程"包括：

① 想引起别人的注意；

② 保护自己所代表的群体的利益；

③ 利用会议"贬低"对手；

④ 掩盖在过去的错误上表现出来的无能；

⑤ 结成特别联盟；

⑥ 把会议作为个人消遣或者"追求个人成就"的舞台。

带着"隐秘议程"的个体来到群体中，则会因为过多地追求个人目的而产生一系列不利于实现群体沟通目标的行动。会议主席此时必须妥善处理群体成员中的隐秘议程、竞争和偏激的发言，以保证会议任务的完成。由于隐秘议程的存在，群体成员可能产生的行动以及解决对策如下：

① 人身攻击

对策包括：对对方进行安抚，重申议事规则，重提主题进行讨论。

② 发言离题

对策包括：给予肯定再切断话题，将离题的议题留置最后再做讨论，请他做归纳或替他做归纳，事先将规则讲清楚，发言限定时间。

③ 争议不下

对策包括：暂停会议休会 20 分钟以上，参考第三者的意见，将双方意见列表比较，进行不记名投票，重整双方意见提出新的方案，重申共同利益。

④ 抱怨

对策包括：同情其不满的情绪，归纳其不满的原因，寻求解决的方法，短话长说对策，适时地制止发言，概括其具体的想法。

⑤ 消极发言

对策包括：对发言者的情绪表示理解，提振士气的同时确定共同目标，必要时呼喊精神口号。

（3）掌握议事进度的技巧

掌握议事进度对一次会议的成功可谓至关重要。控场也就成为一个主持人最应训练的技巧之一。掌握议事进度主要包括两种方式：语言方式与非语言方式。

① 语言方式

语言方式是指主持人用一些比较有技巧的话语来控制会议的议事进度。例如，面对一些非常容易滔滔不绝的发言者，主持人可以凭借对其的了解，让其先发言，使其尽量缩短发言的时间。具体做法如："能不能用 3 分钟的时间给我们简单地说一下？"当他说到 5 分钟的时候，你可以再说："嗯，已经 5 分钟了，您说的正是我们需要的。"或者可以采用一带而过的方法，例如："您刚才说的内容非常好，您对下一问题怎么看？"这样就可以把他从一个问题带到另一个问题，或是可以转移说话对象，如"您说得很好，坐在您旁边的这位怎么看呢？"通过以上这些话语，即语言方式，主持人可以有意识地、合理地控制议事进度。

② 非语言方式

更有效的掌控议事进度的方式是用非语言性的方式，即通过眼神、手势等面部表情告诉发言人说多了或者别说了，或者是说得不够接着说等。比如主持人把目光转向别人，就可能是在提示正在说话的人可以停止说话了；不耐烦地敲桌子，也可以提示结束发言；用比较不礼貌的方式，如不停地看手表，也能达到同样的效果。

语言和非语言这两种形式的合理运用，可以做到有效的控场，使会议既不会太短，也不会太长,准时开始,准时结束。

9. 结束会议——总结性发言

在会议接近尾声时,会议主持人应该根据会议的目的以及会议的实际情况通过总结性发言结束会议。总结性发言的内容包括宣布决议、激励动机、评估目标达成、过程回顾以及整理悬而未决的事项内容等。

10. 会后追踪

会议结束以后,会议组织者还有很多事情需要做。

比较大型的正式会议之后,组织者应将会议的决议和感谢信寄给每位与会者,感谢他们在会议上所做出的贡献,并向给予会议以支持的各方寄出感谢函。致谢的态度应当热情诚恳,这样有利于更长期的友好合作。

尽快整理会议记录,有必要的话,还要编写会议纪要和会议简报。根据需要,也可以在企业内部或者外部把会议中的部分议题公开,征求各方面的意见。

8.3 参 加 会 议

8.3.1 参会准备工作的要点

当接到会议通知以后,作为参与者,也应该积极准备,争取为会议做出贡献。应该做的会议准备工作包括:

(1) 阅读上次会议的备忘录并注明重点;

(2) 在会前阅读与你想讨论的问题有关的材料;

(3) 研究会议议程;

(4) 完成在会议期间所指定的任何任务;

(5) 提前提供自己的材料;

(6) 安排好时间;

(7) 随身带上所有相关材料。

8.3.2 关于积极参与的指导

作为一个积极的与会者,需要做到以下四点:

(1) 在会场上有分寸地表现:肯定别人的意见,不要打断别人之间的争论;严格遵守会议议程;积极参与,做好笔记。

(2) 如果想用自己的意见影响别人,要试着与别人接近。

(3) 公正地代表所在团队发言。

(4) 及时向别人传递信息,当发现自己的理解与会议记录有误时应注意核实。

三星会议的 3.3.7 原则

韩国三星集团已成为全球赢利增长最快的企业,取代索尼成为消费类电子产品的领袖。2004 年上半年三星的盈利甚至超过 IBM 和 Intel。三星的巨大成功应追溯到 20 世纪 90 年代的会议文化改革。

1993 年,三星总裁李健熙通过历时 4 个月的洛杉矶—法兰克福—尾崎—东京—伦敦的长征式的会议,将 1800 多名高级职员召集到海外,进行了 500 多个小时的漫长讨论,确立了名为"三星新经营"的战略转型。自那时候起,三星的会议就朝着一旦开始,就不是徒费时间,而是向目标指向性会议的转变。

三星公司在召开会议时所遵守的 3.3.7 原则充分体现了该公司高效务实的会议文化。所谓 3.3.7 原则是指 3 种思考、3 个原则以及 7 条规定。

1. 3 种思考

要召开计划好的会议,而不是即兴会议。就即兴会议而言,可能参加者连理由都不知道就进去则会浪费时间,而且由于没有切实进行准备,会议无法达到效果。因此,3 种思考的内容包括:

(1) 为了提高会议效率,尽可能不召开即兴会议。所以,我们首先思考一下会议的必要性:

① 是一定要召开的会议吗?

② 不能由自己决定吗?

③ 没有更好的方式吗?

(2) 如果一定要召开会议,则最大限度地精简会议。此时也同样要从多个角度进行检查:

① 不能减少参加者吗?

② 不能减少会议频率、时间和资料吗?

③ 不能进行更为妥帖的运作吗?

(3) 一旦决定召开会议,就试着摸索一下是否有能够与其他会议合并或委托的方法:

① 不能与其他会议一起召开吗?

② 不能通过权限委托来解决吗?

③ 加入其他会议中就不是好的内容吗?

2. 3 个原则

如果是必须召开的会议,就要更加高效率地召开。

根据上述 3 种思考,尽可能不召开会议或者努力精简会议。但是,不能如此对所有会议精简,因为最少限度的会议是必须的。一旦决定召开会议,就要遵循以下 3 个原则,使其成为高效率的会议。

以下 3 个原则认识到会议的非生产性和弊端,是三星为了改进会议文化而订立的原则。

(1) 确定不召开会议的工作日

各个公司自主性地确定不召开会议的工作日,但是大部分公司将周三定为不召开会议的工作日。不仅确定不召开会议的工作日,不召开会议的时间也要进行指定。

(2) 将会议时间定为 1 小时,最多不超过一个半小时

召开会议时,将定量 1 小时的沙漏放置在会议室里,为严格遵守时间而施加无形的压力。并且,还采取将会议时间不定在整点开始,而是从 10 分或 15 分开始、整点结束的

方法。

（3）将会议记录整理成一张纸

有时只要一说会议结束了，谈论了什么、结论是什么、必须如何实施就不是很清楚。而对会议内容进行整理并分发给参加者和相关人员则是不错的方法，但是要把整理内容简洁地记在一张纸上。

3.7 条规定

与3种思考和3个原则一道，三星还要在召开会议的时候遵循7条规定。

规定一：就召开会议而言，最重要的是严格遵守时间。要求所有人准时参加，即使参加者没有全部到场，会议也要准时开始。同时，公布会议结束时间，最大限度地减少时间浪费。

规定二：在会议材料中写明投入会议的经费，去除不必要的浪费。为了创造建设性的、高效率的会议文化，计算出所有会议的机会成本，事先公告参加者。

规定三：将会议参加者限制为必要的合适人选和负责人，使会议规模尽可能小。

规定四：明确会议目的，不要转移到其他主题上或者成为闲谈或讨论。是旨在做决定的会议还是共享信息的会议，其会议目的要明确区分并事先通知参加者。

规定五：事先分发会议资料，在参加会议之前进行讨论，以顺利召开会议。这一点大部分企业可以通过引进的公司内部互联网进行解决，在召开会议前事先通过电子邮件发送议题等。

规定六：就召开会议而言，为了防止以某个特定的人为主进行发言，要让所有参加者发言，并且相互尊重所发表的意见。让所有人发言是为了培养如下意识：参加会议就不应浪费时间。

规定七：为了尽可能地减少会议记录，仅记录决定了的事项并进行保存；与其他记录方式相比，使用电子黑板时，则复制电子黑板上的内容用做会议记录。

案例来源：金咏韩，金咏安.开会就要学三星[M].王明辉，译.北京：新华出版社，2005.

讨论题：

1. 有人认为会议文化的差异造就了经营良好的公司和经营不善的公司，结合三星公司的案例谈谈你的想法。

2. 从三星公司开会时奉行的3.3.7原则，你可以得到什么样的启示？

本 章 小 结

群体沟通是一种一对多或者多对多的沟通方式。随着现代商业组织规模的扩大，以及学习型组织、团队精神的不断倡导，群体沟通逐渐成为了一种常见的沟通方式。通过群体沟通，人们可以产生更多的承诺以及更好的决策。但是群体沟通也有可能带来浪费时间、降低效率、产生群体压力或者说而不做等问题。群体沟通效率受到了诸多不可控和可控因素的影响。

会议沟通是群体沟通的一种常见方式。全球正在兴起会议革命的热潮，会议沟通的效率直接影响着企业竞争力。高效的会议沟通必须通过各种渠道有效克服群体沟通中存在的问题。

作为会议的组织者,组织工作千头万绪,具体事项包括明确会议目的、确定是否开会、制定会议议程、确定与会者、发出会议通知、布置会场、做好会议记录、有效控制会议进程、总结性发言以及会后追踪等工作。会议的具体准备工作相当于会议的硬件,因此必须面面俱到。这些工作虽然数目繁多,然而却是会议成功的有效保证。

与会议的组织者相比较,会议参与者的工作相对较少,但是在会前也应该进行认真准备,在会议过程中争取成为一个积极的参与者。

复习思考题:

1. 通过实例说明群体沟通的优点与缺点,并分析在什么情况下应该使用群体沟通。

2. 简述头脑风暴法的特点和实施要点。

3. 作为会议主席,应该如何有效对付"隐秘议程"?

4. 结合实践并根据本章内容,为会议的组织者列出一份准备清单。

5. 如果你是会议主席,在主持会议时遇到下列问题,你将如何处理?

(1) 如何对待害羞、不爱说话的人?

(2) 如果某人怀有敌意,经常问一些令人困窘的问题?

(3) 总是与别人交头接耳的人?

(4) 某人爱提出一些与主题不相关的事情?

(5) 喜欢自我炫耀、浪费集体的时间?

(6) 喜欢争论或持不同意见的人?

(7) 某人喋喋不休,观点不错,但是时间过长?

(8) 总是喜欢迟到或者早退的人?

第9章

求职面试技巧

学习目的

1. 了解求职信息获取的正式渠道和非正式渠道；
2. 熟悉求职面试的常见类型和特点；
3. 掌握结构化面试的应对技巧；
4. 掌握无领导小组讨论的应对技巧。

引例

刘立是一名应届大学毕业生，从2012年下半年开始求职，当他在中华英才网看到了一家汽车公司的招聘信息后，立即通过电子邮件方式投递了求职简历。终于在当年10月，他收到了简历筛选通过的通知，并参加了该公司组织的网上笔试。

"一些正规公司的考核，笔试其实不是针对专业知识的考核，而是分为智力测试和情感测试两部分。"刘立说："智力测试主要考察应聘者的应变能力和分析能力，情感测试则是为了检验应聘者的团队意识和沟通能力。由于之前在学校曾多次参加暑期实践活动等，我已经有了很多经验。"

一个月后，他又收到了笔试通过的通知，并参加了在武汉举行的面试，即"一面"和"二面"。"一面"：首先是3分钟的自我介绍；然后是回答面试官的提问。在自我介绍方面，刘立采用的方式非常独特。他的自我介绍除了基本信息外，运用了"1234"一组词，即：有幸进入1所大学深造，2次寒暑假社会工作经历，在校曾3次担任学生干部，大学期间获得4次一等奖学金。这简短的自我介绍，给考官留下了深刻的印象，随即他进入到"二面"环节。

"二面"是6人为一组的无领导小组讨论。讨论期间，考察小组的负责人会提出各种各样的问题，这一环节中，刘立非常注意回答问题的细节。每次回答问题，他不仅自己善于思考，勇于发言，还尊重他人的意见，给别人发言的机会。

就这样，通过几轮过关斩将后，刘立最终在次年3月收到了签约通知，成功地进入这家著名汽车公司做项目研发工作。

刘立认为，如果想要在就业季顺利就业，需要在大学期间做如下准备。首先，在校期间要多参加社会锻炼，认真学好专业课。英语水平也是很重要的，最好能够通过英语四、六级考试。因为很多企业招聘时，基本要求就是通过英语四级；学好专业课，能使自己在笔试和面试中获得优势。同时,良好的心态会使自己在找工作中准确定位,不至于好高骛远。毕业生要不怕挫折,坚定信心,爱拼才会赢。其次,要积极利用各种媒介获得招聘信息,例如:学院的就业信息栏、就业信息网、中华英才网、前程无忧网等。最后,做出具有针对性的简历,其中个人求职意愿、个人能力和自我评价等,要符合企业的招聘信息要求。面试时,提前做好个人介绍,调整好心态,要自信、放松。回答面试官的提问时要思考后再回答,答案要符合实际,具有可行性、针对性和可操作性。

案例来源:改编自《大学生就业成功案例》.牡丹江新闻网.2012 年.

在职场竞争日益激烈的时代,求职已经成为了困扰在校大学生的一大问题。在形形色色的招聘信息中如何找到适合自己的机会,在面试中又应该如何脱颖而出,这都是现在的毕业生所关心的问题。

9.1　求职信息获得的来源

适合自己的职位首先需要你去发现,才有把握与追求的机会。掌握着丰富的就业信息意味着更多的机会。因此,多留意并且尝试更多的渠道和方式来搜集就业信息对求职是非常有益的。

9.1.1　求职信息获取的正式渠道

1. 人才交流中心或人才市场

随着社会主义市场经济的发展,我国人才市场中介机构应运而生。近年来,我国从中央到地方都建立了不同类型的人才市场,为各类专业人才的合理流动和学生的求职选择提供了很好的场所。这种机构一般属于当地劳动部门,有的是劳动人事部门的直属机构。它们是面向社会开展职介服务,其中也包括应届和历届毕业生。一般来说,从这些机构得到的人才需求信息可信度高、可靠性强。

对于毕业生而言,利用这种社会职介服务机构的学生较少。学生更倾向于从学校的毕业生就业办公室或毕业生就业指导中心获取求职信息。毕业生就业指导中心是高校学生毕业就业工作的行政管理部门,在长期的工作交往中与各部委和省市的毕业生就业主管部门及用人单位有着密切的联系,社会需求信息往往汇集到这里。而且,在毕业生就业过程中,他们会及时向毕业生发布有关需求信息,进行就业指导,让毕业生大致了解当年社会对大学生需求的状况及有关就业的政策规定,学生本人也可以就有关问题进行咨询。学校毕业生就业办公室或毕业生就业指导中心是获取用人单位信息的主渠道,他们提供的信息无论是数量还是质量,都有明显的优势。

2. 招聘会

(1) 政府组织的招聘会。通常,每年春节前后或是夏季,各省市的政府都会组织大规模的招聘会,参与的企业较多,覆盖面广,是求职者找到工作的途径。

(2) 校园招聘会。一些大公司尤其是著名外企、大型国企通常都会把需求职位的信息发给各大高校的就业处,与就业处联系协商妥当后,来学校召开专场招聘会(即现场宣讲会)。校园招聘会提供的职位主要是针对应届毕业生,通常不会面向社会人士,一般不要求工作经验,而注重应聘人员的综合素质和未来发展潜力,所以这是应届毕业生找工作最好的途径之一。

3. 各大媒体

(1)报纸杂志的求职广告。报纸、杂志等传统媒介一直以来都非常关注高校毕业生的就业情况。一些用人单位的简介、需求信息、招聘启事等都会在当地主要媒体上登载、播报。报纸是非常丰富的资料来源,尤其是周末的报纸,会有大量的招聘资讯,求职者可以通过电话了解用人单位的基本情况,表达自己的求职意向。

(2)互联网。在信息时代,互联网已经成为人们生活中不可或缺的工具。越来越多的用人单位在互联网上倾注大量的技术资金和人力,求职者也越来越习惯于在网上找工作。利用网络找工作是现在非常流行也是非常方便的途径之一。这种渠道具有信息透明度高、方便快捷、费用低廉等特点,其发挥的作用也越来越大。求职网站有以下三类:

① 专业招聘网站。现在很多专业招聘网站如中国就业网、51job、智联招聘、中华英才网、大街网等提供大量招聘信息,这些网站与大公司合作,发布最新的招聘信息,很多公司直接通过这些网站提供在线职位申请。大部分网站上还可以帮助你制作在线简历与求职信,并提供简历在线投递服务。

② 各大公司网站。很多公司尤其是著名外企都会将最新的招聘职位放在本公司网站上,提供在线职位申请。所以,随时关注各大公司网站上的招聘专栏,能让你方便地对准自己心仪的岗位。

③ 学校 BBS 就业板块。学校的 BBS 就业板块对于大学毕业生求职是非常有帮助的。学校的 BBS 就业板块上会有各公司到该学校的招聘信息,同时也是同学们一起交流就业信息、分享求职经验的重要领地。而且毕业生可以不只局限于自己学校的 BBS 就业版,许多学校都会有这样的 BBS 板块,综合起来能为他们提供海量的就业信息和求职经验,是一个十分贴近毕业生的信息来源。

9.1.2　求职信息获取的非正式渠道

除了通过以上几种正式渠道可以获取求职信息外,人际关系渠道也非常重要。*Kristen W. Gustafson* 在 *Graduate!* 一书中谈论找工作的途径时说:"你从来不知道飞机上坐在你身边的人或者你叔叔的一个朋友可能知道你梦寐以求的公司正在公开招聘一个职位。要集众人智慧。"在找工作的时候,要充分利用一切社会关系,包括父母、亲戚、朋友等的社会关系,寻找好的求职机会。这种通过社会关系网获取的信息,一般来讲效果比较好,就业成功率也较高。主要包括以下两个方面。

1. 来自亲朋好友的求职信息

毕业生的家长和亲朋好友都相当关心毕业生的就业问题,又来自社会的各个方向,与社会有多种联系,可以从不同渠道带来各种用人单位的需求信息。家长亲友提供的职业信息主要来源于其个人的社会关系,相对固定,也有相当大的局限性。一般不反映职业市场的实际供求状况,也往往不太适合那些专业比较特殊、学生本人就业个性比较强或具有某些竞争优势(如学习成绩优秀、共产党员、学生干部、有一技之长等)的毕业生。但信息的可靠性比较大,传递到毕业生本人的职业信息,一旦被接受,转变为就业岗位的可能性比较大。毕业生由家长亲友提供的职业信息的数量和"质量"有很大的个人差异。对有些毕业生来说,家长亲友提供的职业信息是其主要的选择;对有些毕业生而言,则可能只是聊胜于无。

2．学校的老师或已经参加工作的校友

由于本专业的教师比一般人更了解本专业毕业生适合就业的方向和范围,在与校外的研究所、企业、公司合作开发科研项目和教学活动中,对一些对口单位的人才需求信息了解得比较详细。毕业生可以通过专业教师获得有关这些企业的用人信息,从而来不断补充自己的信息库,而且可以直接找他们作为推荐人或引荐人。校友提供的职业信息的最大特点是比较接近本校,尤其是本专业的毕业生在人才市场上的供求状况及其在具体行业中的实际工作、发展状况,近几年毕业的校友更有着对职业信息的获取、比较、选择、处理的经验和竞争择业的亲身体会,这比一般纯粹的职业信息更有参考、利用价值。

从费用角度讲,关注校内信息和网上招聘信息所需的费用最少,而参加社会上的人才招聘活动除了需要门票开支外,还需要做必要的文字材料准备和衣着准备。求助于亲友虽然有时并不需要花费什么,但是感情投资却是相当的。对学生而言,查看各类报纸上的招聘广告并不需要太大的花费,而在报纸上刊登个人求职广告的开支却与借助中介机构持平甚至高于想象的费用。

从周期角度考察,不论何种途径都需要漫长的等待,但是相比较而言还是有所区别。求助亲友花费的时间或许是最短的,而到刊登招聘广告的单位应聘,如果被选中,会通知你参加面试,到录用还要等待。参加人才招聘会,尽管也有面试的成分,但是由于招聘活动的规模过大,竞争比较激烈,所以需要耐心等待。虽然说网络的发展缩短、缩小了人与人间交流的时间和空间,但是在决定一个人是否被录用的事情上,任何一家用人单位都不会草率行事,面试是必不可少的,因此等待的时间与参加人才招聘会时等待的时间基本上是一致的。同样,求职于中介机构,不论是登记本人信息还是查找单位信息,时效性都会打折扣。

对个人而言,花费力气最小的求职方式莫过于浏览网上信息,在网上不仅能迅速查阅到需求信息,而且能够了解到单位动态,从中掌握一个单位的发展前景,从而为就业决定奠定基础。虽然关注校内的就业信息是每个毕业生的本分,但是还是有些毕业生过于迟钝,等、靠、要,对那些重要信息视而不见、充耳不闻。参加人才招聘会与找一家中介机构相比,一个好的中介机构似乎更难找些,参加招聘会更耗费心力和体力一些。

在困难的时候,家人和亲友的帮助会使大部分人很快地确定就业单位,然而针对性强的东西势必选择面窄,有时朋友好心推荐的单位并不见得让你满意。报纸上刊登的招聘广告,大多数是针对社会上有一定相关从业经验的人员,而给应届大学毕业生提供的机会比较少。

案例

八面来风捕捉就业信息

某毕业班大三下学期一开学便安排在外地实习两个月,正当班上其他同学整装待发之时,小王却不动声色地忙开了:他先找了班主任,拜托班主任如有合适单位,请其帮忙

推荐,并留下两份自荐材料。然后他又找到学校负责就业推荐工作的老师,请他们有重要信息及时告知自己。接下来他走访了自己最要好的一位低年级朋友,拜托这位师弟定期到校就业信息栏看看,将有关重要信息及时通报给他。最后他仔细查询了即将离开的两个月中各地人才交流会的信息并据实际情况做了安排。做完了以上联系工作小王安安心心地前往外地实习去了,这样小王尽管人在外地实习却总比班上其他同学消息更灵通,不断接到用人单位的面试通知,选择的机会颇多。实习刚结束小王的工作单位也顺利敲定。

分析:在日常就业指导工作中时常会听到有的毕业生抱怨:有这么多用人单位的需求信息学校怎么就及时通知他而不及时通知我?太不公平了!那些捷足先登者肯定是有特殊关系得到了特殊关照。真是这样的吗?

据调查所有院校都希望尽可能多地把自己的学生推荐出去。只要掌握了用人信息都会想方设法通知到有关的毕业生。而实际情况却是由于毕业班同学不是外出实习,就是做毕业论文、毕业设计或外出求职等,联系起来很困难,往往是一条信息要打很多电话,还不一定能找到本人。结果往往是那些一呼即应,或平时主动联系密切的同学总是能抢占先机;而联系不上或不及时的则造成信息资源浪费、就业机会错过。

案例来源:《毕业生就业案例分析》.道客巴巴.2015 年.

上述案例中的小王显然在这个问题上处理得很好,虽然他在求职关键时期人在外地实习,但他能够主动密切与学校联系,使得信息来源渠道畅通无阻赢得了时间和机会。因此作为毕业生应主动与学校各方面保持联系,多利用各方面的资源为就业多找一个门路和机会。

9.2 求职面试的常见类型及特点

面试是用人单位招聘时最重要的一种考核方式,是供需双方相互了解的过程,是一种经过精心设计,以交谈与观察为主要手段,以了解被试者素质相关信息为目的的一种测评方式。由于面试与笔试相比较具有更大的灵活性和综合性,它不仅能考核一个人的业务水平,而且可以面对面观察求职者的口才和应变能力等,所以许多用人单位对这种方式更感兴趣。面试在招聘中的作用已越来越重要。

大多数大学生因为面试经历少,常常不知所措,学会面试,是大学毕业生求职择业时面临的新课题。对于面试官而言,面试中最重要也最难的一件事,是需要他们确定眼前这个应试者以往的业绩是否同样能让公司获得成功。

从不同的角度,面试可分为不同的类型。以下介绍几种常见的面试类型。

9.2.1 结构化面试与非结构化面试

根据面试的结构化(标准化)程度,可以分为结构化面试、半结构化面试和非结构化面试三种。所谓结构化面试,是指面试题目、面试实施程序、面试评价、考官构成等方面都有统一明确的规范进行的面试;半结构化面试是指只对面试的部分因素有统一要求的面试,如规定有统一的程序和评价标准,但面试题目可以根据面试对象而随意变化;非结构化面试是对与面试有关的因素不作任何限定的面试,也就是通常没有任何规范的随意性面试。

正规的面试一般都为结构化面试,公务员录用面试即为结构化面试。所谓结构化,包括三个方面的含义:一是面试过程把握(面试程序)的结构化。在面试的起始阶段、核心阶段、收尾阶段,主考官要做些什么、注意些什么、要达到什么目的,事前都会相应策划。二是面试试题的结构化。在面试过程中,主考官要考察应试者哪些方面的素质,围绕这些考察角度主要提哪些问题,在什么时候提出,怎样提,在面试前都会作出准备。三是面试结果评判的结构化。从哪些角度来评判应试者的面试表现,等级如何区分,甚至如何打分等,在面试前都会有相应规定,并在众考官间统一尺度。

在非结构化的面试条件下,面试的组织非常"随意"。关于面试过程的把握、面试中要提出的问题、面试的评分角度与面试结果的处理办法等,主考官事前都没有精心准备与系统设计。非结构化面试颇类似于人们日常非正式的交谈。除非面试考官的个人素质极高,否则很难保证非结构化面试的效果。目前,非结构化的面试越来越少。

9.2.2　单独面试与集体面试

根据面试对象的多少,可分为单独面试和集体面试。

所谓单独面试,指主考官个别地与应试者单独面谈。这是最普遍、最基本的一种面试方式。单独面试的优点是能提供一个面对面的机会,让面试双方较深入地交流。单独面试又有两种类型。一是只有一个主考官负责整个面试过程。这种面试大多在较小规模的单位录用较低职位人员时采用。二是由多位主考官参加整个面试过程,但每次均只与一位应试者交谈。公务员面试大多属于这种形式。

集体面试又称小组面试,指多位应试者同时面对面试考官的情况。在集体面试中,通常要求应试者作小组讨论,相互协作解决某一问题,或者让应试者轮流担任领导主持会议、发表演说等。这种面试方法主要用于考察应试者的人际沟通能力、洞察与把握环境的能力、领导能力等。

无领导小组讨论是最常见的一种集体面试法。在不指定召集人、主考官也不直接参与的情况下,应试者自由讨论主考官给定的讨论题目,这一题目一般取自拟任工作岗位的专业需要,或是现实生活中的热点问题,具有很强的岗位特殊性、情景逼真性和典型性。讨论中,众考官坐于离应试者一定距离的地方,不参加提问或讨论,通过观察、倾听为应试者进行评分。

9.2.3　压力性面试与非压力性面试

根据面试目的的不同,可以区分为压力性面试和非压力性面试。

压力性面试是将应考者置于一种人为的紧张气氛中,让应考者接受诸如挑衅性的、非议性的、刁难性的刺激,以考察其应变能力、压力承受能力、情绪稳定性等。典型的压力式面试,是以考官穷究不舍的方式连续就某事向应考者发问,且问题刁钻棘手,甚至逼得应考者穷于应付,考官以此种"压力发问"方式逼迫应考者充分表现出对待难题的机智灵活性、应变能力、思考判断能力、气质性格和修养等方面的素质。非压力性面试是在没有压力的情景下考察应考者有关方面的素质。

如果工作要求具备应付高度压力的能力，了解这一因素是很重要的。但另一方面，有些人力资源专业人士认为，压力面试不仅不替别人着想而且作用不大。这种观点的支持者觉得，在压力环境下所获信息经常被扭曲、被误解，这些批评者坚持认为这种面试获得的资料不应作为选择决策的依据。有一点很明显，即压力面试对大数情况是不适合的。但这种面试方式特别适用于对高级管理人员的测试。

案例

面试官并非一本正经地坐在讲台里，而是站在讲台边，看似亲切地与学生交流。"把你派到大西北工作，车子在戈壁滩上开几个小时见不到人咋办？"应聘的一位女生认真地答："既然选择了销售这个岗位，我做好了吃苦的准备，而且我对销售很有兴趣。""销售不是有兴趣就能做的，需要能力。"面试官立刻否定了女孩的说法。"我想既然有兴趣，我一定会努力做好。"女孩儿落落大方的回答获得了围观者的赞许。

可是考官显然不满意："起码从现在看，我觉得你的能力不行。"女孩顿时满脸通红："我会努力锻炼自己的能力的。""好，那你说销售人员需要具备什么素质？"没等女孩儿缓过神来，考官的问题又来了。"勤奋、刻苦。""光刻苦就行了吗？""还有聪明才智。""聪明的人太多了。""那还有技巧。""什么样的技巧？"这一串的问题，让旁观者感觉考官在有意抬杠。5 分钟后，女孩一脸疲倦地从人群中挤了出来。"提问太快了，一串接一串，有 20 多个问题。我来不及回答，气都喘不过来了，从来没有遇到过这样的面试。"女孩说。

案例来源：《压力面试让人喘不过气，50 个经典面试问答帮你应对》.郑州晚报.2009 年.

9.2.4　一次性面试与分阶段面试

根据面试的进程来分，可以分为一次性面试和分阶段面试。

所谓一次性面试，是指用人单位对应试者的面试集中于一次进行。在一次性面试中，面试考官的阵容一般都比较"强大"，通常由用人单位人事部门负责人、业务部门负责人及人事测评专家组成。在一次面试情况下，应试者是否能面试过关，甚至是否被最终录用，就取决于这一次面试表现。面对这类面试，应试者必须集中所长，认真准备，全力以赴。

分阶段面试又可分为两种类型，一种叫"依序面试"；一种叫"逐步面试"。

依序面试一般分为初试、复试与综合评定三步。初试的目的在于从众多应试者中筛选出较好的人选。初试一般由用人单位的人事部门主持，主要考察应试者的仪表风度、工作态度、上进心、进取精神等，将明显不合格者予以淘汰。初试合格者则进入复试，复试一般由用人部门主管主持，以考察应试者的专业知识和业务技能为主，衡量应试者对拟任工作岗位是否合适。复试结束后再由人事部门会同用人部门综合评定每位应试者的成绩，确定最终合格人选。

逐步面试，一般是由用人单位的主管领导、处（科）长以及一般工作人员组成面试小组，按照小组成员的层次，由低到高的顺序，依次对应试者进行面试。面试的内容依层次各有侧重，低层一般以考察专业及业务知识为主，中层以考察能力为主，高层则实施全面考察与最终把关。实行逐层淘汰筛选，越来越严。应试者要对各层面试的要求做到心中有数,力争每个层次均留下好印象。在低层次面试时,不可轻视大意,不可骄傲马虎,在面对高层次面试时,也不必胆怯拘谨。

9.2.5　常规面试、情景面试与综合性面试

根据面试内容设计的重点不同,可分为常规面试、情景面试和综合性面试三类。

所谓常规面试,就是我们日常见到的、主考官和应试者面对面以问答形式为主的面试。在这种面试条件下,主考官处于积极主动的位置,应试者一般是被动应答的姿态。主考官提出问题,应试者根据主考官的提问作出回答,展示自己的知识、能力和经验。主考官根据应试者对问题的回答以及应试者的仪表仪态、身体语言、在面试过程中的情绪反应等对应试者的综合素质状况作出评价。

在情景面试中,突破了常规面试考官和应试者那种一问一答的模式,引入了无领导小组讨论、公文处理、角色扮演、演讲、答辩、案例分析等人员甄选中的情景模拟方法。情景面试是面试形式发展的新趋势。在这种面试形式下,面试的具体方法灵活多样,面试的模拟性、逼真性强,应试者的才华能得到更充分、更全面的展现,主考官对应试者的素质也能作出更全面、更深入、更准确的评价。

综合性面试兼有前两种面试的特点,而且是结构化的,内容主要集中在与工作职位相关的知识技能和其他素质上。

9.2.6　鉴别性面试、评价性面试和预测性面试

依据面试的功能,可以分为鉴别性面试、评价性面试和预测性面试。

所谓鉴别性面试,就是依据面试结果把应考者按相关素质水平进行区分的面试;评价性面试则是对应考者的素质作出客观评价的面试;而预测性面试是指对应考者的发展潜力和未来成就等方面进行预测的面试。

9.3　结构化面试的应对技巧

结构化面试是面试方法中的一种,在细致全面的职位分析基础上,针对岗位要求的要素提出一系列设计良好的问题,参考求职者的举止仪表、言语表达、综合分析、应变能力等多方面的行为指标,观察其在特定情境下的情绪反应和应对方略,并做出量化分析和评估;同时结合个人简历等资料,提出对每个个体需要着重考察的工作经验、求职动机等方面的问题,全面把握应聘者的心态、岗位适应性和个人素质。目前被广泛应用于人员招聘活动中。

9.3.1　结构化面试的内涵

结构化面试又称标准化面试,它指面试前就面试所涉及的内容、试题评分标准、评分方法、分数使用等一系列问题进行系统的结构化涉及的面试方式。结构化面试的一项主要要求是对报考相同职位的应试者,应测试相同的面试题目,使用相同的评价标准。考官根据应试者的应答表现,对其相关能力素质作出相应的评价。

9.3.2 结构化面试的特点

1. 面试问题多样化

面试问题应围绕职位要求进行拟定,可以包括对职位要求的知识、技术和能力,也可以包括应试者工作经历、教育背景;可以让应试者对某一问题发表见解或阐述自己的观点。

2. 面试要素结构化

根据面试要求,确定面试要素,并对各要素分配相应权重。同时,在每一面试题目后,给出该题测评要素(或考察要点),并给出答题要点(或参考答案),供考官评分时参考。

3. 评分标准结构化

评分标准结构化具体体现在与面试试题相配套的面试评价表上。"评价要素"是对每一测评要素的描述;"权重"是该要素的水平刻度;"评分标准"是观察要点标准与水平刻度的对应关系,是每个测评要素不同表现的量化评分指标。

4. 考官结构化

一般考官为 5～9 名,依据用人岗位需要,依据专业、职务、年龄及性别按一定比例科学化配置,其中设主考官一名,具体负责向应试者提问并总体把握面试的进程。

5. 面试程序及时间安排结构化

结构化面试应按照严格的程序进行,时间一般在 30 分钟,具体视面试题目的数量而定,同时对每一题目也应限制时间,一般每题问答时间在 5 分钟左右。

9.3.3 应对结构化面试的具体技巧

1. 全面展现坚定自信

在任何时候,能否拥有坚定的自信,都会对一个人的成功产生重要影响。考生要想取得面试的成功,就必须充分展现自己坚定的自信。自信并不仅仅靠回答考官的提问来展现,外形、语言、姿势等都可以体现出自信。自信不仅是一种内在的气质,也是其他气质存在和表现的依据和支柱。考生要真正赢得考官的青睐、重视以及信任,就必须用自信心来打动考官,否则,纵然才华横溢、志向高远,也只能被无情淘汰。但要切忌自信过了头,结果变成自傲,给考官一种言过其实、行动力不足、浮夸狂妄的感觉。要想正确把握"自信"与"自傲"之间的度,首先是正确看待自己,不妄自菲薄;其次是保持谦虚,牢记山外有山,人外有人。

2. 恰当运用体态语言

体态语言包括两个方面:一是面部表情;二是身体动作。丰富的面部表情能带动倾听者的情感共鸣,这也是面试中与考官交流的很好的办法之一。面部表情可以随着自己所讲述的内容有所变化,尤其是在讲述你自己的经历的时候,不要让考官感觉只是在背答案;身体动作在进入考场的瞬间就已经被所有考官所关注,基本的要求就是"站有站相,坐有坐相",基本原则是:大方、得体、不拘谨、不放浪。总之,表情和肢体都是语言之外最能直接引起交谈对方感情共鸣的表象。对它们的适度把握、恰当运用,一方面可以与语言相辉映,增强说服力、感染力;另一方面可独立运用,展现个人内心状况,流露个人感情及情绪。

3. 充分进行眼神交流

面试中,回答问题并不仅仅是言语的交流,更多的是肢体、眼神等的交流。有的考官视角非常犀利,常抓住眼神的交流来判断考生处理问题的灵敏度与稳重感。面试过程中,惊慌失措、躲躲闪闪或者游移不定的目光,会让考官产生缺乏自信的感觉,容易使考官反感。要主动与考官进行亲切有神的眼神交流,在重点照顾主考官的同时,还要对其他考官予以回应。但是考生也要注意适时适度性,不能死盯考官,让考官产生表情呆板、缺乏生机的感觉。

4. 善举事例

俗话说"事实胜于雄辩",事例论证将使你的观点更加雄辩有力。每个人都想把自己最完美、最真实的一面展示给考官,而这样的问题又特别忌讳平铺直叙,泛泛地强调自己有多么强的计划,不仅有夸夸其谈之嫌而且没有多大的说服力,而在这时,如果能恰当地引用一个生活中的实例,就可以起到事半功倍的效果。即便是理论可以证明的问题,若用事实论据作为支撑,也可以使自己的观点显得更加严密和无懈可击。

有工作经历的考生可以说自己在工作的过程中,曾经组织过一次旅游活动,在谈到组织活动时,一定要谈到活动组织的成功之处,活动在同事中产生的良好影响。而没有工作经历的考生,可以说在学校社团组织过大学生艺术节、书法比赛、歌咏比赛等,在谈到组织活动时,最重要的是要谈到活动的举办是否成功,是否收到了预期的效果,在同学中的反响如何。

5. 凸显个性

面试试题具有开放性的特征,没有标准答案。很多考生在备考的时候追求"标准答案",其实是大可不必的。如果众口一词,考官势必疲惫不堪,不利于选拔人才。在答题时考生应该在将问题做具体化、生活化处理的同时,力求打造亮点。中公教育专家提醒考生要记住:试题也是有生命的,只有将自己的思想、个人的认知、实例和经历与试题融为一体,才能将题目鲜活、立体地呈现出来。

就特质来说,男孩体格强壮的,一定要展示力量和稳重;文弱内向的,则可以发挥感性正直的一面;女孩子干练、具有较强职业色彩的,要回归率真;稚嫩羞怯的,则要给人以细腻踏实的印象。就经历来说,有工作经验的,可以联系实际工作的体会,把题目答得充实;应届毕业生,可以从理解认识来谈。问题回答没有特定的模式,考生要在发挥个性优势的同时,尽可能弥补自身的不足。

6. 实事求是

在回答面试官问题的时候,很多考生往往自作聪明,在自己的答案里用上太多的修饰,对诚实等为人之道和思考的严密、答案的客观却不太重视,又常常不能自圆其说。在面试时"下套",把对求职者的真正需求巧妙地隐藏在面试的试题后面,是如今国考面试的习惯做法,这时候如果你只是一味迎合,很快会出局。实事求是指在面试中应试者回答考官提问时要从本人的实际情况出发,要彻底摆脱言不由衷的空话、大话和假话,充分挖掘并结合自己的人生经历,把自己真实的闪光点充分展现在考官面前;即使面对自己的错误,也要勇于承认,切不可卖弄面试技巧来糊弄考官。面试应答不是演戏,也不是演讲比赛。考生应该明确认识到面试考查的是应试者的真实观点、看法和水平。所以,考生在作答时应当坚持自己的本色和原则,力求真诚,实话实说。

案例

诚实地表现自我很重要

陈××,23 岁,现供职于上海一家高尔夫俱乐部,管理人员。大学毕业后,得知上海一家高尔夫俱乐部招聘管理人员,于是他前往应聘。面试人员问他对高尔夫运动了解多少,他老老实实回答:了解不多,只在电视上偶尔看过。也不知怎的就进入了复试,俱乐部主管亲自把关,他被告知:首次面试时,主管其实一直躲在楼上,暗中观察大家在面试前的种种表现。主管说"在不为他人注意之时的言行是最能表现自我的。"得知他是学新闻的,主管马上表示对记者职业很不看好,问他如何看待这一问题。他明确表示,对其看法不能苟同,并联系一些事例阐述自己的观点。主管并没因他们之间看法有异而生气,相反,这次面谈挺顺利的。

案例来源:《职场典型面试案例汇总》.长春民生网.2013 年.

7.用真情实感打动考官

面试既是一种能力的测查,同时又是一种考试的形式。在过去的面试中,考官和考生之间主要是机械问答的关系,考官有如出题机器,考生好比答题机器,双方通过机械的一问一答来进行面试,这种方式显然不能选择出最真实的人才。但现在的实际情况是,我国公务员面试开始向面试的本质——"见真人、看真心、解真情、选真才"——不断进行回归,在题目设置上就要求考生能够用真情实感和考官进行交流,把自己由答题机器转变为有血有肉、有灵魂、有感情的人,才能引起考官的情感共鸣,最终通过面试。所以考生要挖掘自己人生真实的闪光点,要从内心深处认同公务员职业,从内心深处树立服务意识、责任意识和仁爱意识,要用质朴的生活化语言来表达观点,要用真情实感来打动考官。

9.4　无领导小组讨论的应对技巧

9.4.1　无领导小组讨论的内涵

无领导小组讨论(leaderless group discussion, LGD)主要是通过给一组考生一个或几个问题,让考生们进行一定时间(一般是 1 小时左右)的讨论,来检测考生的组织协调能力、口头表达能力、辩论能力、说服别人的能力、自我控制能力、处理人际关系的技巧和方法、非言语沟通能力(如面部表情、身体姿势、语调、语速和手势等)等,以及考生各方面的素质、个性特点是否达到了拟任职岗位的相关要求,并由此来综合评价考生之间的优劣。因此,要想全面把握无领导小组讨论,必须有一个系统的学习和了解才行。

无领导小组讨论就是大家俗称的小组面试,主要考察个人的交际与合作,以及建立在此之上的个人性格与能力。所以团队合作始终是一个良好小组面试的基石。小组面试绝不是为了拼得你死我活,更不是为了树立有别他人的鲜明的性格特征。小组面试或者小组讨论的实质是一个了解场景、交流想法、分析问题、提出解决方案、相互尊重、相互妥协、达成结论的一个过程。

9.4.2　无领导小组讨论的特点

1．无领导小组讨论的优点

无领导小组作为一种有效的测评工具,和其他测评工具比较起来,具有以下四个方面的优点:

(1) LGD 能提供给被评价者一个平等的相互作用的机会

在相互作用的过程中,被评价者的特点会得到更加淋漓尽致的表现,同时也给评价者提供了在与其他被评价者进行对照比较的背景下对某个被评价者进行评价的机会,从而给予更加全面、合理的评价,即考生在相对无意之中能充分地暴露自己各方面的特点。

(2) LGD 具有生动的人际互动效应

通过被评价者的交叉讨论、频繁互动,能看到许多纸笔测验乃至面试所不能检测的能力或者素质,如被评价者在 LGD 中会无意中显示自己的能力、素质、个性特点等,有利于捕捉被评价者的人际技能和领导风格,提高被评价者在真实团队中行为表现的预测效度。

(3) LGD 具有赛马场效应

LGD 提供了一个"赛马场",在赛马场中选马(被评价者),有利于识别最具有潜能的千里马。

(4) LGD 具有真实诱发效应

讨论中的快速反应和随机反应,有利于诱发被评价者真实的行为模式,大大减少了行为的伪饰性。

2．无领导小组讨论的缺点

(1) LGD 小组之间缺乏横向比较

LGD 的一个突出缺点就是基于同一个背景材料下的各个不同小组讨论的气氛和基调可能完全不同。有的小组气氛比较活跃,比较有挑战性,而有的小组的气氛则比较平静,节奏比较缓慢,甚至显得死气沉沉。一个被评价者的表现会过多地依赖于同一小组中的其他被评价者的表现,一个很健谈的人遇到了一些比他更活跃的人物时,反而会让人觉得他是比较寡言的,一个说服力不是很强的人在一个其他人更不具有说服力的群体中,反而会显得说服能力很强。这说明不同 LGD 小组之间缺乏横向比较性。

(2) LGD 题目要求高

LGD 对测试题目的要求较高,题目的好坏直接影响了对被评价者的评价的全面性与准确性。

(3) LGD 的评分标准相对复杂

LGD 这种评价方式对评价者的评分技术要求比较高,而且评价标准相对不易掌握,评价者必须接受专门的培训。对被评价者的评价易受评价者的主观影响(如偏见和误解),这容易导致评价者对被评价者评价结果的不一致。

(4) 存在误导的可能

被评价者有存在做戏、表演或者伪装的可能性,其经验可能也会影响其能力的真正表现,这样就会误导评价者做出正确的选择。

9.4.3 应对无领导小组讨论的具体技巧

一般而言,在无领导小组讨论中,每个人都会隐性地扮演某种角色,不过有些考生对自己扮演的角色是自觉的,而有些考生对自己扮演的角色是不自觉的。在无领导小组讨论中,一般有五种角色可供考生进行有意识的扮演,这五种角色分别是破冰者、领导者、协调者、时间控制者和总结者。

破冰者指的是在无领导小组讨论中,第一个发言的人。因为在无领导小组讨论中,从头到尾都是要求考生自己进行组织的,而一般来说考生之间又是互不相识的,因此第一个发言人往往需要一定的勇气。而破冰者因为在沉默中第一个站出来,往往会引起考官的注意,具有一定的加分的作用。但是,破冰者也具有一定的风险,因为破冰者是第一个发言的,因此也是最引人注意的。所以,破冰者表达流利、逻辑清晰会引起考官的注意;而如果破冰者表达不流利、过于紧张或者逻辑不清晰的话,那就相当于高调地暴露自己的缺陷,这是必须引起注意的。

领导者一般是对讨论的整个过程起到一种引领的作用。要扮演一个成功的领导者,不仅是对别人发号施令这么简单,而必须靠自己的能力和魅力来征服自己小组的成员和考官。在无领导小组讨论中,有些考生以为只要自己对别的考生发号施令就是领导者了,这就大错特错了。因为如果自己的能力不是很强,或是不够尊重其他的考生,那么不但其他的考生会不服气,会不配合甚至拆台,而且也不会受到考官的青睐。因此考生如果有意要扮演领导者的角色,一定要对自己的能力和魅力有充分的自信,并且还要对其他考生有足够的尊重才行。

一般来说协调者在无领导小组讨论中起一种协调的作用。协调者发挥作用往往是在出现分歧的时候。在出现了分歧时,如果大家争执不下,不但不利于最终结论的形成,而且争执本身也会给考官留下不好的印象。这时候,就需要有一个协调者,努力缩小对立双方的差距,促使小组形成一个统一的结论,而不能任由分歧影响结论的达成。

时间控制者的作用主要是提醒时间的进度。因为每个阶段都有一定时间的限度,而在整个过程中考官都不会提醒考生。因此对时间进行提醒就成了一项必要的任务。这个角色相对简单。但还是要注意,时间提醒不能频繁,提醒也应该是有效提醒,应该有实质性的效果才行。

最后一个角色是总结者。总结者要求思路清晰,表达流利。不但要对小组的结论进行一个总结,还要对讨论中出现的分歧做一个必要的说明,而且对讨论的过程也应该做一个总结。总结者一定要牢记的是,总结者代表的是小组,而不是个人。所以所总结的一定要是小组讨论的结果,而不能是自己与小组相悖的观点。

以上是无领导小组讨论中角色扮演的技巧,同时面试者还应该注意以下事项。

1. 发言要积极、主动

面试开始后适时亮出自己的观点,不仅可以给主考官员留下较深的印象,而且还有可能引导和左右其他应试者的思想和见解,将他们的注意力吸引到自己的思想观点上来。自己的观点表述完以后,还应认真听取别人的意见和看法,以弥补自己发言的不足,从而使自己的应答内容更趋完善。无领导小组讨论虽然是求职竞争者之间的"短兵相接",但也不是特别难对付的可怕事情,因为各个应试者都是一样地公平竞争。所以希望每一位考生或者应聘者都要放下包袱,大胆开口,不怯场,抢先发言。对于每个小组成员来说,机会只有一次,如果胆小怯场,沉默不语,不敢放声交谈,那就等于失去了被考官考查的机会,结局自然不妙。当然,如果能在组织好表达材料的基础上,做到第一个发言,那效果就更好,给人的印象也最深。

2. 要努力在小组中奠定良好的人际关系基础

其实小组中每一个队友的想法都是差不多的,在是否接受别人观点的考虑中,他会首先考虑他与你的熟悉程度和友善程度,彼此的关系越亲密,就越容易接受你的观点。若他认为彼此是敌对的关系,那么对你的观点的拒绝就是对他的自我保护。所以我们要尊重队友观点,友善待人,不要恶语相向。相信每一个成员都想抓住机会多多发言,以便展示自己。但为了过分表现自己,对对方观点无端攻击、横加指责、恶语相向,会得到整个小组的厌恶,这样的人往往只会导致自己最早出局。没有一个公司会聘用一个不重视合作、没有团队意识的人。

3. 一定要把握住说服对方的机会

试图说服对方的时候要看好时机,不要在对方情绪激动的时候力图使他改变观点。因为在情绪激动时,对方的情感多于理智,过于逼迫反而可能使其更加坚持原有的观点,做出过火的行为,造成更难以改变的结果。所以要找准时机,找到与对方言语里共同的观点,引申出自己的观点,让对方在一定程度上能感觉他的观点与你的有相同之处,然后在对方对你稍稍放下敌对心理,对方情绪有所放松的时候合理地提出自己的观点,以及很充分的理由。这样,才能在这场心理战斗中取得胜利。

特别要注意的是在自己发言的时候,要尽量做到论证充分、辩驳有力。小组讨论中,当然不是谁的嗓门大谁就得高分,考官是借此考查一个人的语言能力、思维能力及业务能力,夸夸其谈,不着边际,胡言乱语,只会在大庭广众中出丑,将自己不利之处暴露无遗。语不在多而在于精,观点鲜明,论证严密,有的放矢,尽量能够一下子说到点子上,这样可以起到一鸣惊人的效果。即使表达与人不同的意见和反驳别人先前的言论,也不要恶语相加,要做到既能够清楚表达自己的立场,又不令别人难堪。

4. 发言的时候要注意讲话的技巧,并且言词要真诚可信

发言的时候能够设身处地地站在对方立场上考虑问题,理解对方的观点,在此基础上,找出彼此的共同点,引导对方接受自己的观点。整个过程中态度要诚挚,以对问题更深入的分析、更充分的证据来说服对方。还有,讲话的时候一定要讲究技巧,千万别在任何场合、任何时间搞"一言堂"。不可自己一个人滔滔不绝,垄断发言,这样会让整个讨论小组对自己产生极度厌恶的情绪。但同时也不能长期沉默,处处处于被动的局面。每次发言之前都要好好思考一下,尽量做到每次都有条理、有根据。

另外还要注意的一点是,自己讲话的时候要注意停顿,因为停顿的时候显得自己像是在思考的样子,这么做能使你显得像是那种想好了再说的人。但还要注意的是,这种做法在面对面的面试时是可以使用的,因为面试者可以看得出你在思考而且是想好了才回答。但是如果面试是在电话里进行的,我们最好不要使用停顿的方法,因为在电话面试和可视会议系统面试时,如果做了思考的停顿,就会出现死气沉沉的缄默。所以,电话或者可视

面试的时候要提前准备并且演练一下。所以说针对什么样的面试就要做什么样的准备,要注意这些细节。这样才能取得面试的成功。

5. 切记无论什么时候发言都要抓住问题的实质,言简意赅

任何语言的攻击力和威慑力,归根到底来自语言的真理性和鲜明性。反驳对方的观点不要恶语相加,敌视的态度不能达到有效反驳的目的。从心理学角度看,敌视的态度会使人产生一种反抗心理,因而很难倾听别人的意见。反驳对方的观点时,首先要表示出自己的友好态度,在部分肯定对方观点的基础上,再提出自己的不同意见,最后在陈述自己观点依据的过程中,放大对方观点的错误性,同时放大自己观点的正确性,让听者能在你的言语中潜移默化地接受你的观点,进而让听者自己否定其观点。

要想达到这样的效果,准备工作是不可少的,你要提前准备纸笔,记录要点。随身携带一个小笔记本,在别人滔滔不绝地讨论时,你可以作些记录,表明你在注意听。但是要听的时候画出你认为是他缺点的地方,留下标记,以便进行反驳。然后简单写下自己的观点,组织一下自己的语言。切记一定要提前做准备,再高明的发言者都是不能将自己精彩的发言随手拈来的,都需要提前的准备和思考。

6. 在讨论的过程中,要努力充当讨论小组的领导者

在适当的时候对每个发言者的言论逐一点评,寻找充当领导者的机会。最好能找机会成为小组讨论的主席,以展示自己引导讨论及总结的才能。尤其是对某个发言者所说的问题无突出见解时,自己帮他进行总结。因为争取当一个小组的主席实在是明智之举。在讨论结束之前,你将各成员交谈要点一一点评,分析优劣,点评不足,并适时拿出自己令人信服的观点,使自己处于讨论的中心,无形中使自己成了领导者的角色,自然就为自己成功"入阁"增加了筹码。当然,充当小组领导者也可能是把双刃剑,极力想表现自己的决策能力或者领导能力会招人反感;充当领导者的度很难把握,太强则会太具侵略性,太弱则又与领导者的应有作用不相匹配。这对自己本身的要求就更高了,所以,希望每个考生或者应聘者都能在之前多做训练,平时都要积累自己的这种经验,还要注意提高自己这方面的能力。

7. 在论辩中要多想办法摆事实、讲道理,让自己的发言有效力和说服力

发言的时候不仅要立场鲜明,态度严肃,语气还一定要坚定,这样可以使对方明确己方的观点,重视己方的意见。道理一定要讲得生动、深刻,还要有很强的说服力。这些都是由一个人的能力来决定的,这种能力是可以通过锻炼提高的。所以要想在关键的时候发光,平时的时候一定要努力。多接触这方面的案例,多将自己置身于具体的案例里去思考应对的策略。这样日积月累,就能得到丰富的经验。

8. 切记不能使用粗话或黑话

有人认为说出那些很流行的网络语言,或者那种所谓很另类的流行词语,便会缩小同他人的距离,他们把长得漂亮叫作"条挺""盘亮"。把 100 元、1000 元、10 000 元分别称为"一棵""一吨""一方",讲话者觉得这样可以显示自己的与众不同,其实这样的讲话用在日常熟悉朋友之间的交谈是可以的,但是如果用在这样的面试场合,则只会表现出自己格调不高、素质不高。

9. 谈话时要广泛吸收别人的语言精华，以求取得胜利

这其实是"后发制人"的策略，在面试开始后，不急于表述自己的看法，而是仔细倾听别人的发言，从中捕捉某些对于自己有用的信息，通过取人之长来补己之短。待自己的应答思路及内容都成熟以后，再精心地予以阐述，最终达到基于他人而又高于他人的目的。

10. 谈话时要考虑周到，不要冷落他人

如果你和几个人谈话（当谈话者超过三人时），应不时同其他人都谈上几句话。要在谈话的时候用眼神去照顾暂时没和自己交谈的那位，不要因"酒逢知己千杯少，话不投机半句多"而冷落了某个人。尤其需要注意的是，同女士们谈话要礼貌而谨慎，不要在许多人交谈时，同其中的某位女士一见如故，相知恨晚，谈起来没完没了；而且张口闭口引经据典，子曰诗云的，这样只会让人见笑。不论生人熟人，如果在一起相聚，都要尽可能谈上几句话。遇到有人想同自己谈话，可主动与之交谈。如果谈话中一度冷场，应设法使谈话继续下去。在谈话中因故急需退场，应向在场者说明原因，并致歉意，不要一走了之。

11. 谈话时切记不要失礼、失态

俗话说："林子大了，什么鸟都有。"有的人谈话就是喜欢得理不饶人，天生爱抬杠，非要和对方争个你死我活，哪怕对方是自己的朋友或者同学；有的人则非常爱好打破砂锅问到底，不管什么问题，即使是很私人的问题，他也没有什么是不敢谈的、不敢问的。这样做都是失礼的行为。我们要记住，在谈话的时候要温文尔雅，不要恶语伤人，讽刺谩骂，不能高声辩论，纠缠不休。试想，即使在这种情况下自己占了上风，惹得别人对你厌恶，那么是得大还是失大呢？

12. 时刻注意自己的气量，做个有气量的谈话者

当你选择的话题过于专业，或者自己发起的话题不被众人感兴趣，或者对自己的个人私事介绍得过多了的时候，可能会导致听者疲惫，有时候听者面露厌倦之意，自己就应当立即止住，不宜在这个时候我行我素。当有人突然出来反驳自己的时候，不要恼羞成怒，而应心平气和地与之讨论。发现对方有意寻衅滋事时，则可对之不予理睬。

13. 谈话时要注意自己的体态

谈话时目光应保持平视，仰视显得谦卑，俯视显得傲慢，均应当避免。谈话中应用眼睛轻松柔和地注视对方，但不要瞪得老大，或直愣愣地盯住对方不放。以适当的动作加重谈话语气是必要的，但某些不尊重别人的举动不应当出现。例如揉眼睛、伸懒腰、挖耳朵、掏鼻孔、摆弄手指、活动手腕、用手指向他人的鼻尖、双手插在衣袋里、看手表、玩弄纽扣、抱着膝盖摇晃等。这些举动都会使人感到你心不在焉、傲慢无礼。

14. 任何时候都要有自己的观点，讨论的时候态度要端正

考生应该有自己的观点和主见，即使与别人意见一致时，也可以阐述自己的论据，补充别人发言的不足之处，而不要简单地附和说："××已经说过了，我与他的看法基本一致。"这样会使人感到你没主见，没个性，缺乏独立精神，甚至还会怀疑你根本就没有自己的观点，有欺骗的可能。当别人发言时，应该用目光注视对方，认真倾听，不要有下意识的小动作，更不要因对其观点不以为然而显出轻视、不屑一顾的表情，这样是不尊重对方，会被考官认为没有涵养。对于别人的不同意见，应在其陈述之后，沉着应付，不要感情用事，怒形于色，言语措辞也不要带刺。保持冷静可以使头脑清晰，思维敏捷，更利于分析对方的观点,阐明自己的见解。要以理服人,尊重对方的意见,不能压制对方的发言,不要全面否定别人的观点,应该以探讨、交流的方式在较缓和的气氛中充分表达自己的观点和见解。

实践出真知,这些技巧只有在实战中经常运用才能使自己的实力有真正的提升,否则就只能是纸上谈兵。网上有很多关于小组面试的面经,多读一些有助于提前感受到小组面试的气氛和考察的重点。小组面试要多多练习,第一次参加通常都会因为经验不足而有所欠缺,不要把你最重要的面试作为你第一次小组面试的试验品,这样你会很吃亏的。

以下为无领导小组讨论部分试题,即将参加面试的你可以找三五好友一起模拟。

题目 1

请你用 10 分钟的时间阅读下面的材料,并对材料后提出的问题进行思考,最好拟出发言提纲,以备讨论。

材料:

近年来,消极腐败现象,引起了广大人民群众的强烈不满,成为社会舆论的热点问题。导致腐败现象滋生蔓延的原因很多,有人归纳了 10 个方面的问题:

(1) 随着改革开放的深入发展,西方不健康思潮涌入我国,给人们以消极的影响。

(2) 中国传统封建意识中的"做大官发大财""当官做老爷"意识复苏,一些干部"为人民服务"思想淡化。

(3) 商品、市场经济的负效应诱发了"一切向钱看",导致拜金主义和个人主义泛滥。

(4) 谁都恨腐败,但对反腐败问题无能为力,有时自觉或不自觉地参与了腐败行为,从而助长了腐败问题的蔓延。

(5) 所谓"衣食足则知廉耻,仓廪实则知礼节",由于现在是社会主义初级阶段,商品经济发展还不充分,人民的物质生活水平不高,贫富差距拉大,造成"笑贫不笑娼"等畸形心态。

(6) 政治思想教育跟不上,从而形成"一手硬一手软"的现象;对我党、我军的光荣传统,不敢理直气壮地宣传。

(7) 国家在惩治腐败问题上,政策太宽,打击不力,人们反腐败信心不足。

(8) 还有一种说法认为腐败是任何社会都具有的共同特质,是人类社会无法消除和扼制的。

(9) 与商品、市场经济发展配套的、相适应的民主制度与法律法规不健全。

(10) "十年动乱"时期国家贫、人民穷,腐败现象少;现在国富民康,所谓"富贵思淫欲",这助长了腐败的蔓延。

问题:你认为上述 10 个问题中,哪三项是导致腐败现象滋生蔓延的主要原因(只准列举三项)? 并陈述你的理由。

"无领导小组讨论"考生须知:

(1) 考生接到"讨论题"后,可以用 10 分钟时间阅读材料及拟写讨论提纲。

(2) 10 分钟准备时间过后,按考号顺序每人限 3 分钟依次发言阐明自己的基本观点。

(3) 依次发言结束后,考生间可进行自由交叉辩论;在辩论过程中考生可更改自己的原始观点,但对新观点必须明确说明。

(4)辩论结束后,考生将拟写的发言提纲及草稿纸交给主考官(或考务人员),考生退场。

题目 2

飞达公司是一家中等规模的汽车配件生产集团。最近由于总经理临近退休,董事会决定从该公司的几个重要部门的经理中挑选接班人,并提出了三个候选人。这三位候选人都是在本公司工作多年,经验丰富,并接受过工作转换轮训的有发展前途的高级职员。就业务而言,三个人都很称职,但三个人的领导风格有所不同。

1. 赵强

赵强对他本部门的产出量非常满意。他总是强调对生产过程和质量控制的必要性,坚持下属人员必须很好地理解生产指令,迅速准确、完整地执行。当遇到小问题时,赵强喜欢放手交给下属去处理。当问题严重时,他则委派几个得力的下属去解决。通常他只是大致规定下属人员的工作范围和完成期限,他认为这样才能发挥员工的积极性,获得更好的合作。赵强认为对下属采取敬而远之的态度是经理最好的行为方式,亲密关系只会松懈纪律。他不主张公开批评或表扬员工,相信每个员工都心中有数。赵强认为他的上司对他们现在的工作非常满意。赵强说在管理中的最大问题是下级不愿意承担责任。他认为,他的下属可以把工作做得更好,如果他们尽力去做的话。他还表示不理解他的下属如何能与前任——一个没有多少能力的经理相处。

2. 王亚虎

王亚虎认为应该尊重每一位员工,他同意管理者有义务和责任去满足员工需要的看法。他常为下属员工做一些小事:帮助员工的孩子上重点学校,亲自参加员工的婚礼,同员工一起去郊游等。他还为一些员工送展览会的参观券,作为对员工工作的肯定,王亚虎每天都要到工作现场去一趟,与员工们交谈,共进午餐。他从不愿意为难别人,他还认为赵强管理方式过于严厉,赵强的下属也许不那么满意,只不过在忍耐。王亚虎还注意到管理中存在的不足,不过他认为大多是由于生产压力造成的。他想以一个友好、粗线条的管理方式对待员工。他也承认本部门的生产效率不如其他部门,但他相信他的下属会因他的开明领导而努力地工作。

3. 刘国强

刘国强认为作为一个好的管理者,应该去做重要的工作,而不能把时间花在与员工握手交谈上。他相信如果为了将来的提薪与晋职而对员工的工作进行严格考核,那么他们会更多地考虑自己的工作,自然地会把工作做得更好。他主张,一旦给员工分派了工作,就应该让他以自己的方式去做,可以取消工作检查。他相信大多数员工知道自己应该怎样做好工作。如果说有什么问题的话,那就是本部门与其他部门的职责分工不清,有些不属于他们的任务也安排在他的部门,但他一直没有提出过异议。他认为这样做会使其他部门产生反感。他希望主管叫他去办公室谈谈工作上的问题。

要求被测试人分别以推举候选人的董事身份,参加讨论,决定总经理的最终人选。

应试者须知:

(1)应试者接到"讨论题"后,用 5 分钟时间拟写讨论提纲。

（2）按照考号的顺序每人限 3 分钟阐述自己的基本观点。

（3）依次发言结束后，应试者用 30 分钟时间进行自由交叉辩论。在辩论过程中，应试者可更改自己原始的观点，但对新观点必须明确说明。

（4）辩论结束后，应试者将拟写的发言提纲交给主考官，应试者退场。

无领导小组评分要素及权重：

言谈举止得体（5%）；发言主动、生动（15%）；论点准确（15%）；综合分析与论证说理能力（15%）；提纲挈领（20%）；组织、领导能力（30%）。

题目 3

现在发生海难，一游艇上有 8 名游客等待救援，但是现在直升飞机每次只能够救一个人。游艇已坏，不停漏水。寒冷的冬天，刺骨的海水。游客情况：

1. 将军，男，69 岁，身经百战；

2. 外科医生，女，41 岁，医术高明，医德高尚；

3. 大学生，男，19 岁，家境贫寒，参加国际奥数获奖；

4. 大学教授，50 岁，正主持一个科学领域的项目研究；

5. 运动员，女，23 岁，奥运金牌获得者；

6. 经理人，35 岁，擅长管理，曾将一大型企业扭亏为盈；

7. 小学校长，53 岁，男，劳动模范，五一劳动奖章获得者；

8. 中学教师，女，47 岁，桃李满天下，教学经验丰富。

请将这 8 名游客按照营救的先后顺序排序。

（3 分钟阅题时间，1 分钟自我观点陈述，15 分钟小组讨论，1 分钟总结陈词）

小李是某大学金融专业的优秀毕业生，她在学校学习期间每学年均获得一、二等奖学金，毕业时小李在年级德智体综合评估中名列三甲。小李的父母都是工人，亲戚朋友当中也没有人能够为小李推荐工作单位，所以，小李十分相信学校的就业信息网。她经常查看学校就业信息网上的招聘启事。

由此，她选择了中国农业银行总行和一家国外独资企业作为自己应聘的对象，积极地投递了自荐信和履历表。由于两家单位都是广大毕业生非常向往的就业单位，前去应聘的毕业生人数很多。面对众多的应聘者，两家单位均采取笔试加面试的考核方法进行筛选。都说女生就业难，没想到小李一路过关斩将。其他毕业生均感到能够在其中一家单位参加到最后一轮面试就绝非易事了，小李却都坚持到最后一关。考核后等待时间不长，在同一周之内，这两家单位都向她伸出了橄榄枝。

取谁舍谁？小李没有立刻决断，而是广泛征求父母、老师和同学们的意见，她得到的建设性意见基本分为两个方面：一方面认为去外资企业工作利大于弊。其根据是，外资企业有利于个人的发展，工资待遇高，流动比较容易，出国留学比较方便；不利的只是工作不努力的话，容易被"炒鱿鱼"。另一方面认为去银行工作利大于弊。其根据是，女生适合从事比较稳定的工作，银行工作风险不大，劳动强度不高，待遇虽然没有外企高，但是内部福利并不少；不利的只是工作合同年限较长，不方便出国留学和适时的流动。

小李结合各方面对自己提出的忠告与建议，分析自己的性格特点、两家单位用人的标准和自己将来的发展走向，在两家用人单位的最后答复期限内，选择了中国农业银行总行，婉言谢绝了那家独资企业的邀请。

案例来源：李仁山.大学生就业指导与范例[M].北京：首都经济贸易大学出版社，2004.

案例讨论题：

1. 除了从父母、亲戚朋友以及学校的就业指导中心处获取求职信息外，你认为还有哪些渠道可以获取求职信息？

2. 都说女生找工作难，如果你是小李，面对面试考官提出的"男生可能会比你更能胜任此项工作"问题，你该如何回答？

3. 如果你是小李，面对两家优秀单位的邀请你将如何抉择？为什么？

本 章 小 结

本章共分为四节。第一节主要介绍求职信息的获取渠道。求职信息的渠道分为正式渠道和非正式渠道。第二节主要介绍求职中各种不同类型的面试，了解其相应的特点求职者就能更好地应对。第三节介绍当前公务员面试中最常用的类型结构化面试的内涵、特点及应对技巧。结构化面试的结构化体现在面试问题、面试要素、考官、评分标准、面试程序及时间安排等各方面。第四节主要介绍当前求职中最常见的面试类型无领导小组讨论的内涵、特点及应对技巧。

复习思考题：

1. 求职信息的获取渠道一般有哪些？请分类列出并举例说明。

2. 面试有哪些类型？

3. 什么是结构化面试？其特点有哪些？

4. 如何应对结构化面试？

5. 什么是无领导小组讨论？其特点有哪些？

6. 无领导小组讨论的应对技巧有哪些？

第10章

求职书面材料的准备

学习目的

1. 了解自荐信的基本格式和内容;
2. 掌握简历写作的基本原则,熟悉简历的结构和写作格式;
3. 熟悉英文求职信的写作。

引例

四年的大学生活就要结束了,作为××专业"仅有的才子",李强对那些已经开始着手准备找工作的同学不屑一顾:最后的才是最好的!

在班上大部分的同学签了就业协议之后,李强才开始行动:"那些土包子就为求个职,连简历怎么写、写多少内容都去咨询!"李强花了三个晚上,写了一份三页的求职信、四页的个人简历,而且经过润色,使词句流畅,读起来朗朗上口,颇有《少年中国说》的气势。然后,又用了整整一天的时间,对求职信和简历进行了精美的设计,最后"不惜血本"用彩色打印机打印了20份,用李强的话说:"这材料,洋洋洒洒万言,管教人家看了就不想放下。"

可事与愿违,20份"精美"的求职材料都寄给了那些他认为比较中意的企业,竟然没有一家企业和他联系。

李强不知道,他的"洋洋洒洒万言"的求职信和求职简历,使企业一下子失去了往下看的兴趣,因为每个职位企业都能收到几十份求职材料,谁有那么多的空闲时间看你的万言书!而且,彩色求职材料,恰恰是最不受企业欢迎的。可见,即使是准备求职材料这样简单的事情,求职者也要同样予以重视。

案例来源:《求职书面材料怎么准备》.曲靖师范学院网.2012年.

求职过程是一个双向选择的过程,用人单位根据毕业生提供的书面材料了解毕业生的基本情况,从而决定是否给予毕业生面试机会进行进一步接触和了解。作为毕业生,为了向用人单位充分展示自己、推销自己,应该准备具有说服力和吸引力的求职书面材料,从而为自己赢得面试机会。书面材料一般包括中英文求职信和简历。

10.1 自荐信的写作

自荐信又称为求职信,是指求职者向自己欲谋求职业的单位介绍自己的基本情况,提出供职请求的书信,是求职者展示自我能力、主动推销自己的书面材料。一般适用于大、中专院校毕业生和无业、待业人员求职,以及在职人员谋求或转换职业和工作时使用。

求职信最大的特点就是自我推销,它能够直接有效地向用人单位推介自己、展示自己,从而获得理想的工作职位。然而,求职者应该根据自己的实际情况以及对用人单位的了解有针对性地撰写求职信,无论是在内容还是文体上都能够给读信人留下良好、深刻的印象。

10.1.1　自荐信的基本格式与内容

自荐信的基本格式一般包括标题、称呼、问候语、正文、祝语、落款和附件七个部分。

1．标题

求职信的标题一般只由一种文种名称组成,一般以"求职信"或"应聘信"三个字为标题,居于首页第一行正中。要求醒目、简洁、庄雅,从而显得大方美观。

2．称呼

称呼要在求职信的第二行顶格书写,一般是求职单位的领导或负责人的姓名或称呼,称呼后面加上冒号,是引起下文的意思。称呼应根据不同单位、不同部门的情况而定,要做到礼貌得体。一般情况下,对国有企事业单位,称谓写成单位名称或单位的人事处(部),如"××单位"或"××单位的人事处(组织人事部)";对民营、私营或合资独资企业,称谓一般写成公司老板或人事部门负责人个人姓名,若不清楚对方姓名,可直接写上他的职务,如"××公司总经理""××厂人事部部长",若知道对方姓名,可在姓名后面加上"先生"或"女士"或职务名称,以示尊重;若单位不明确,可以直接称呼"尊敬的贵单位领导"等。总之,称呼要恰当得体,视其身份而定,不可乱用。

3．问候语

问候语往往写在称呼的下一行,空两格,独立成段,表示对用人单位收信人的尊重和敬意,也是文明礼貌的表现。常用的问候语有"您好"或"你们好"。若称谓只是单位或部门名称,问候语可以省略。

4．正文

正文是求职信的核心,一般由开头、主体、结语三部分组成。

(1)开头

开头一般先写明求职缘由。应该说明清楚是属于毕业求职、待岗求职还是在岗者换岗求职等。开头的表达要做到简洁明了,富有说服力。

(2)主体部分

求职者应该针对用人单位的征招信息,结合自己的实际情况,有针对性地介绍自己具备能够胜任某项工作的优越条件,如学历、知识、经验等,从而充分展示自己、推销自己,使用人单位愿意与你进行进一步接触和了解。这一部分是求职信的关键部分,其内容通常包括简介、自荐目的、条件展示、愿望决心。

简介是自我概要的说明,包括自荐人姓名、性别、民族、年龄、籍贯、政治面貌、文化程度、校系专业、家庭住址、任职情况等,要针对自荐目的作简单说明,无须冗长烦琐。

自荐目的要写清信息来源、求职意向、承担工作目标等项目,要写得明确具体,但要把握分寸,简明扼要,既不能要求过高又不能模棱两可,给人以自负或自卑的不良印象。

条件展示是自荐信的关键内容,主要应写清自己的才能和特长。要针对所求工作的应知应会去写,充分展示求职的条件,从基本条件和特殊条件两个方面解决凭什么求职的问题。

愿望决心部分要表示加盟对方组织的热切愿望，展望单位的美好前景，期望得到认可和接纳，自然恳切，不卑不亢。

（3）结语

结语的语气要谦恭有礼。一般表明求职者想得到该工作的迫切愿望，或以商量的语气表达希望前往拜访或打电话了解面试消息等请求。常用结语词有"盼望答复""伫候佳音"等。

5. 敬语

与其他信函一样，但要礼貌，不可过于随便。常用语有"此致、敬礼"，"此致"另起一行，空两格，"敬礼"另起一行顶格。

6. 落款

在敬语的右下方，要写上"求职者：×××"，并注明写求职信的具体日期。

为方便对方回文联系，还需写上自己的详细通信地址、邮政编码、电话号码、个人网站、电子邮箱地址等。

7. 附件

附件部分是附在信末用于证明或介绍自己具体情况的书面材料。附件用于向对方证明自己的能力和水平。主要包括：所读课程及成绩表、获奖证书或等级认定证书、发表的文章及专家、单位提供的推荐信或证明材料等的复印件。

10.1.2　自荐信的注意事项

1. 态度要谦恭

自荐信是求职人用来向用人单位求职的。所以，通常情况下，自荐信中的语气要谦和、礼貌，表述要得体，用语要亲切；对于迫切希望得到某个职位的求职者来说，在自荐信中除了恭敬与礼貌外，在展示自身才能的同时，还应该表达一种恳切之情，力求以情感人，达到加深对方印象的目的。

2. 情况要真实

用人单位招聘员工往往要通过面试，聘用员工还有试用期。如果求职者把自己不具备的素质和能力作为标签贴在自己身上，迟早会露馅，到头来只会徒增烦恼，严重的还会导致用人单位对求职者的品格产生怀疑，影响个人将来的发展。

3. 目标要明确

求职目标意向要明确，一方面对自己希望获得什么职位要表达清楚；另一方面对于自身从事相关工作、履行相应职责所具备的基本素质或特殊才能也应表述清楚。如果是应聘式求职函，还应严格依据招聘条件，有针对性地逐条如实表述。

4. 语言要简洁

由于求职信的特殊目的以及它所针对的特殊对象，决定了求职信的语言与其他文体有所不同，文字表达必须简洁、朴实、通顺，不要使用修饰性词语，切忌错别字和语法错误。

10.1.3　自荐信的主要内容

1. 介绍自己的基本情况和获得招聘消息的渠道和方式

首先在正文中简明扼要地介绍自己，重点是介绍自己以及与应聘岗位契合度较高的学习经历、工作经历以及取得的成就等,引起招聘单位对求职者的兴趣,但详细的个人简历应作为附录。其次说明招聘信息的来源,比如"两天前在某某卫视上看到贵公司的招聘广告,获悉贵公司招聘文员,故冒昧地写信前来应聘文员一职"。这样写不仅有理有据,而且还可以让招聘单位感觉到招聘广告的影响和作用。

2. 说明你应聘的岗位和能胜任本岗位工作的各种能力

由于用人单位的招聘岗位往往不止一个,所以必须写清应聘的岗位。若不清楚用人单位的招聘岗位,可以表明自己的意愿,希望获得什么样的工作岗位。说明个人胜任某项工作的条件,体现自身的能力,表达与应聘岗位的契合度是自荐信的核心部分,主要是向对方说明自己的学历、经验和专业技能,要突出与所求职业相对应的特长及个性,达到吸引和打动对方的目的。

3. 阐述自己的潜能

向对方介绍自己的工作经历以及取得的成绩,目的是为了说明自己在管理方面的能力,有发展、培养的潜力。如介绍自己在外企工作数年,则表明自己有较强的英语沟通能力,并有较强的抗压能力,能更快地适应环境。

4. 表示希望得到答复或面试的机会

对 HR 在百忙中批阅了自己的求职信要表示感谢,并希望该单位能考虑自己的求职愿望,给予入职机会,最后请求答复。

 案例

中文求职信案例

求　职　信

尊敬的领导:

您好!

首先,为我的冒昧打扰向您表示真诚的歉意。在即将毕业之际,我怀着对贵公司的无比信任与仰慕,斗胆投石问路,希望能成为贵公司的一员,为贵公司服务。

我是××职业技术学院土木工程系建筑工程技术专业的一名学生,将于今年 7 月毕业。××职业技术学院是××唯一一所国家公办的建筑类的高等学校,建校 50 多年来,已为社会输送了 3 万多名各类建设工程技术专门人才。

在大学三年的学习期间,在师友的严格教益及个人的努力下,我具备了扎实的专业基础知识,系统地掌握了×××、××××等有关理论知识;同时,我还利用课余时间广泛地涉猎了大量书籍,不但充实了自己,培养了自己多方面的技能,也提高了个人的综合素质。曾获××比赛一等奖、××年获学校优秀奖学金……

作为新世纪的大学生,我非常注意各方面能力的培养,抓住每一个机会,积极参加社会实践,不断地提高自己各方面的能力。曾在××公司××项目实习(主要实习内容为:现场施工质量检测),也曾在假期期间到×××项目实习……这些实践活动让我初步掌握了建筑工程技术现场施工必备的技能。

大学三年的学习,我深深地感受到,与优秀学生共事,使我在竞争中获益;向实际困难挑战,让我在挫折中成长。祖辈们教我勤奋、尽责、善良、正直;学校培养了我实事求是、开拓进取的作风。

我热爱贵单位所从事的事业，殷切地期望能够在您的领导下，为这一光荣的事业添砖加瓦，并且在实践中不断学习、进步。

诚然我尚缺乏丰富的工作经验，如果贵公司能给我机会，我会用我的热情、勤奋来弥补，用我的知识、能力来回报贵公司的赏识。

收笔之际，郑重地提一个小小的要求：无论您是否选择我，尊敬的领导，希望您能够接受我诚恳的谢意！

此致

敬礼！

祝愿贵单位事业蒸蒸日上！我是应届生

求职人：××敬上
××××年×月×日

联系地址：×××××

邮编：××××× 电话：×××××××

错误求职信示例

求　职　信

尊敬的阳光装饰公司经理：

您好！

本人是今年的毕业生，面临毕业，想到贵公司工作，现将本人的情况作如下的介绍：

本人现就读于××职业技术学院建筑装饰专业，今年七月毕业。我在学院各方面表现都很好。

我的性格属于外向型的，不喜欢独来独往，人比较健谈，喜欢去人多的地方，喜欢交朋友，而且自己认为朋友越多越好，将来有什么困难可以得到更多朋友的帮助。

我的兴趣是广泛的，好像什么都喜欢，我的音质不好，不会唱歌，但喜欢听人唱歌，喜欢欣赏音乐、画画，也爱好体育活动，特别喜欢打羽毛球。

在遵守纪律方面，我比较自觉，从没有违反过学院的纪律，不但没有受过处分，有时还能得到表扬。

在生活方面，我比较简朴，不乱花钱。有人说我吝啬，我有自己的看法：我们学生是消费者，花钱不能大手大脚，不然会增加家长的负担，节约是我的优点，我不承认吝啬。

在学习方面，我也很自觉。有的人对基础课的学习不够重视，只重视专业课，我不是这样，我对基础课和专业课同样重视，所以各科学习成绩都达到了老师的要求。

贵公司是从事装修工作的，我是学装饰专业的，完全可以在贵公司工作，请公司研究并答应我的求职申请。

此致

敬礼！

求职人：××职业技术学院装饰班：张三
××××年×月×日

错误评析

本文的主要毛病是中心不突出，未能针对该用人单位的通常要求和自己的专业特长来组织安排材料。主体部分详略处理不当，重点不突出。此信的重点应该是介绍求职者的专业知识和专业技能的情况,而本文只笼统地提到"各科学习成绩都达到了老师的要求",没有具体介绍自己学习了哪些与装饰有关的学科、学科知识和技能掌握的情况如何。另外,应聘人对自己的性格、兴趣、生活等方面的叙述过多,而对自己的性别、年龄、志向等却只字不提。

在语言表达方面,未能做到简洁、朴实、准确。如关于自己的性格、兴趣爱好、生活简朴、有关他人看法、其他人对学习的态度等的表述,都与该信的主题关系不大,可以不写。有些地方的文字表达过于口语话,如"喜欢去人多的地方"、"将来有什么困难可以得到更多朋友的帮助"等。

案例来源:《求职信示例》.深圳人才网.2014 年.

10.2　求职简历的准备

简历即对履历的简要陈述,又称履历表,英文简称为 CV,常用于个人求职、申请,但也可作为非求职者的经历简述。简历记载一个人的教育学历、专长以及就业经验,有时会补充个人特质、兴趣或期许。主要目的经常是求职者用以取得面试或访谈机会的工具,又由于它经常是第一份征才部门或学术机构挑选候选人的过滤依据,其重要性可见一斑。

简历是求职时给人的第一印象,也是展示求职者素质的一个"门面"。简历的重要目的就在于尽可能地使招聘单位对你产生兴趣;使人才交流中心和介绍部门信任或赞赏你,看到简历,就想把你推荐给用人单位。就此意义来说,一份卓有成效的个人简历是开启事业之门的钥匙。

10.2.1　制作简历的注意事项

1. 力求简单明了,精美大方

"简"历,就应该把"简单"这个含义运用好。应该将介绍个人基本情况的信息放在最前面,让人一目了然。此外,简历的制作应该精美,以便提高对审阅者的吸引力,而精美的基础是简洁大方。因此,简历的字体应统一,不用斜体、隶书、行楷、琥珀体等;印刷应精良,整页文字疏密有致,清楚大方,四周留有一定的空白。而且简历中的小标题应该加粗,如个人资料、个人兴趣、社会实践经历、求职意向等。

2. 内容务必真实可信

每个求职者都希望给用人单位留下最好的印象。有些求职者没有好的成绩,或是不符合用人单位的要求,但是他又不想因此而丧失找到工作的机会,于是就想办法篡改成绩或是编造实习经验来骗取用人单位的信任。但是,假的终究是假的,欺骗即便成功也只能是暂时的成功,求职者通过虚假的简历进入单位后,可能在很短的试用期问题就迅速地暴露出来。

3. 要有的放矢

简历的制作应该具有针对性。一份简历应该只适合一家单位,将同样的简历投给不同的单位,那将无法让用人单位觉得你是最合适的人选。因此,制作简历的时候应该有目标,针对不同的单位要制作不同的简历。这样做你的简历才会让招聘者眼前一亮。

4. 凸显自己的不同

自己不做简历,到同学那借一个套用,或是在打字社买一套现成的简历,连封面都不用换就投给用人单位。用人单位见到这样千篇一律的简历,并没有任何新鲜感,很多时候只能把简历丢在一边,因为,成百上千份简历几乎一模一样,他们不会感到其中的哪个人有出众的水平。在相同学历条件下,一定要在简历设计中巧显个性,体现出自己的特长。

5. 避免书面差错,字斟句酌

简历完成后,可以采用文字处理软件中的"拼写检查"功能进行复查,或者请一位朋友帮你通览整份简历,看看有没有漏掉的小错误,避免涂改和错别字。要注意调整格式,选择适当字号和字体,使版面整洁、美观,做到反复修改后再定稿打印。准备简历时不要试图在打印纸上省钱,一定要使用优质纸张,比如专门的简历用纸。

10.2.2 简历的一般格式

1. 标题

标题一般写成"求职简历"或"个人简历",写在简历正文的顶端,居中书写,字号和字体可着意设计。

2. 个人信息

个人信息主要包括姓名、性别、出生年月、年龄、籍贯、政治面貌、学历、联系地址、电话号码等。这一部分写的过简或过繁都是不可取的。过于简略,招聘者对求职者的基本情况知之甚少,这不利于通过最初的筛选;过于繁细,甚至将个人的许多隐私全盘托出,也可能带来负面影响;而个人的联系方式则尽可能写得详细些。把个人资料放在简历的最上面,主要是为了方便用人单位与求职者及时取得联系。

3. 求职目标

求职目标是寻求工作职位或表明应聘的类型。无论是刚刚毕业的高等院校学生,还是另谋职业者,确定求职目标一定要结合自己的实际情况,根据自己所学专业和经验特长去选择,切不可好高骛远。对于特别热门、应聘人员较多的职业要慎重选择。求职目标一般比较简练,不超过 40 个字,可以是具体的工作也可以是恰到好处的工作类型/类别。

4. 教育背景

受教育情况往往写在"工作经历"之前,以突出优势。主要包括:所就读的学校、专业,获得的学位、主要课程、主要研究领域研究成果、荣誉情况等。介绍受教育背景时,要注意其与所申请职位的关联程度。

5. 专业技能

求职者应注明自身具备哪些素质、能力,如计算机水平、外语能力、人际交往能力、道德品质、团队协作精神等。在介绍自己的特点时,个人的兴趣和爱好是否要写明,取决于所应聘工作的性质。表述时尽量用事实说话,语气要坚定、积极、有力。

6. 校内和校外工作经历

主要包括校内工作经历和校外实习经历,应该写明曾从事某项工作的起止时间,就职单位的名称、职位,具体的任务和职责、主要成就等。一定要突出那些与求职目标相关的工作,这一工作可以是本职的,也可以是兼职的或业余的。这部分内容要写得详细些,用人单位要通过这些经历考查你的团队精神、组织协调能力等。

如果应聘外资企业、大的跨国公司一定要附上英文简历。

案例　某应届毕业生的求职简历

个 人 简 历

个人概况

姓　名:张三	性　别:女	民　族:汉	籍　贯:
出生年月:1980.03	婚姻状况:未婚	身　高:162cm	健康状况:良好
学　历:应届硕士	专　业:统计学		研究方向:经济统计
政治面貌:中共党员	职　务:研究生会女生部副部长		身份证:

求职意向　应聘职位:统计工程师　　期望工作地点:北京

联系方式

联系地址:中南财经政法大学	邮编:430060
E-Mail:fly@163.com	电话:430064

外语水平　英语:国家六级　　日语:初级

计算机水平　国家二级;能熟练应用各种统计软件;熟悉网络操作

教育背景

1997.09—2001.07,河北经贸大学统计学专业,获经济学学士学位

2001.09—2004.07,中南财经政法大学统计学专业,获经济学硕士学位

参加的学术科研活动及成果

◆ 中国电信(武汉地区)2003 年大客户满意度调查分析报告(本人完成调查问卷的数据化处理、数据录入、数据分析、撰写报告)。

◆ 湖北省人口普查办课题:湖北农村剩余劳动力转移与农业可持续发展问题研究,获一等奖。

◆ 湖北省第二次基本单位普查课题:湖北民营科技企业创新与可持续发展问题研究,获二等奖。

◆ 国家级课题:注册会计师行业调查、评估行业系列调查分析(本人完成调查问卷的数据化处理、数据库结构建立、数据录入以及调查数据分析)。

工作实践与实习

2001.03—2001.05,在河北省石家庄市统计局核算处实习

2002.09—2003.01,在湖北经济学院执教(经济计量学课程)

奖励情况

1997—1998 学年度:校优秀学生三等奖学金

1999—2000 学年度:校优秀学生二等奖学金

主修课程

英语	科学社会主义	微观经济学	宏观经济学	会计学专题
时间序列分析	计量经济学	抽样调查	统计决策	国民经济统计
市场调查与分析	统计分析软件	多元统计分析	随机过程	

10.2.3　简历成功要诀

1．求职目标清晰明确

写求职简历时,简历的所有内容都应有利于你的应征职位,无关的甚至妨碍你应征的内容不要叙述。简历的所有内容最好压缩到一页纸上,如果你有很长的职业经历,一张纸写不下,请试着写出最近5～7年的经历或组织出一张最有说服力的简历。

2．突出过人之处

现在,找工作的竞争非常激烈,所以为了凸显自己的与众不同,毕业生在材料中应把自己最突出的优势和最能吸引人的长处充分表现出来。不同于众的优势,正是你的闪光点,是你在竞争中取得成功的保证。比如,曾被评为省三好学生,参加全国电子设计比赛得过奖,在全省演讲比赛中得过奖,曾是校某运动队主力队员,校歌咏大赛得过名次等。

3．用事实和数字说明强项

不要只写上你"善于沟通"或"富有团队精神",这些空洞的字眼招聘人已熟视无睹。应举例说明你曾经如何说服别人,如何与一个和你意见相左的人成功合作。这样才有说服力并给人以印象深刻。

4．自信但不自夸

有些毕业生为了给招聘单位一个好印象,尽快落实一个理想的工作单位,在求职材料的自我介绍中添油加醋、夸夸其谈,这种做法的结果往往是适得其反。因此,应掌握好写求职材料的基本要素,实事求是,扬长避短,充分准确地表达你的才能,不可过分浮夸,华而不实。过分夸大个人工作能力,即便轻松过了面试关,也很难过试用期。

10.3　英文求职书面材料的准备

现在许多单位都希望应聘者有比较扎实的英文基础,特别是外企和涉外业务比较多的单位。一份漂亮的英文求职信会给用人单位留下良好的印象。

10.3.1　叙述信息来源

首先,应该表明是通过什么渠道、什么方式获得的该求职信息。这样可以使求职信更加自然,不会有唐突的感觉。比如:

Dear manager,

(1) In answer to your advertisement in (媒体名称)for (职位名称), I wish to tender my services.

(2) With reference to your advertisement in (媒体名称) for (职位名称), I respectfully offer myself for the post.

10.3.2　自我介绍

自我介绍,既是自我展示的一个平台,也是让企业最快了解自己的一个方式。自我介绍中,通常介绍自己的工作经验,尽量不要出现与应聘工作无关的经历。比如:

Now I'd like to introduce myself to you. My name is ××, I'm × years old, I graduated from ×× university in ___年份___ . I have had ___数字___ years experience with ___以前供职单位___ as a ___以前职务___ .

10.3.3　申请原因

表达自己求职的心愿,并且讲述自己与该职位的契合度很高,突出自己适合该职位。比如:

I'm interested in this job, I'd like to get this job. My experience will show you that I can fulfill this job.

10.3.4　如何在求职信中体现自己的能力

这部分非常重要,因为这体现你究竟能为公司带来什么,直接关系到求职的成功率。比如:

I have received a special English education of Marketing, I can install an Marketing assistant.

10.3.5　请求答复

求职信中提出希望得到该职位,并且留下自己的通信地址、邮政编码、电话、电子邮箱等。如:

If you agree with me, please call me, my telephone number is 676374179, or Email me my Email is dsfl@yahoo.com.

10.3.6　表达自己的感激之情,署名

无论成功与否都要表达对对方的感激之情,以及署名。如,Thank you very much everything goes well with your work.

署名一般用 Sincerely yours 或 Respectfully yours。

案例 **英文求职信实例及分析**

608 Green-grass Building

Pigeons Community Road

West Riverside District

Tianjin 300071

July 20, 2005

Jane Wang

Personnel Resources Department

Sinotrans Beijing Station

12 Xinyuan Street

Beijing 100027

Dear Ms. Jane Wang,

I am very interested in your advertisement for a Network Engineer in Beijing Youth Daily July 11, 2005. I would like to apply for this position.

I earned my Bachelor of Science degree from the Electronic Engineering Department of Tianjin University in 2002. After that I worked in the Computer Center of the Technical Development Center of Tianjin as Applications Programmer for nearly two years. Since I left the center, I have been working as Web Developer with General Electronic Medical Systems. Working in these two positions, I have gained valuable experience in PC software and hardware, knowledge of programming, remote administration, mail systems and networking hardware. Now I wish to develop my career in a foreign enterprise in the field of network technology.

I know the importance of teamwork and cooperation, and I can always cooperate with my colleagues and customers very closely.

I would be most happy if you could favor me with an opportunity for an interview. My telephone number is 010-64495577.

Looking forward to hearing from you.

Yours sincerely,

Li Lu

分析：

这封求职信正文的第一段直接说明写信目的：申请网络工程师一职，同时说明了登载这一招聘广告的报纸和时间。

第二段简述自己的学历、工作经历和工作能力。申请人获得天津大学工程系学士后，当过几年编程员和网络开发员，具有计算机软件、硬件、编程、远距离管理、邮件系统及网络硬件等方面知识和经验。

第三段介绍自己的性格，特别是合作精神。

最后，请求得到面试的机会，并告诉对方联系方式。

 本章案例 凭什么你是最合适的人选：几招搞定能说服 HR 的简历

1. 简历的制作过程是一个说服的过程

又到了秋招季节，每年这个时候大学的毕业生进入最繁忙的阶段，四年所学是否经得起市场检验最终也就落在了工作去向上。这个时候大家忙碌着、憧憬着、茫然着，甚至有的还觉得很不踏实，大家都期待着能过五关斩六将最终获得心仪的工作。

当然在获得面试机会前首先是投简历，而 HR 每天要筛选大量的简历，要想吸引 HR 的眼球首先取决于你的简历是否具有说服力。简历的制作过程就是一个说服的过程，凭什么你是最适合这个工作的人选呢？为什么要把面试机会留给你呢？

2. 失败的简历原因大致相同

笔者记得每到 10 月底以后经常会有同学来找我诉苦：老师，为什么同样的专业，有的同学已经参加了很多公司的面试了，而且有的还拿到了几个 OFFER，而我的简历为什么像石沉大海，投出去却波澜不惊呢？这些同学中有的甚至成绩还不如我呢？

这个时候我会要求他们把简历给我看一看，往往会发现之所以出现这种情况大多都是简历惹的祸。平淡如水的文字、逻辑不清的结构、泛泛而谈的描述、目标模糊的求职意愿，这些都是不能引起 HR 兴趣的主要原因。

那么好的简历应该是什么样的呢？

3. 将用户思维运用于招聘广告的阅读

首先应该把简历视为一个说服性的文档，即如何通过简历让 HR 相信你是最有可能适合这个岗位的人选，选拔人才的标准并不在于你有多么优秀，而在于你是否合适。

如何确定你是否合适呢？这时候就需要用户思维了，即岗位需求是什么。建议不要做标准化的简历，不管什么样的单位都一投了之，求职者应该做的是先分析用人单位最看重哪些方面的特质和经验，然后量身定做简历，至少也应该根据不同类型的岗位需求制作不同的简历，在投出去之前再进行微调。

那么如何了解岗位需求呢？在阅读招聘广告时需要分析关键词，比如工作职责的关键词、任职资格的关键词等。以下以某教育公司招聘网络营销专员的广告举例说明。

网络营销专员

职位描述：

1. 通过在线聊天工具与意向客户进行沟通，解答客户提出的各种问题，达成最终销售目的；
2. 运营好聊天工具，能及时发布动态，维护好朋友圈；
3. 负责收集客户信息，熟悉掌握客户需求，协助规划客户服务方案；
4. 定期或不定期进行客户回访，与客户保持良好的关系；
5. 与意向客户保持联系，获得对方好感，提升顾客忠诚度。

岗位要求：

1. 大专（含）以上学历，年龄 20 岁（含）以上；
2. 有网络销售经验者优先，优秀的应届毕业生亦可；
3. 具备良好的应变能力及学习力，能够独立处理客户订单的咨询能力；
4. 工作积极认真，责任心强，能吃苦，有较强的服务意识。

图 10.1 某教育公司招聘广告

关键词一般是名词、动词或专有名词。

图中工作职责的关键词是：在线聊天工具、沟通、销售、维护、朋友圈、收集信息、掌握需求、客户回访、客户关系、联系客户。

任职资格的关键词是：大专以上、网络销售经验、应变能力、咨询能力、责任心、吃苦、服务意识。

通过这些关键词，可以看到 HR 比较看重的是：熟练使用社会化媒体进行营销的能力与经验，善于沟通、善于应变，以及服务意识和承压能力。

4. 用思维导图确定简历的亮点

分析完以上信息，可以用思维导图罗列出自己的相关工作经验、技能和证书等。比如，小Q如果准备应聘以上岗位，他按照用户思维分析后画出了以下思维导图（见图10.2）。

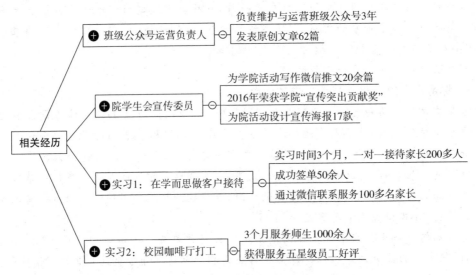

图 10.2　思维导图示例

需要注意的是，对于每一个具体经历的描述最好采用关键词＋数字的方式进行说明，少用诸如"成绩突出""表现优秀"等空洞的词，多使用具体事例和数字进行表达更能够说明问题。

5. 制作简历：结构分明，排版清晰

HR一天要筛选的简历无数，试想如果一份简历排版错乱、错别字连篇，又如何能入得了HR的法眼呢？所以一份好的简历在形式上一定要注意排版、格式和外观，要对用户足够友好，看上去一目了然，通过排版将亮点和优点等最有说服力的地方凸显出来。如果可以的话，甚至可以用可视化的形式（如思维导图）将简历内容展示出来。

6. 求职信：突出亮点，显示文采

如果是以邮件的方式发送简历，可以在邮件正文写一封求职信，主要作用在于引导HR导读简历、突出亮点，并且展示自己的文字功底。求职信的写法也可以用结构化的方式，如图10.3所示。

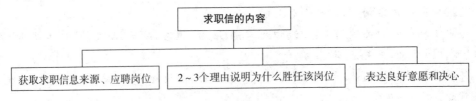

图 10.3　结构化表达方式

总之,制作一份吸引 HR 的简历必须具有用户思维,搞清楚需求,将需求与自己的特点与优点相匹配,用结构化的表达将自己的亮点展现出来,并保证排版清晰、结构分明,辅之以求职信导读,这样的简历投出去就可以坐等面试通知了,你学到了吗?

案例来源:简书"EQ 阁主":《凭什么你是最合适的人选:几招搞定能说服 HR 的简历》,原文链接: https://www.jianshu.com/writer#/notebooks/28604421/notes/33694855

案例思考题:

1. 通过此案例总结吸引 HR 的简历有什么共同的特点?

2. 如果你准备应聘该教育公司的网络营销专员岗位,你将如何根据自身的情况制作简历? 你将如何撰写对应的求职信?

本 章 小 结

本章介绍了求职过程中书面材料的准备。本章共分为三节,第一节是自荐信,主要包括自荐信的书写格式、动笔前应考虑的事项以及主要内容,并且给出了范例;第二节是求职简历的准备,包括撰写个人简历时的注意事项、简历的一般格式及成功要诀;第三节是英文求职信,包括英文求职信的写作格式与范例。

复习思考题

1. 一份成功的个人简历应具备哪些基本要素?

2. 个人简历的一般格式是怎样的? 试制作一份个人简历。

3. 个人简历与求职信有何关系?

4. 求职信主要包括哪些内容?

5. 试列出英文求职信的一般格式。

第11章

跨文化沟通

学习目的

1. 了解跨文化沟通对于企业的重要性；
2. 通过对比东、西方文化差异分析文化是如何影响商务沟通的；
3. 掌握跨文化沟通的技巧。

引例

　　飞利浦照明公司某区人力资源的一名美国籍副总裁与一位被认为具有发展潜力的中国员工交谈。他很想听听这位员工对自己今后五年的职业发展规划以及期望达到的位置。中国员工并没有正面回答问题，而是开始谈论起公司未来的发展方向、公司的晋升体系，以及目前他本人在组织中的位置等，最后，说了半天也没有正面回答副总裁的问题。副总裁有些疑惑不解，没等他说完已经不耐烦了。同样的事情之前已经发生过好几次。

　　谈话结束后，副总裁忍不住向人力资源总监抱怨道："我不过是想知道这位员工对于自己未来五年发展的打算，想要在飞利浦做到什么样的职位而已，可为什么就不能得到明确的回答呢？""这位老外总裁怎么这样咄咄逼人？"谈话中受到压力的员工也向人力资源总监诉苦。

　　案例来源：中华文本库，原文链接为：http://www.chinawenben.com/file/pxvveouuoeu6as33p3w3poto_1.html

　　跨文化沟通泛指不同文化背景的成员、群体及组织之间的沟通，也可以使用交叉文化沟通、超越文化沟通等术语。

　　随着经济全球化的加速发展，各国企事业单位的跨国、跨文化的各类交往活动日益频繁，不同文化背景人员的跨国往来与日俱增，大量跨国公司的出现使得劳动力的文化背景多样化的趋势日益呈现在世人面前，国际商务交流与合作已经全方位展开。国际贸易和国际生产活动不仅跨越国界，往往也跨越文化，使跨国生产与贸易成为一种跨文化的沟通。文化的差异也就难免给国际商务合作造成摩擦和障碍。这种摩擦和障碍也是多方面的。经济全球化越是深入发展，文化上的摩擦与障碍这一问题就越突出。消除这些摩擦和障碍，提高跨文化沟通的有效性也就越来越重要，甚至成了决定国际商务活动成功与否的关键因素。比如，随着越来越多的跨国企业、合资企业的建立，人力资源的来源日益呈现出国际化的趋势。来自不同国家、不同民族的员工具有不同的文化背景，他们的价值观、行为准则、思维方式、态度等具有相当大的差异。这种文化差异很可能引起行为上的冲突。企业的管理人员能否在跨文化管理过程中有效解决文化冲突,减少文化差异造成的消极作用,对跨文化团队的建设和企业国际竞争力的提高意义重大。中国加入 WTO后,文化差异也是中国企业走出国门、外资企业进入中国市场所面临的最大挑战。因此,为消除文化差异造成的障碍,迎接文化多元化的挑战,必须进行有效的跨文化商务沟通及跨文化商务管理方面的教育和培训。

在企事业单位间的跨文化交往中,重视劳动力文化背景的多样化,不仅会产生良好的经营效益,同时也具有良好的社会效益。越来越多的资料表明,劳动力文化背景的多元化能够创造出数量越来越多、质量越来越高的观念。

但如果工作人员缺乏跨国、跨文化沟通的知识和技巧,文化之间的差异就会产生误会和不必要的摩擦,影响工作效率,增大内耗。驾驭文化差异是各国企事业单位,特别是跨国公司走向经济全球化时面临的巨大挑战。跨文化的能力不仅对友好的人际关系相当重要,对专业人员、经理或技术人员的成功来说也是如此。

11.1 掌握跨文化沟通技巧的意义

引例

1925 年美国总统福特访问日本,美国哥伦比亚广播公司(CBS)受命向美国转播福特在日的一切活动。在福特访日前两周,CBS 谈判人员飞抵东京租用器材、人员、保密系统及电传问题。美方代表是一位年轻人,雄心勃勃,提出了许多过高的要求,并且直言不讳地表述了自己的意见,而日方代表则沉默寡言,第一轮谈判结束时,双方未达成任何协议。两天后,CBS 一位要员飞抵东京,他首先以个人名义就本公司年轻职员的冒犯行为向日方表示道歉,接着就福特访日一事询问能提供哪些帮助。日方转变了态度并表示支持,双方迅速达成了协议。

案例来源:《跨文化商务沟通案例与分析》.豆丁网.2014 年.

熊猫、香蕉和猴子,这三者哪两个是可以归为一起的? 如果你说猴子和香蕉,你的答案就像绝大多数亚洲人的回答;要是你说熊猫和猴子,你的回答和绝大多数西欧和美国人一样;西方人认为范畴相同的东西(动物)可以归为一类,亚洲人认为有关系(猴子吃香蕉)的东西可以归为一类。虽然这不是一个肯定性的测试,但它却确实向管理者说明了一个事实:人们思考和看待世界的方式是存在文化差异的,而这些差异正好影响着工作关系。要使不同文化背景下的员工配合默契,管理者就需要解释他们在其中工作的国家和组织的文化,并培养对不同文化差异的敏感性,这是避免在文化方面犯代价昂贵的最大错误所必需的。

11.1.1 跨文化沟通

跨文化沟通(cross-cultural communication),通常是指不同文化背景的人之间发生的沟通行为。因为地域不同、种族不同等因素导致文化差异,因此,跨文化沟通可能发生在国际间,也可能发生在不同的文化群体之间。所谓跨文化沟通,是在这样一种情况下发生的,即信息的发信者是一种文化的成员,而接受者是另一种文化的成员。跨文化沟通具有以下特点:①文化对接的难度很大。对接是沟通者和被沟通者在一个文化符号中获得一致的意义,只有实现文化对接,才有双方对一致意义的认同,从而达到理解和沟通,跨文化沟通是在两种或两种以上的文化符号中实现对接。②沟通成本高于传统沟通成本。③沟通时间往往较多花在双方对事物的认识理解上面。④沟通成功率较传统沟通的成功率低。

跨文化沟通概念的源于经济的全球化,国际间的交流首先是文化的交流。所有的国际政治外交、企业国际化经营、民间文化交流与融合,都需要面对文化的普遍性与多样性,研究不同对象的特征,从而获得交流的效果。因为文化差异的存在,新进入的人群,在适应中往往还会遭遇文化冲击(cultural shock)。在企业的国际化经营中,也有一些失败的案例,比如被写入哈佛 MBA 案例库的迪士尼乐园在法国投资失败,就是源于母国文化中心主义,或者"自我参照检查"(SRC)。即便是同在中国,不同省份,语言可能不同;南方北方也有气候差异、饮食差异,交流中会遇到个性差异,也会出现"水土不服"的说法,其实就是跨文化沟通中的适应问题。

企业在进行跨文化沟通决策时可以采用情境分析法,主要通过构造决策四象图,如图 11.1 所示。

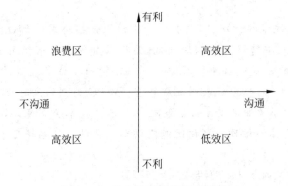

图 11.1　跨文化沟通决策四象图

在有利的情境下可以有两个决策:开展跨文化沟通工作和不开展跨文化沟通工作;在不利的情境下也可以有两个决策:开展跨文化沟通工作和不开展跨文化沟通工作。在有利的情境下,开展跨文化沟通工作有可能高效地完成任务;在不利的情境下,开展跨文化沟通工作完成任务的效率会比较低;在有利的情境下,不开展跨文化沟通工作是对机会的浪费,跨文化沟通工作人员会有遗憾、后悔;在不利的情况下,不开展跨文化沟通工作可能比较好地实现了目标。

从跨文化沟通工作的效率来看,在有利的情境下,应该积极开展跨文化沟通工作;在不利的情况下,应该停止跨文化沟通工作。但是实际情况是,有的跨文化沟通工作人员可能在有利的情境下没有开展跨文化沟通工作,因此浪费了机会;而有的跨文化沟通工作人员在不利的情境下开展了跨文化沟通工作,结果事倍功半或者事与愿违。

11.1.2　认识到跨文化沟通的日益重要性

现如今美国国内许多企业正在跨越国界兜售他们的产品,并在更多样化的国外市场寻找顾客。特别是在北美,这种全球化的经济发展趋势已成为一股强劲的势头。为了更具竞争力,许多公司结成跨国联盟,比如像沃尔玛这样的美国大折扣家和日本第五大食品及服装零售商西友之间的合作。但是许多扩展中的企业在新的阻碍前都显得有些不知所措。

主要障碍来自跨文化差异所产生的误解以及相反的观点。在现在或未来的工作中,你可能面对类似的文化差异。你的老板、同事或客户分别来自不同的国家,你也可能受你老板之托或因自身的需要而到海外旅行。对不同的文化对人的行为的巨大影响了解得越多,就越能帮助你减少与不同文化背景的人打交道时出错的概率。在研究怎样克服跨文化障碍的策略技巧前,先让我们认真看一下跨文化沟通发展的三个重要趋势,这也是我们目前认识到的跨文化沟通的日益重要性的三个突出影响因素。

1. 技术进步

技术的进步带动了经济的全球化发展,从而为跨国公司的形成奠定了基础。一个跨国公司想在其他国家或地区取得经济效益,那就必须首先具备雄厚的经济实力、发达的专业技术和高超的管理水平。所以跨文化的沟通正是在技术进步的带动下,跨国公司在深刻了解对象国的文化基础上,建立起的一套成熟完备的商务沟通体系,用以消除文化误解、化解文化冲突,保证企业行为的顺利进行以及实现企业利益的最大化。具体来讲,技术进步对于跨文化沟通的影响表现在以下三个方面。

（1）更方便快捷

技术进步促使新媒体时代的到来,特别是网络环境的建立,使商务交流能够超越时间、空间的限制,为商务交流提供了迅捷、可靠的交流平台。在跨文化商务沟通过程中,其主体主要是在跨国和跨地区的企业或个人之间进行的商务活动,不同文化背景的商务群体与个体通过地域性的人员往来形成文化之间的交往。新媒体的出现使得跨文化商务交流不再局限于地域性的实时接触,而是演变升级为虚拟时空中进行的、数字化的跨文化交流。这不仅为实现高效顺畅的跨文化沟通提供了可能,同时跨国公司与企业的运营方式都在随着沟通技术的发展而不断发生变化。新媒体在提供了一种跨时空的、高效快捷的沟通模式的基础上,通过跨文化商务沟通的顺利实现给跨国公司与企业带来了巨大的经济利益和价值。

（2）更有效顺畅

由于沟通过程的复杂性,加之文化差异性,跨文化商务沟通过程中会发生言语或非言语障碍。比如言语沟通障碍可能源于知识或词汇不足、理解差异、语言差异、不当措辞等;非言语沟通障碍可能由不当或矛盾的信号、理解差异、不良情绪、注意力分散等原因引起。新技术通过信息强大的包容性和穿透性建构了跨文化传播的立体化空间,使人们对于异质文化的信息接触量迅猛增加,提高了跨文化交往的广度和深度,最终起到克服文化差异带来的沟通障碍,进行有效顺畅沟通的作用。这不仅是对文化障碍的克服,在这个过程中,新技术形式表现出独有的特征和优势,通过多种形式与技术手段,还可以不通过视频来体现个人肢体、表情等非言语特征,通过声音或文字来进行沟通,这样既避免了非言语沟通障碍的出现,又可以对沟通的言语进行深思熟虑,使商务沟通更有效顺畅地进行。

（3）更开放包容

新技术的出现使跨文化沟通进入融合和完全替代时代,巨型的信息平台将成为主流。在这个数字化的虚拟世界里,社会因素的制约被降到了最低,最大限度地包容了网民的差异。在这个世界里,人们表现出对多元异质文化最大限度的包容。跨国企业与公司出于全球性竞争和把握全球性机会的要求,越来越重视用项目管理、工作团队等方式来鼓励员工通过商务协作、沟通解决复杂的问题。在跨文化商务沟通中,开放包容的新技术使海量信息能够共享、协调合作的跨文化沟通能够顺利进行,促成了企业之间合作共享、双赢多赢等积极的企业行为,这将为跨国企业或跨国公司带来更高的利益回报。比尔·盖茨说过:"信息高速公路将打破国界,并有可能推动一种世界文化的发展,或至少推动一种文化活动、文化价值观的共享。"

2．市场全球化

跨文化沟通能力是企业应对全球化浪潮的必备技能之一,许多跨国公司早已为具备此项技能而纷纷采取行动。美国管理协会(AMA)的一项调查显示,在 146 个受访的管理者中,有一半把全球化作为企业决策的首要出发点。著名的科尔尼管理咨询公司(AT Kearney)在对 778 家欧洲和北美公司的调查中发现:有一半以上的公司预期在 3 年到 5 年内扩大其商务活动的国际范围;有超过 50％的公司已经拓展了新的国际市场;有 35 位行政总裁把公司的工作重点放在培养全球管理人才方面,并且以未来 5 年内增加 65％的管理人才作为目标。

无可争议,经济全球化已经成为世界各国企业关注的焦点,随着北京申奥成功和中国加入世贸,"国际化""全球化"这样的词汇在中国使用的频率迅速提高。越来越多的人认识到,实行全球化已是未来企业发展的必然趋势。中国的很多优秀企业也纷纷踏出国门,面对势头强劲的全球化浪潮,企业的高层管理者应该如何应对? 很重要的一点是要积极培养国际化人才,而国际化人才应具备的最基本素质就是跨文化沟通能力。简单地说,就是能与来自不同文化背景的人有效交往的能力,能在不同文化背景中自如地工作,具备超越本民族文化的能力。事实上,许多世界知名的企业管理者都将这种沟通能力看作他们取得成功的关键。诺基亚公司(Nokia)行政总裁 Jorma Ollila 认为行政总裁应该具备的最重要能力是有效沟通和管理员工的能力。爱立信公司(Ericsson)行政总裁 Kurt Hellstrom 也有相似的看法。

在当前经济全球化的趋势下,越来越多的企业进入了全球化发展的阶段,其经营的环境不再是单一的本土化经营,而是多种文化主体和多种差异很大的文化环境,这就不可避免地涉及企业的跨文化管理问题。要进行成功的跨文化管理,跨文化沟通则是重中之重。事实上,全部的管理活动都可以归结为人与人之间的相互沟通与信息转换。这种沟通与转换的有效性几乎全部依赖人与人之间、管理者与管理者之间的相互理解。在跨文化的经营环境中,管理者之间的相互理解和跨文化的沟通尤为重要。从全球发展的角度来看,随着科学技术与经济的飞速发展,不同文化群体之间的距离越来越近,持有不同世界观、价值观、语言、行为的人们需要越来越多的相互理解和交往,因此跨文化沟通是一个必不可少的过程。如果不能进行很好的跨文化沟通,由于风俗习惯、行为举止、价值观方面的差异会给管理带来很大的障碍。

3．跨文化员工

各国价值观和准则的差异,造成各国人们的思维方式和行为规范的不同。在国际商务中,这些差异很容易导致交易双方的误解。美国著名国际商务学者 David Ricks 把许多大公司在国际商务交易中由于对他国文化误解而导致失败的事例编成《国际商务误区》(International Business Blunders)一书,这些失败和教训大部分都是因为公司高层管理人员不了解其他国家的文化和具体国情造成的。既然跨文化沟通能力如此重要,那么公司的管理者应该如何培养这种能力呢？许多世界大公司的实践经验值得我们借鉴。

为了提高跨文化管理能力,许多公司将经理人派到海外工作或者学习,让他们亲身体验不同文化的冲击,或者把他们留在自己的国家,与来自不同文化背景的人相处,外加一些跨文化知识和理论的培训。例如,日本富士通公司(Fujitsu)为了开拓国际市场,早在1975 年就在美国檀香山设立培训中心,开设跨文化沟通课程,培训国际人才。现在,该公司为期 4 个月的跨文化管理课程除了用于培训本公司的人员,还被用于其他公司和国家跨文化管理人才的培训。韩国三星公司每年都会派出有潜力的年轻经理到其他国家学习,学习计划由学员自己安排。但是公司提出一些要求,例如学员不能坐飞机,不能住高级宾馆,除了提高语言能力外,还要深入了解所在国家的文化和风土人情等。通过这样的方法,三星公司培养了大批谙熟其他国家市场和文化的国际人才。可口可乐公司(Coca-Cola)设立"全球服务项目",这个项目由 500 位中高级管理人员组成,每年约有 200 人调动工作岗位。这些人一方面为公司的全球发展做出贡献；另一方面,可以提高自己的国际管理经验。这个项目的最终目的之一,是建设一个具有国际头脑的高层经理团,公司的高层管理人员将从这些人中进行选拔。

11.1.3　掌握跨文化沟通技巧的重要意义

随着经济全球化趋势的日益明显、国际商务活动的日益频繁,现代企业跨国经营中越来越显示出对多元文化理解的必要性和跨文化沟通的重要性。可以说,跨文化商务沟通意味着直接的经济效益。一个企业要想使自己的产品在国际市场上占有一席之地,一个跨国公司想在其他国家或地区取得经济效益,那就不仅需要具备雄厚的经济实力、发达的专业技术和高超的管理水平,而且需要深刻了解对象国的文化,建立起一套成熟完善的商务沟通体系,用以消除文化误解、化解文化冲突,来保证企业行为的顺利进行以及实现企业利益的最大化。

跨文化沟通对企业有着特别重要的意义。企业的有效管理离不开有效沟通。特别是对具有多元文化背景及其表现形态的企业来说,有效沟通是企业管理的出发点。因为在这些跨文化的企业中,管理者和员工面对的是不同文化背景、语言、价值观、心态和行为的合作者,管理是在异文化沟通和交流的基础上进行的。与一般的沟通相比,这种沟通难度更大,存在语言、习俗、历史等文化差异和文化理解的问题。沟通不当则可能遭遇"文化震撼"或"文化误解",从而导致企业的管理、经营出现问题,甚至是失败。不论公司大小,都希望能够与不同文化背景的人进行沟通。其中一个主要原因就是,企业要在国内和国外销售产品和服务。能够与他人有效地沟通会帮助你更成功地理解客户的需求,进而满足他们的需求,赢得他们的订单。另外一个原因就是除了成为一个更有效的工作者外,你应该在公司内外部都工作得更有效率。你应该能够与那些其他文化背景的人和谐相处,创造出一种更舒适、更高效的工作环境。此外,如果消除了文化障碍,你将能够雇用不同文化背景的优秀员工,而且将避免完全由于误解造成的问题。最后一个原因就是,用心和其他文化背景的人清楚地沟通会给你带来更多的订单,并丰富你的私人生活。

根据《商业周刊》的报道,全球已有2/3的行业处在全球化经营阶段或正向这一阶段迈进。来自总部所在国家之外的国家和地区的利润的增长已占据重要地位。麦当劳在美国之外的地区的收入超过62%,母公司设在芬兰的诺基亚制造公司,其大约98%的销售额来自芬兰之外的国家和地区。在全球经济中,好的创意并不一定来自总部,芯片制造商ST微电子公司在马来西亚的工厂——而非其欧洲总部——发明了一个使某种芯片的装配时间从5天缩短为5小时的方法。现在,ST微电子公司正将该方法用于其摩洛哥工厂。

互联网上的国际商务不只局限于进出口业务。许多公司,甚至从事服务性行业的公司都依靠在其他国家设摊或营运开展其业务。爱尔兰生产的软件比世界上任何其他国家都多。康派克及Palm Pilot顾客服务的电子邮件是由来自印度马德拉斯办事处的工人回复的。

种种迹象告诉我们跨文化沟通的日益重要性已经越来越突出,掌握跨文化沟通技巧尤其是跨文化商务沟通的技巧有着重要的现实意义。

11.2 东西方文化的差异

案 例

沃尔玛公司一向对自己的团队精神和家庭般的组织气氛引以为自豪。比如,在美国本土沃尔玛商店的员工,都知道每天早上上班的第一件事是由经理们带领全体员工高唱激动人心的国歌"星条旗永不落",然后齐声拼出公司的名称(给我一个W,给我一个A,给我一个L……),再高呼"顾客第一",呐喊公司已有的数目。这个仪式的所有组成部分,可以称为"沃尔玛风格"。

遗憾的是,加拿大人却很难与美国人共享这种外向而新颖的乐观态度。但沃尔玛公司购买了加拿大122个乌尔考商店并把它们改造为沃尔玛商店时,这些美国管理者亲身体会到了这一点。管理者以为所有他们该做的只是把清晨的仪式加拿大化,即更换为加拿大国歌,然后就可以坐享其成。出乎意料的是,沃尔玛的经营者们发现他们面对的是另一种民族文化,他们对这种热情的外露式表达方式似乎感到很窘迫。比如,在卡尔格瑞分店,沃尔玛的新员工拒绝在清晨仪式上唱加拿大国歌,并且不愿意参与公司的欢呼与呐喊。管理者在经历一些挫折和失败后,认识到在美国的实践活动并不能理所当然地转化到其他文化中。

案例来源:《管理心理学》讲义.上海电视大学开放教育学院.2015年.

在经济全球化的背景下,国际商务活动日益频繁,国际商务交际既是一种经济往来,也是一种跨文化交流活动。经济全球化使国际商务活动处在一个多元的跨文化环境中,不同民族的语言文化差异导致国际商务交往中的文化交际失误。东西方商务交际中的文化冲突问题越来越受到人们的关注,越来越显示出对多元文化理解的必要性。国际商务活动中跨文化意识直接决定着经济效益。如果一个跨国企业想在国际市场上占有一席之地,那么就不仅需要掌握高超的经济和技术手段,而且需要深刻了解对象国的文化。所以,一个现代企业在国际社会的成功,不仅是经济的成功,而且是跨文化交往的成功,只有认识并重视这些文化差异才能在涉外的商务活动中成功地进行跨文化交际。

11.2.1　理解文化

每一个国家或地区都有自己独特的文化遗产、共同的经验和共享的学识。在共同的背景下,一个区域、国家或社会的文化就产生了,本书中将文化定义为一个社会共同具有的复杂系统,包括价值观、品质、道德及风俗习惯。文化指导着人们的行为举止,并制约着他们所作出的反应。我们需要记住的就是文化是一种强大的制约力量,控制着我们的思维与行为方式。

1. 文化的定义

来自不同文化领域、不同文化圈的不同学者对"文化"赋予了各种不同的定义,至少有一百多种。

美国学者克鲁伯和克罗孔在《关于文化的概念和定义的检讨》中对"文化"作了十分形象的表述:"在这个世界上,没有任何东西比文化更难以捉摸。因为它没有固定的形状,我们要解释它的意义就像要把空气抓在手里一样;我们要寻找它时,除了不在我们手里以外,它无所不在。"

文化无所不在,这正是古今中外对文化解释的概括。

(1) 我国对文化的传统解释

我国《周易·贲卦象辞》曰:"观乎天文,以察时变;观乎人文,化成天下。"西汉刘向在《说苑·指武》中说:"凡武之兴,谓不服也;文化不改,然后加诛。"

我国古人的"文化"指"文治教化",即以礼乐来教化天下之民。礼乐包括先王圣哲所创建的文物典章制度,如伦常、道德、文学、科技、法制、经济、政治、风俗等。孔子用"道"来概括这一切。因此,我国的"道"就是文化,"道统"就是指"传统文化"的传承。

(2) 外国学者对文化的解释

《大英百科全书》对文化的定义是:"人类社会由野蛮至于文明,其努力所得的成就,表现于各个方面,如科学、艺术、宗教、道德、法律、学术、思想、风俗、习惯、器用、制度等,其综合体,称为文化。"

马克斯·韦伯在《经济与社会》中对文化赋予人类学观点,它不是个人的而是多数人的行动事实;文化与社会融合于"各种社会现象"中,支配着生活。

科斯洛夫斯基(P. Koslowski)在《后现代文化·技术发展的社会文化后果》中把文化分为两个领域:精神文化和物质文化。文明以物质文化的多项成就为形式。

克台克赫尔姆(Kluckholm)则按七个标准界定文化:同一文化圈成员的自我认识;

与自身所处环境的关系；价值结构；与他人的关系（以集体主义优先还是以个体主义优先）；个人贡献定义（行为指向或存在指向）；时间指向（昨天、今天、明天，保守、现实、未来指向）；空间指向（以公共生活重要还是私人生活重要）。

2. 文化的特点

（1）文化是共有的

文化是一系列共有的概念、价值观和行为准则，它是使个人行为能力为集体所接受的共同标准。文化与社会是密切相关的，没有社会就不会有文化，但是也存在没有文化的社会。在同一社会内部，文化也具有不一致性。例如，在任何社会中，男性的文化和女性的文化就有不同。此外，不同的年龄、职业、阶级等之间也存在着亚文化的差异。

（2）文化是学来的

文化是学习得来的，而不是通过遗传而天生具有的。生理的满足方式是由文化决定的，每种文化决定这些需求如何得到满足。从这一角度看，非人的灵长目动物也有各种文化行为的能力，但是这些文化行为只是单向的文化表现，如吃白蚁的方式，警戒的呼喊声等。这和人类社会中庞大复杂的文化象征体系相比较就显得有些微不足道。

（3）文化是动态的

文化的动态性是指文化是变迁的。变迁性是指文化不是静止不动的，是处于变化中的。一般认为大规模的文化变迁由三种因素引发，第一，自然条件的变化，如自然灾害、人口变迁；第二，不同文化之间的接触，如不同国家、民族的技术、生活方式、价值观念等的交流；第三，发明与发现，各种发明、创造导致人类社会文化的巨大变迁。

（4）文化作为被传递的通信象征

文化是被传播的通信象征，我们称之为语言符号通信系统。虽然人不是使用语言的唯一动物，但并不是只有他们才使用通信系统。所有的动物相互间都有通信联系，使用的是各种各样的叫喊呼唤、姿势和化学物质。然而，称为信号通信的含义，都是由遗传决定并且十分固定。信号的意义不能改变，如红灯，它们也不能与其他信号结合起来产生合成信息。当一只鸟发出危险信号时，这就是那种环境所能产生的唯一的信号，这只鸟对于这种符号的暗示不能有任何的改进。

人的语言又是另一回事。组成语言的词不仅是信号而且是象征。象征与信号的区别在于象征是人为的。它成为一种事物仅仅是由于使用象征的人们认可那样做。因而象征是灵活的，人们可以改变它的意义；可以任意组合、修改以表示新的含义；也许最重要的是它们可以用来表达并不存在的事物、过去和将来的事，抽象的量和严肃的精神现象。语言因此能为人们传播他们所做的事件，语言也能使人们通过运用抽象范畴来表现他们的经历，还能表达以前从未表达过的。思想、道德、宗教、哲学、文学、科学、经济、技术和许多文化方面与学术的能力一起，都依靠语言来分享与传播。因此，文化不仅通过象征来传播，它在很大程度上也依靠象征而被创造。因此有人说，文化是由语言所决定的。

（5）文化是经过整合的

文化的每个因素是连锁的，并相互支持形成一个系统，一个经过整合的系统。比如，目前中国把所有的问题都归结为人口太多，那么要解决问题控制人口就行了。但是，这与中国人的传统观念相违背，而要解决观念上的问题才是关键。又如"十年动乱"之后把所有的问题都归结为"文化大革命",可是"文化大革命"的根源呢,这与中国文化中的权威人格相关。

(6) 文化包含可见和非可见因素

对于他人来说,我们日常生活和工作中的行为方式是文化最突出的展现,比如在日本,与生活环境和谐相处很重要。日本人认为女士在参加花展时会选择彩色而不是单色的服饰,这样不至于在美丽的鲜花面前显得逊色。在印度,人们相信生命的轮回,因此会避免踩到蚂蚁之类的昆虫,也会保护其他类生物。这些习俗都是深层价值观念的外在表现,它们是肉眼看不到的,但却渗透到了人们的每个想法和行动中。

(7) 文化是自我认同和社会意识的基础

我们以文化为背景告诉世界我们是谁,我们信仰什么。人们通过在基本的文化上进行文化叠加从而确立自己的身份。比如,北美洲人在选择教育、事业、工作地和生活伴侣时都会有一套准则,包括原则、举止、礼仪、信仰、语言以及价值观等。这些添加到一个人整体的文化素养中,展现了一个人的自我认同。

3. 文化的维度

文化的维度引自丹麦社会学家霍夫斯泰德的《文化的结果》,截至目前,它已成为国际商务沟通中关注的主要内容。主要包括以下五个方面的内容(见图 11.2)。

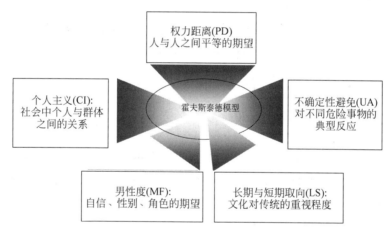

图 11.2　霍夫斯泰德文化五维度模型

(1) 权力距离(大/小)

权力距离是与社会用来处理"人与人是不平等的"这一事实的手段相联系的。权力距离指的是一个社会中的人群对权力分配不平等这一事实的接受程度。接受程度低的国家和民族,人和人之间比较平等,权力距离则小;接受程度高的国家,社会层级分明,权力距离大。一个试图把财富和权力上的不平等降低到尽可能低限度的社会,可以被看作低权力距离的社会;一个把权力与财富上的不平等制度化和认为是理所当然的社会,可以被认为是高权力距离的社会。把中国与美国相比,很显然中国的权力距离比美国要大。

在组织内部,权力的不平等是功能性的,是不可避免的,成员之间权力的不平等分布是组织的实质,正是因为这种不平等形成了上司与下属。权力距离与组织结构、集权程度、领导与决策联系在一起。权力距离大的文化中的组织一般层级鲜明,金字塔比较陡峭,如日本、韩国或者中国的企业;而权力距离小的文化中的组织结构一般就比较扁平,如美国、北欧的公司。另外决策方式也不同,权力距离大的国家倾向于用自上而下的决策方式,有时即使高喊民主,也是形式为多。权力距离小的国家则倾向于自下而上的决策方式,善于吸纳底层的意见,而底层的人也敢于说出自己的所思所想。当然,权力距离的大小都是相对的。组织机构的扁平化和决策的民主化已成为西方国家管理的未来发展趋向。

(2) 个人主义与集体主义(强/弱)

个人主义文化是指人们期望照顾自己和家人,集体主义文化则促进对社会团体的强烈认同。这个维度指着眼于个体还是集体的利益,它描述了一个社会中个人与集体的关系。霍夫斯泰德将个体主义与集体主义定义为"人们关心群体成员和群体目标(集体主义)或者自己和个人目标的程度(个体主义)"。

在个人导向性价值观占主导地位的社会里,个人主义关注自己,每个人都有强烈的自我意识,一切以自我为中心;组织结构是松散的;个人独立于组织或机构,个人以算计的方式与组织(集体)打交道;个人对集体有较少的感情依附,相信自己而不相信集体。在集体导向性价值占主导地位的社会里,组织结构是严密的;个人往往从道德、思想的角度处理其与组织的关系,个人对集体有强烈的感情依附,人们极信任组织,愿意为组织的成长与发展出力。一般来说,权力距离指数高的国家其个人导向性指数较低,而权力距离低的国家其个人导向性指数较高。一般来讲,美国、英国、加拿大等属个人主义文化;中国、日本、墨西哥、韩国等属于集体主义文化。

(3) 男性化与女性化

倾向于女性化的一端表现出温和的、关怀的态度,倾向于男性化的另一端则变现出自信和竞争力。

这个维度指的是人们强调自信、竞争、物质主义(事业成功导向)还是强调人际关系和他人利益(生活质量导向)的程度。男性化表明了一个民族在自信、工作、绩效、成就、竞争、金钱、物质等方面占优势的价值观。女性化则是指在生活质量、保持良好的人际关系、服务、施善和团结等方面占优势的价值观。自主、自立、进取、竞争、果断、成功、晋升、自由、轻松工作、赚取更多的钱财、控制他人、掌握权力和理性思维等行为与男性化意识相联系,美国、法国、西班牙属于这种文化。而与女性化意识相联系的行为有抚育、赡养、依附从属、乐助施善、恭让卑谦、职位保障、友好合作、尊敬领导等,中国、日本、德国、墨西哥、奥地利等属于这种文化。

(4) 不确定性规避(强/弱)

它用来衡量一种文化在何种程度上会使其成员感到不舒服或舒适。规避不确定性的文化会努力形成严格的规则和核心价值观。接受不确定性的文化往往更轻松,更能容忍差异,而且监管更少。

不确定性规避是指一个民族对所生存的社会感到有无把握的、不确定的或模糊的情景威胁时,试图以技术的、法律的、宗教的方式来避免不确定局面的发生。

强不确定性规避意识表现为:不确定性被认为是一种持续的威胁,人们对此非常焦虑和不安,害怕事物的发展与变化;认为时间就是金钱,内心有努力、拼命工作的欲望;在工作中应尽量避免冲突与竞争;人应当绝对服从于大众的思想与道德规范,不能偏离,强烈地需要一致意见。

弱不确定性规避意识则表现为:不确定性是可以被接受的,人们对此不感到有任何的压力,对事物的发展与变化持积极的态度;不认为时间就是金钱,也不认为拼命工作是一种美德;在工作中可以利用竞争来达到个人目的;容忍偏离大众的思想与道德规范;人们有一种强烈创新意识;规章制度应当越少越好,当规章制度已不再适合时,应立即予以废除。

从组织与管理方面看,不确定性规避的程度影响了一个组织活动结构化的程度,在一个高不确定性规避的社会中,工作条例与规范的建立是一个组织为应付不确定性而设在一个弱不确定性规避的社会中,就很少强调控制。这种社会鼓励其成员接受事物的多样性,很少注意去发展那些对个人创造性严格限制的政策、实践及程序。

(5) 长期取向与短期取向

长期与短期导向这个维度是霍夫斯泰德在 20 世纪 80 年代末 90 年代初的调查中发现的。这个维度是指一个民族持有的对等待长期利益或近期利益的价值观。

具有长期导向的文化和社会主要面向未来,较注重对未来的考虑,对待事物以动态的观点去考察;注重节约、节俭和储备,做任何事情均留有余地。这种社会常想到目前的行为将对下几代人的影响。典型的例子是位于东方的日本,其企业对投资持长远打算,不太重视年度的盈亏,而认为重要的是向远程目标的进展。(在长期导向排名中中国大陆、中国香港、中国台湾与日本、韩国名列前 5 名)

短期导向性的文化与社会则面向过去与现在,着重眼前的利益,并注重对传统的尊重,注重负担社会的责任。美国文化是此类中的典型,其企业关注的是每一季度和年度的利润,上级对下级的考绩也是最多每年一次,甚至周期更短;要求立见功效,急功近利,不容拖延。(意大利、澳大利亚、德国、美国、英国名列前 5 名)

人们可能会重视整个文化中的一个或多个维度。但与其他模型一样,这只作为一个粗略的初步的指导。正如一位企业高管所说:"从我自己的实践来看,我看不清霍夫斯泰德的数据,就像飞机上的乘客俯视森林中的护林员……这些文化在更小的范围代表国家的亚文化。但以个人的理解,你必须在最近的机场降落,并保证在地面水平降落,且考虑到其独特之处。"

11.2.2　东西方文化差异

商务沟通不仅受到沟通双方所处的国家、地区的影响,同时也受到企业文化和个人文化的影响,如性别、种族和民族、社会阶层等,如图 11.3 所示。这是一个很复杂的问题,所有的交叉部分都应考虑,在特定的情形下应采用不同的沟通方式。在这个示意图中,三个圆圈中两两交叉的部分,其复杂性就大于没有交叉的部分。在三者交叉的部分,它的复杂性就更大。为了处理好跨文化的商务沟通问题,我们一定要高度关注以下一些方面的差别。

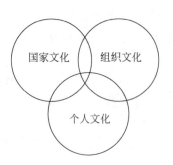

图 11.3　跨文化的商务沟通

1. 时间观的差异

文化不同,对时间的期求和处理的规则也不同。爱德华·霍尔把时间的利用方式分为单一时间利用方式和多种时间利用方式。单一性时间利用方式强调专时专用和速度。多种时间利用方式强调一时多用。在商务谈判中,西方人视时间为金钱,而东方某些商务会谈可能一连数小时都不涉及正题。因此,两个采用不同时间利用方式的经营者遇到一起时,就需要调整,以便建立和谐的关系。

(1) 单线活动型时间观

对美国人来讲,时间的确就是金钱。在以追求利润为导向的社会里,时间是一种珍贵的甚至是稀有的商品。美国人都是实干家,难以忍受无所事事。时间是一去不复返的,但是你可以把现在的时间抓住、捆扎、打包,使之在不久的将来为你服务。

时间看上去是这样的(见图 11.4):

图 11.4　单线活动型时间观

你必须按以下方法对待时间(见图 11.5):

过去	现在		将来		
	今天的工作		为一月份作计划	考虑二月份的工作	等等
已结束					
	A	B	C	D	E			

图 11.5　对待时间的方式

美国人并不是唯一崇尚守时的人,因为在瑞士和德国,守时还被视为一种信仰。这两个国家和英国、荷兰和奥地利等国家的人都持直线型时间观和行为方式,如图 11.4 所示。他们和美国人一样,如果现在和未来的某个时间没有被用来做一件事情,那它就是被浪费了,因为时间一去不回头。他们思想中深受新教徒工作观的影响,把工作实践和成功等同起来:你工作越努力——工作的时间越长,就越能取得成功,越能挣更多的钱。

（2）多线活动型时间观

南欧人属于多线活动型。他们在同一时间内能处理的事情越多，就越觉得高兴和充实。他们安排时间（以及生活）的方式与美国人、德国人和瑞士人完全不同。持有多线活动型时间观的人，对计划和准时不是很看重。他们表面装作遵守计划或守时（特别是当一位单线活动型伙伴坚持时），但是内心里认为实际情况比事先安排的约会更重要。在他们做事的次序中，优先考虑的是每次会议的紧迫感和重要性。如果西班牙人、意大利人和阿拉伯人在会议结束时还未说完要说的自豪感，一定不会因为时间到了而结束会议。对他们来讲，彻底完成一次与别人的交谈是他们利用时间的最好方法。

如果你和西班牙人有个约会，最好不要严格地遵守他们定的时间。在西班牙，守时会打乱你的日程，如同图 11.6 所示。

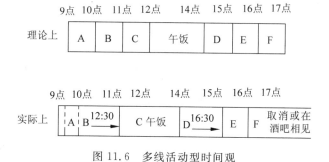

图 11.6　多线活动型时间观

在那些居住着单线活动型人们的国家，时间是人们出于便利、计量、处置的需要，而以抽象方式加以分割的钟表和日历。在阿拉伯和拉丁国家等多线活动型文化中，时间则是与事或人相关的，可以加以处理、塑造、延伸或分配的主观的商品，不必考虑钟表显示是几点了。美国人说，"我得赶紧了"，"我的时间到了"。西班牙人或阿拉伯人则对这种按日程表办事的态度嗤之以鼻。

（3）环型时间观

一些东方的文化认为，人类能够适应时间。在这些文化中，时间既是线性的，也不与人或事相关，而是一种循环。每天太阳升起又落下，季节循环往复，天体围绕着我们旋转，每个人都从年青到衰老到死亡，子子孙孙永远如此。我们知道这种循环已经历了一万年或更长的时间。环型的时间不是一种稀缺商品，时间似乎源源不断，很容易获得。正如东方人所说，当上天创造时间的时候，它创造了大量的时间。

由于许多亚洲人持有环型时间观，所以他们做商业决定的方式与西方人不同。西方人常常期望亚洲人迅速做出决定，或根据其当时的实际情况谈生意，不必考虑过去发生的一切。但亚洲人不会这样做。过去是现在做出决断的环境背景。亚洲人在任何情况下都必须以长远的眼光来考虑问题，在许多方面，他们的手脚被束缚了。美国人认为花了时间又没有做出决定或有所行动无疑是"浪费"时间。亚洲人认为时间并非一去不回头，而是还会回来往复循环的，届时同样的机会、风险、危险将重新出现。

图 11.7 对比了西方人直线型的办事速度和亚洲人环型的办事方法。美国人喜欢所有工作都做完之后再回家。大多数亚洲人，他们不是按时间顺序立刻处理各个问题，而是

在处理问题前,用几天(几周等)的时间思考这些问题。在琢磨了一个时期后,问题 A、D 和 F 可能的确值得进行处理;问题 B、C 和 E 则可能被悄悄放弃了。然而,经过全盘思考,却发现先前根本没有注意到的任务 G 可能最为重要。

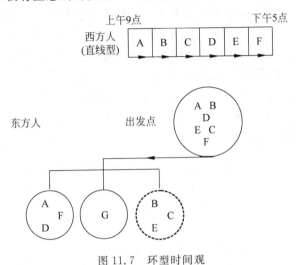

图 11.7　环型时间观

2．空间观的差异

不同群体空间开放程度不同,如美国人工作时开门表示愿意与外界沟通,而德国人工作时喜欢闭门享受安静的空间。空间占有欲不同,有的国家喜欢将所有的空间利益据为己有,而有的国家追求空间的合理规划和分工协作。对各自空间保留的需求不同。西方人喜欢保持距离,而东方人则倾向于近距离的身体接触。

3．道德观的差异

西方的伦理体系重视竞争,鼓励个人奋斗,倡导民众不断开拓进取,通常在取得成就后会充分肯定自己的能力、体现自信心和荣誉感。而东方文化鼓励民众遵规守纪,流行中庸主义,主张含蓄的表达和谦虚的态度。在经济全球化时代,过度的谦虚是不受国际主流文化欣赏的。在道德方面,东方人强调奉献和助人,而西方人注重独立平等和自我意识,鼓励个人能力,不允许他人侵犯自己的权利。在国际商务沟通中,我方人员应尽力培养和提高自身独立处理事情的能力,在别人没有主动提出时不轻易施助于人。

4．人际交流

商务礼仪虽不是沟通活动中最主要的差别,但其影响不可忽视。在寒暄方式上,中国人喜欢询问对方的姓名、职业等个人情况,而西方人忌讳陌生人问及个人私事,因此在见面的寒暄环节应注意方式和内容,以免礼貌的问候和善意的关心被外方误会为干涉私事。在致谢方式上,通常中国人对于赞美都会谦虚回敬,而西方人推崇自身价值的肯定,总是得意地致谢。在交流上,性格直爽的美国人总是直接简洁,而谨慎又重礼仪的日本人通常不明确说不,尽可能含蓄地推诿。在招待方式上,西方人主张自便、自取所需,而中方对待来客热情周到,有时过度的热情被西方人视为不文明。因此,了解不同的文化对商务沟通的影响有助于正确理解和应对不同国家和地区的习惯风俗,从而在商务沟通中事半功倍。

5. 思维方式的差异

东方文化以中国文化为典型特征。受"主客体统一"传统哲学思想的影响,中国人的思维往往强调以人为本,注重主体意识。表现在语言上,"汉语多用'人称'主语,句式多倾向于'主动'句式"(张思洁、张柏然,1996)。例如一则外贸函电中文报盘:"我们须申明,丝绒的需求殷切,而现货有限,该盘有效期仅限一周。"汉语使用第一人称和第二人称代词比较多,这反映出中国人的交际和关注对象更多集中在"我"和"你"之间。

西方思维模式起源于西方机械综合论宇宙观。(赵征军,2002)西方人注重客观事物和现象对人的作用和影响,反映在语言上,以英语为典型代表,英语"倾向于多用'非人称'主语,句式多倾向于'被动''主动'句式并重"(张思洁、张柏然,1996)。例如:The goods were promised to be delivered within a week, and we have been put to considerable inconvenience through the long delay.英语第三人称的使用频率比汉语要高,多用被动语态。用了被动语态,把信息的焦点集中在实际存在的问题之上,刻意隐去责任方,给对方一点面子。这是商务文化沟通的一种用语策略。给对方面子的目的是为了在解决实际问题时得到对方的支持与合作。

在国际商务文化中,无论是商务信函写作还是商务洽谈,人称和语态的选择一定要考虑对象国思维方式的差异并遵循礼貌原则。

6. 价值观念的差异

在跨文化商务交际过程中,由于价值观的不同往往发生冲突。文化具有鲜明的个性,不同的文化之间自然会产生差异,商务活动中影响跨文化交际的东西方价值观念差异包括群体依存和个体自主,这一价值观念的差异是最主要的差异。

例如,对称赞的反应是基于谈话者共同的文化价值。如果谈话者之间的文化价值不同或者一方的文化价值不能被另一方所接受,那么称赞就不会达到目的。西方人认为每个人都有自己的个性,这应该受到重视,而中国人更看重集体的利益。所以,中国人对称赞所作的反应通常是不突出自己,中国人视谦虚为传统美德,卑己尊人;而西方人往往接受别人对自己的称赞,把它当作对自己成就的一种承认。再如,在商业谈判中如果西方人说:Please stop in at any time, we can have a dinner sometime, I will call you.(欢迎你随时光临,什么时候我们一起吃顿饭,我再打电话给你。)千万不要以为是向你发出邀请,这只是一种结束谈话的信号,比直接说出结束语更为婉转、得体、效果更佳。西方人的真正邀请一般包括明确的内容、地点和时间。

总之,西方人的自我观具有相对独立性。西方人在交际中注重个人隐私和独立,强调个性。而中国人的自我观没有相对独立性,总是把自我放在适当的社会关系中才会有意义,才会变得完整,注重集体荣誉感,强调群体。

11.2.3　克服跨文化沟通中文化差异的对策

世界不同文化群体既有人类所共有的思维规律,也有在自己文化氛围中形成的具有各自特色的思维方式和价值观念。在跨文化商务交际中,很多人都认为对方也用与自己同样的方式思维,从而导致交际难以顺利进行。在经济全球化、文化多元化的时代,各个民族之间互相尊重、差异共存才是根本,是基础。林语堂指出:"确实,要想尝试去了解一个不同文化的异邦,特别是中国这样与其他国家差别如此之大的异邦,往往不是凡人所能胜任的。这种工作需宽广博爱的情怀。……他必须像感觉自己心脏的跳动一样去感觉事物,用心灵的视觉去观察事物。此外,他必须摆脱一切自己的潜意识思维的影响,一切从小养成的观念意识和成年时代的所得的深刻印象……只有秉此超脱与淳朴的心地,一个人才能真正理解一个异族的文化。"所以,在跨文化商务交际中,我们应尊重各国的历史文化、社会制度和发展模式,在求同存异中共同发展。

我们研究文化差异及其形成的障碍,就是为了在商务沟通中做到知己知彼,减少或避免不必要的摩擦,从而实现双赢的目标。对于从事国际商务活动的管理者和经营者来说,应立足以下六点来解决文化冲突。

1. 增强东西方文化差异意识

首先,应承认文化差异的客观存在。不同文化背景的管理人员的行为都受其文化的影响与支配,所以中外管理人员的不同观点与见解都属正常现象。其次,培养跨文化的理解力。在一个国家土生土长的人,到成年人基本上是以一种程序化的方式进行交流活动。他们知道应该怎样来做,但是他们通常不知道如何把自己的文化明了地解释给其他人,因为文化与人的关系就如同鱼和水的关系。鱼总是生活在水里,但是常常不在意它的存在。同样,文化是隐含的,大多数人并没有确切地意识到他们的民族是如何塑造他们的,很多迁入到一个不同文化中的人会有挫折感,其原因之一,就是当地的居民常常不会有效地向外来人解释他们所具有的独特的特点。所以我们要避免只站在自己文化的立场对别人的文化进行解释和评论,减少偏见和歧视。应该把自己置身于对方文化的立场,从对方异国文化的角度上思考问题。只有相互理解,相互学习,克服民族中心论,学会尊重彼此的文化,求同存异,增强文化差异意识与敏感性,运用有效的沟通手段,文化差异才不会构成管理的障碍。

2. 从文化冲突到彼此包容、适应

客观地说,近年来,世界经济一体化的深入和互联网的飞速发展,加强了不同文化间商务人员的文化敏感意识及相互对不同文化的容忍与理解,但仍有许多人因低估文化对商务沟通的作用而对此缺乏关注。商务活动从事者们必须意识到,文化差异是客观存在的,不能用一种标准来衡量文化的好坏。所以我们要避免只站在自己文化的立场对别人的文化进行解释和评论,减少偏见和歧视。应该把自己置身于对方文化的立场,认识到不同文化背景的谈判者在需求、动机、信念上的不同,从对方异国文化的角度上思考问题。如果对方来自受男权文化影响的阿拉伯世界,则接洽之前期间为营造气氛的闲谈中,都不宜涉及妇女问题,而且开门见山并不是收效很好的谈判开局策略。与注重礼仪的法国人、日本人、英国人谈判时,必须注重衣着与规矩从而显示己方的教养与风度;而在一些不太讲究衣着的国家,穿便装也可参与正式的商务谈判。在与德国代表沟通时,必须进行充分周详的准备,井井有条。要成功地与新加坡商家合作则需加深与对方谈判成员的私人交往,努力强化人际关系,可适时适量赠送礼物作为联系纽带,而且谈判之余和谈判结束都要经常保持联系。

3. 加强沟通与交流,建立相互尊重合作的原则

中外双方合作中的矛盾是无法避免的,出现分歧与争执是双方通向默契、对观点达成

共识的必经之路。在这种情况下，双方人员只能求同存异相互理解、经常沟通与交流，特别是对一些不同的观点与行为，双方应从文化差异与思维差异的角度作一些分析，这样才能消除误解、避免冲突、达成谅解、相互理解，最后才能建立适合本企业的思维观念、工作方式、交流方式的合作原则。跨国商务沟通中，不同的商务文化有时甚至会截然相反，有些代表坚持的原则和礼俗在我们看来可能是不可思议的。

千万不要妄加评论对方的文化准则，同样也不要让对方来评判自己的价值观，而且这样很容易引发尖锐矛盾。所以当不同文化在谈判场上碰撞时，要学会尊重对方，加强交流，哪怕在极其微小环节都不能掉以轻心。

4. 加强中外管理人员的跨文化培训

跨国文化培训在一些新组建的合资企业里已成为一项主要工作任务。通过培训可以时常向管理人员介绍企业文化的研究成果与动态，传授新知识；并且可以对新员工进行系统介绍，使他们及时适应新的环境，使企业尽快度过文化磨合期。

训练沟通语言与非语言，掌握不同的沟通风格。作为一名国际商务活动的从事者，为了有效地与来自不同文化的同事、雇员、客户进行沟通，必须熟练地掌握公司从事商务往来的那个国家的语言知识，而不能处处依赖翻译。语言技能促成更容易、更精确的沟通，拉近双方距离，这本身就是一种竞争优势。同时，商务活动从事者必须了解不同国家的语言表达方式的文化特征，这是进行有效的跨文化沟通的基本要求。另外，掌握多种沟通风格也很重要。在高情景文化和中等程度的不确定性回避的文化中，人们往往使用详尽性的沟通风格，用大量的时间进行交谈，详细解释各种细节。

5. 进行文化整合，创造企业新文化

文化整合是在不同文化基础之上通过寻求共同发展而创立的。通过文化整合，可以求同存异，融合差异冲突，丰富人类活动。通过整合不同文化之精华，可寻求更广泛的资源，产生多种效益与途径。文化整合是不同文化相互作用而创造整合效应，以获取共同目标。它基于理解与欣赏文化差异之上，把文化当作一种资源，一种财富，而不是视为一种障碍，以不同文化的观点和视角增加解决问题的独特的思路及方案。上海通用汽车有限公司是由美国通用汽车公司与上海汽车工业总公司于 1997 年共同合资组建而成的合资企业。合资之初中方总经理就找出了以共同价值为基础的 4S 合作理念，其核心内容是：学习理解(study)，以上海通用汽车利益为重(SGM)，规范行为(standardization)，灵活务实(spring)。这种以共同价值为基础的管理理念为中美员工的沟通和成功管理上海通用汽车公司创立了文化基础，因此 4S 合作理念就是中美文化整合的具体体现。上述事例证明，文化整合对合资企业成功经营起着举足轻重的作用。因此，只有创立以共同价值观念为核心的文化整合，才能创造 $1+1>2$ 的管理效应。

6. 洞察不同国家代表文化准则、社会习俗和禁忌

在与国外商务人员交往之前，一定要尽可能多地了解他们的习俗与禁忌，以避免不知道某些特殊讲究而使对方不快甚至于影响商务合作的进程与结果。例如，日本人特别忌讳数字 4，在谈判场合、送礼的数量、楼层、房号、座次的安排等方面，都要尽力回避。

综上所述，国际商务活动必须重视由文化差异带来的沟通障碍。由于文化在时间、空间、价值观和道德观、人际交流等方面都存在差异，商务沟通从事者应该树立文化差异意

识,增强对世界文化的了解,在相互尊重的基础上掌握多种沟通技巧,从而提高商务沟通的效用和竞争性。

11.3 跨文化沟通的技巧

案例

我国某冶金公司要向美国购买一套先进的组合炉,派一高级工程师与美商谈判,为了不负使命,这位高工作了充分的准备工作,他查找了大量有关冶炼组合炉的资料,花了很大的精力对国际市场上组合炉的行情及美国这家公司的历史和现状、经营情况等了解得一清二楚。谈判开始,美商一开口要价150万美元。中方工程师列举各国成交价格,使美商目瞪口呆,终于以80万美元达成协议。当谈判购买冶炼自动设备时,美商报价230万美元,经过讨价还价压到130万美元,中方仍然不同意,坚持出价100万美元。美商表示不愿继续谈下去了,把合同往中方工程师面前一扔,说:"我们已经作了这么大的让步,贵公司仍不能合作,看来你们没有诚意,这笔生意就算了,明天我们回国了。"中方工程师闻言轻轻一笑,把手一伸,做了一个优雅的请的动作。美商真的走了,冶金公司的其他人有些着急,甚至埋怨工程师不该抠得这么紧。工程师说:"放心吧,他们会回来的。同样的设备,去年他们卖给法国只有95万美元,国际市场上这种设备的价格100万美元是正常的。"果然不出所料,一个星期后美方又回来继续谈判了。工程师向美商点明了他们与法国的成交价格,美商又愣住了,没有想到眼前这位中国商人如此精明,于是不敢再报虚价,只得说:"现在物价上涨得厉害,比不了去年。"工程师说:"每年物价上涨指数没有超过6%。一年时间,你们算算,该涨多少?"美商被问得哑口无言,在事实面前,不得不让步,最终以101万美元达成了这笔交易。

案例来源:博弈谈判,信息为主.石油石化物资采购.2012(1):56.

到目前为止,我们已经讨论过随着市场全球化的深入、技术的进步等原因,掌握跨文化沟通越来越重要,也描述了文化的特点、文化的维度等。我们的目标是引导读者掌握跨文化沟通能力,从而为自己创造更多的机会。应对全球化浪潮的关键技能是跨文化无障碍沟通,许多跨国公司早已为此纷纷行动。这就对我们在跨文化环境下提高沟通能力提出了要求,所以我们有必要学习一些跨文化沟通的技巧。

11.3.1 跨文化沟通的常用技巧

1. 熟练掌握言语沟通的技巧

在商务沟通中,言语沟通是主要的交际手段,进行有效的跨文化沟通就要掌握好言语沟通的技巧。

(1)语言

在语言沟通中,要注意口语交流和书面沟通的不同层面的不同作用。语言是文化的一种直接的表现形式,不同文化、不同沟通层面对沟通形式的要求不同。在跨文化沟通中,语言交往的相同或相背,往往是由不同文化的共同性和特异性所致。在和对方进行语言沟通时,要经常停顿,给他人理解的时间,不要急于打破沉默,一开始如果不能肯定的话,要假定双方之间存在差异,在语言表达完之后,不要认定对方理解了,先假定对方不理解,再检查其理解程度。

（2）说话风格

说话风格是指我们说话的模式和我们赋予这种模式的含义:通过这种风格我们表现自己的兴趣、礼貌和得体。不同的说话方式之间没有好坏之分,但是人们会没有缘由地觉得其他说话方式不舒服。讲话很快的可能会对讲话很慢的上司无可奈何,讲话慢的人会觉得被讲话快的人排挤,有时直说的人("请把盐递给我")可能会对说话不直接的人("这道菜还需要点盐")感到恼火。故而在跨文化沟通中要揣摩讲话对象,有针对性地选择说话的风格方式。

（3）说话打折扣和夸张

与说话方式紧密相关的是说话打折扣和夸张。英国人向来有打折扣的名声。一个可以参加温布尔登网球公开赛的选手可能会说自己"不太会打网球"。而许多美国人则好夸张。一个美国商人在与德国人谈判时说:"我知道这件事是不可能的,但我们如何才能办到呢?"他们认为,有了足够的手段和努力,这项工作事实上是可以完成的。可见适当地对沟通中的言语打折扣或者夸张化是可以起到很好的沟通效果的。

（4）夸奖

不同的文化中,人们对于夸奖的理解和交往中正确回应夸奖的方式也有所不同。在日本,人们说"您一定累了吧"表示夸奖,因为这是在承认对方工作很努力,正确的回应方式是:"谢谢,不过没关系。"如果一个美国人做了非常精彩的口头陈述,受到别人的夸奖,他一般会说"谢谢"。适时地给予夸奖会使得沟通有意想不到的效果。

2.熟练掌握非言语沟通技巧

交际分为语言交际和非语言交际,在外语学习中人们往往比较注重语言交际,而忽视非言语交际。因此,人们对交际过程中出现非言语交际或非言语行为了解甚少,尤其对在跨文化商务交际中出现的非语言行为知之甚少。由于文化差异,一种礼貌的行为在其他文化中会被认为失礼,一种得体的暗示会被理解成冒犯或恶意的行为。由于身势语没有其通用的应用规则,在跨文化商务沟通中容易造成交际障碍和误解,往往会使沟通受阻、谈判失败、合作受挫。但我们可以通过分析身势语的特征,了解和掌握它的一般规律,帮助我们在跨文化商务沟通中正确理解和使用不同文化背景中的身势语。

（1）沉默

在沟通过程中,沟通人员的倾听习惯也发挥着重要作用。芬兰人和日本人认为,他们以自己文化的沉默对会议中的讨论做出了重要贡献。芬兰人和日本人十分赞成中国的格言"知者不言,言者不知"。在芬兰和日本,沉默并不等同于交流的失败,而是社会交往中一个必要的组成部分。在这两个国家,言外之意很重要,交谈中的平静和沉默被看作是宁静、友好而恰当的。沉默意味着你在倾听和学习;谈得太多了只能表示你的小聪明,或自我中心和自命不凡。沉默可保护你的个人主义和隐私,它也显示了对他人个人主义的尊重。在芬兰和日本,把自己的观点强加于人是不礼貌或不妥当的。更为妥当的做法是同意地点点头,静静地微笑,避免争论和意见不一致。

美国人边想边说的习惯,法国人的舞台式表演,意大利人在亲密谈话中的灵魂袒露和阿拉伯人的修辞术都是交流的策略,希望获得听者的信任,分享值得讨论和修改的想法。芬兰人和日本人是战战兢兢地听人讲话的,因为在他们的国家里,别人的陈述是一种要遵守的承诺,不能在后面的谈话中加以改变、扭曲或与之相抵触。

（2）微笑

在美国,微笑也因地而异。30 年前,雷·博德威斯塔尔(Ray Birdwhistell)发现:同是中产阶层,来自俄亥俄州、印第安纳州和伊利诺伊州的人比来自马萨诸塞州、新罕布什尔州和缅因州的人爱笑,后者又比纽约西部的人爱笑。来自南部城市以及边缘州——亚特兰大、路易斯威尔、曼菲斯和塔什维利的人最爱笑。有的学者甚至断言,东北部的美国人对那些很喜欢微笑的南方佬很难给予信任(比如前总统吉米·卡特)。到美国大学读书的外国学生可能对美国人朝陌生人微笑的做法感到大惑不解,直到后来他们终于明白了:这些微笑其实"毫无意义"。德国人只对朋友微笑。日本人不仅高兴愉快时微笑,当表达"这事与你无关"或帮自己摆脱尴尬、悲伤和气愤的心境时,他们也会微笑。

日本人很会控制自己的情绪。感情激动时,微笑或大笑是可以的,但不可以皱眉或大哭。在一些美国企业中,皱眉、发誓或大叫可以,但绝不可以大哭。然而,气愤和大哭可能表达的是同种感受:没有得到预计的结果而感到沮丧。

（3）肢体语言

多线活动型的法国人、地中海人、阿拉伯人、非洲人、中南美洲人喜欢使用极为丰富的姿势、手势和面部表情。反应型、直线活动型和以数据为中心型的文化,则不经常也不喜欢这些非语言,并经常误解这些表示。

芬兰人和日本人并非没有任何身体语言,首次访问芬兰和日本的人常认为芬兰人和日本人没有身体语言,他们对这种文化现象感到很吃惊。我认为并非如此,因为事实上芬兰人和日本人都使用能被本国人完全理解的身体语言。芬兰人和日本人必须是优秀的"身体语言观察员",因为在这两个国家人们很少用肢体语言。芬兰和日本的文化教育不鼓励人们做手势,不鼓励人们呈现夸张的面部表情,不鼓励把高兴、哀伤、爱、恨、希望、成功等感情不加掩饰地表现出来。在两个社会中因为人们接受的教导是要控制并掩饰自己的感情,所以他们使用肢体语言时较为抑制。这种身体语言非常微妙,以至于外国人很难观察到。芬兰人和日本人都能察觉到各自对方文化中的非言语信息,因为对方跟自己的行为有许多相似之处。由于芬兰人和日本人习惯于观察细微的非言语信号,所以意大利人、阿拉伯人和南美人表现出来的大量身体语言会令他们产生强烈的"文化冲击"。这就像一个习惯欣赏肖邦或莫扎特精美乐曲的人,突然进入了现代迪斯科音乐中。这种"文化冲击"带来的危险是当日本人在判断对方的反应时,由于对方反应太大、太多,他们会认为美国人和德国人在"斗牛"。在芬兰人眼中,法国人"聪明"过分,意大利人阴晴不定,丹麦人则有点华而不实。

虽然非言语行为在相似的文化中含糊不清,在不同的文化之间还会出现很多问题,但它确实传递了一些很重要的信息。只是在使用和理解它们时要格外小心。

11.3.2 跨文化沟通的特殊技巧

为了使沟通更有效率并掌握跨文化沟通的能力,专家 M. R. Hammer 提出有 3 个步骤或做法是非常有效率的。第 1 个做法是"记述",指运用具体明确的反馈信息。记述性反馈要比判断性反馈更有效。比如描述穆斯林妇女的着装时,用无偏见的语言比用那些诸如"没有女人味的"或"对女性的歧视和不公平待遇"这类评价的沟通效果更明显。翰墨提到的第 2 个做法是"非评价主义"。这种方法可以避免交流者进行沟通时持有防御心理,从而能维持友好合作关系。达到有效交流最重要的第 3 种做法是"赞同"。这种做法是用积极的表达方式表示赞成。如点头、眼神交流、面部表情和身体接近。

从现实角度来看,要想和其他文化的商人进行有效的交流沟通,最好是效仿他们的思维方式。如果他们避免强势的眼神交流,那就不要直视他们。如果你看到没有一个人把胳膊肘放在桌子上,千万不要第一个这么做。如果你还不确定某个手势的明确含义,最好还是做得越少越好。要注意使用"请""好的""谢谢"之类的词语会比依靠手势交流有更好的效果。通过学习非语言行为远不能完全掌握跨文化交流能力,但仅仅依靠敏感度、非评价主义和一颗宽容的心来改善彼此的交流沟通更加任重道远。

总之,跨文化沟通是个复杂的过程,要有科学的筹划和周密的操作。不同文化差异是巨大的,在日常国际交往中,这些差异很容易导致交往双方的误解,造成笑话和失败。花点时间学习沟通对象的文化、习惯、价值观、思维方式、心理特点等对于跨文化交往和沟通是大有裨益的。正视文化差异,保持积极的沟通心态,寻找机会亲身体验不同文化的冲击,必将实现有效的跨文化沟通。

本章案例 **跨文化沟通的情景分析**

下列是四个跨文化沟通的情景:

1. 阿兰是美国驻墨西哥的销售代表,他与别人约定见面时间后,总会准时赴约,但他拜访的人却常常迟到。为了节省时间,阿兰想直接谈生意,但客户却想聊聊阿兰的观光情况和他的家庭状况。更糟糕的是,他们的会面常常受到干扰,客户不断接听商务电话,而且还会和其他人谈很长时间,有时甚至会和客户的孩子交谈。阿兰的第一份报告十分不理想,他还没有任何销售业绩,也许墨西哥不是销售公司产品的好地方。

2. 为了帮助公司在日本树立影响,苏珊想雇用当地的一名企业家为她提供商业惯例方面的建议。卡纳的书面材料显示其资历非常出色,但是当苏珊试图了解其过去经验的时候,她只是说:"我会尽力的,我会非常努力。"她始终没有详细介绍自己先前担任的任何职位,苏珊开始怀疑,她的简历是否有夸大的成分。

3. 斯坦想和一家中国公司商谈建立合资企业的事情。他询问李同森,中国人的可支配收入是否够高,能否买得起他的产品。李先生沉默了一会儿,然后说:"你的产品很好,中国人一定很喜欢。"斯坦笑了,他很高兴李先生认同他的产品质量,并给了李先生一份合同让他签字。过了几个星期,斯坦还没有得到任何答复。他就想,中国人效率这么低,自己是不是还有必要在这里做生意?

4. 艾尔斯佩斯非常满意自己鼓励员工参与管理的工作风格。在印度的工作中,她从不对年龄大的人发号施令,而是征求他们的意见。但是大家很少提出任何建议,即使是正式的建议系统也不能发挥作用。更糟糕的是,她根本感受不到她在管理美国工厂时受到的尊重和同事间的友谊和忠诚。她很灰心地想到,也许印度人还没有准备好接受一位女老板。

思考题:

根据上述情景,分别找出一处或一处以上存在文化差异因而导致沟通不畅的地方。

案例来源:《跨文化沟通的情景分析》.百库文库.2011 年.

本 章 小 结

本章共分为三节。第一节主要介绍了掌握跨文化沟通技巧的意义,主要从三个方面做了简单概述,包括跨文化沟通、跨文化沟通的重要性以及掌握跨文化沟通技巧的意义。第二节主要介绍东、西方文化的差异,主要从时间观、空间观、道德观、人际交流、思维方式以及价值观念等几个方面介绍了东西方文化的主要差异。第三节就跨文化沟通的技巧具体做了介绍,主要有言语技巧、非言语技巧以及一些特殊技巧方面的内容。通过这三节的内容,本章对于跨文化沟通的全部内容做了概括,基本做到了详尽,便于在日后的学习中全面把握。

复习思考题:

1. 简述单线活动型时间观、多线活动型时间观和环型时间观。

2. 结合实际,分析做一个成功的跨文化沟通者需要从哪些方面努力。

3. 赫敦咨询管理有限公司的 Phoebe,虽然年轻,但已经是位有好几年经验的人力资源经理了。大学刚毕业那会儿,她进入一家外资银行,行长就是德国人。Phoebe 有幸在 90 年代初就领略到德国人"古板""严谨"的工作作风。她回忆,那个时候,所有人对德国行长都怕得不得了,连香港员工也不例外。不到万不得已,谁都不会主动和行长说话,对他都是敬而远之。老板脸一沉,办公室一片死寂;老板心情好,大家统一微笑;老板的脸就是办公室的晴雨表。对于老板的命令,员工只有服从的份,更别说商量了。Phoebe 清楚地记得,她刚到银行不久,行长的秘书休产假去了。她在毫无准备的情况下,被指派暂时接替行长秘书的工作。一次,行长让她找出 Mercedes-Benz 和 DaimlerChrysler-Benz 两个文件,他开会要用。Phoebe 听了半天,还是不知道这 Mercedes-Benz 和 DaimlerChrysler-Benz 到底是什么东西,也不知老板要的文件是关于什么的。行长没有考虑到她是顶替的,对文件不熟悉,没有任何解释和提示。Phoebe 也根本不敢问,毫无头绪地对着一大堆文件,不知从何下手。第二天,不见文件的老板给她下了最后通牒,明天早会前必须把文件放在他桌上。德国行长压根不关心为什么 Phoebe 没能找到文件,而她更不敢解释。Phoebe 一度曾想请假,不去上班,避免见到德国行长。可是躲得过初一,躲不过十五,只好硬着头皮上。终于,找到了 Mercedes-Benz 和 DaimlerChrysler-Benz 这两个文件,才发现原来就是奔驰车呀!

思考: 两个小小的文件,就给 Phoebe 带来了这么大的麻烦,原因何在?

4. 飞利浦照明公司某区人力资源副总裁(美国人)与一位被认为具有发展潜力的中国员工交谈。想听听这位员工对自己今后五年的职业发展规划以及期望达到的位置。中国员工并没有正面回答问题,而是开始谈论起公司未来的发展方向、公司的晋升体系,以及目前他本人在组织中的位置等,讲了半天也没有正面回答副总裁的问题。副总有些大惑不解,没等他说完就有些不耐烦了,因为同样的事情之前已经发生了好几次。"我不过是想知道这位员工对于自己未来五年发展的打算,想要在飞利浦做到什么样的职位罢了,可为何就不能得到明确的回答呢?"谈话结束后,副总忍不住向人力资源总监甲抱怨道。"这位老外总裁怎么这样咄咄逼人?"谈话中受到压力的员工也向甲诉苦。作为人力资源总监,甲明白双方之间不同的沟通方式引起了隔阂,虽然他极力向双方解释,但要完全消除已经产生的问题并不容易。

思考:试指出本例中出现的这种尴尬处境的原因。

5. 美国石油公司经理的自述:"我会见石油输出国组织的一位阿拉伯代表,商谈协议书上的细节问题,谈话时,他逐渐向我靠拢过来,直到离我只有 15cm 才停下来。当时,我对中东地区风俗习惯不太熟,我往后退了退。这时,只见他迟疑了一下,皱了皱眉头,随即又向我靠近过来。我不安地又退了一步。突然,我发现我的助手正焦急地盯着我,并摇头向我示意,我终于明白了他的意思,我站住不动了。在一个我觉得最为别扭、最不舒服的位置上谈妥了这笔交易。"

思考:

(1)阿拉伯代表为什么对美国代表的后退皱起了眉头?美国代表的助手在向他示意什么?

(2)该项谈判最终成功的关键是什么?在关于国际商务沟通文化差异方面,本案例给了我们哪些启示?

附　录

商务沟通游戏精选

游戏一：副厂长的人选（用于第3章）

1. 游戏程序

步骤1：三人参加角色扮演，每人阅读各自的角色材料（只看自己的那部分材料），大约5分钟。

甲扮演张厂长，乙扮演王总经理，丙扮演观察者。

张厂长与王总经理进入角色，进行面谈，观察者开始观察，大约10分钟。

观察者谈自己的所见所闻，大约3分钟。

步骤2：其他参加人交流各自体会，并回答以下问题：

1. 作为倾听者，张厂长和王总经理分别从对方了解到什么新信息？在他们的倾听过程中是否出现过什么障碍？

2. 作为倾听者，张厂长和王总经理应该怎样运用反馈技巧使倾听更为有效？

3. 通过练习，你是否已经体会到在人际沟通倾听技能是十分重要的？

2. 张厂长的背景材料

现在，你就是张厂长。

你今年40岁，是永光无线电子厂厂长。该厂是永光电子有限公司下属的一个分厂。由于厂部业务的拓展，需要增设一名分管采购和销售的副厂长。关于此职位的人选，你心里早已有个候选人，此人就是现任采购科长的小李。小李今年38岁，身体健康，熟悉业务，沟通能力强，而且人品不错。

然而，对这样一个人，公司王总经理却持不同意见，王总刚才打电话来，要你去总经理办公室谈关于副厂长人选的事情。

你认为，目前在厂里除了小李外，没有更合适的人选，可是王总的口气似乎他另有一个候选人。"不管怎样，"你思考着，"这个候选人必须年富力强、有开拓精神、熟悉业务，同时还要有一定的群众基础。"想到这里，你便快步向总经理办公室走去。

现在你将练习倾听技能了。

3. 王总背景材料

本来，你心里早有谱：让公司人事科科长老刘当副厂长。老刘这个人十分忠厚，从公司初创之日便跟随自己，在公司做了20多年的科长，让他当副厂长，资格是没有问题的。

不过前几天,永光无线电子厂张厂长推荐该厂采购科科长小李作候选人。小李你见过,年纪很轻,现年大概不过 35 岁吧。你认为年轻人办事有时过于草率,做副厂长尚嫌太嫩。然而,听张厂长的意思,这个副厂长的人选非此年轻人莫属! 这个张厂长,有时也很固执。就副厂长候选人之事,你今天找来张厂长想亲自与他谈一谈。

现在,你将运用倾听技巧进行角色操练了。

4. 观察者阅读

在角色扮演中,你应注意以下情形:

1. 作为倾听者,王总对张厂长的表述是否表现出兴趣?

2. 在倾听过程中,王总是否对张厂长的表述作出客观评价?

3. 在倾听过程中,王总是否表现出非语言的暗示?

4. 在倾听过程中,王总是否有能力引导张厂长的观点?

5. 通过倾听,王总是否意识到张厂长确实想物色一名德才兼备且年富力强的候选人?

6. 在倾听过程中,王总是否认识到他对小李的了解欠全面? 事实上,小李确实是一位不可多得的年轻人才。

7. 在倾听过程中,张厂长是否与王总发生争执? 王总是否运用倾听技巧设法让张厂长安静下来?

游戏二:私人飞机荒岛坠落后(用于第 2 章)

1. 游戏的背景资料

私人飞机坠落在荒岛上,只有 6 人存活。这时逃生工具只有一个只能容纳一人的橡皮气球吊篮,没有水和食物。

这 6 个人是:

孕妇——怀胎八月;

发明家——正在研究新能源(可再生、无污染)汽车;

医学家:多年研究艾滋病的治疗方案,已取得突破性进展;

宇航员:即将远征火星,寻找适合人类居住的新星球;

生态学家:负责热带雨林抢救工作组;

流浪汉:历经人生艰辛,生存能力较强。

2. 游戏程序

步骤 1:参加人通过抽签确定角色。

步骤 2:每个角色有 2 分钟陈述自己存活的理由。

步骤 3:在其他扮演者完成陈述后,每个角色有 1 分钟通过反驳他人来增强自己的说服力。

步骤 4:听众根据扮演者的表现进行投票,在投票时不要加入自己对角色的主观认识。

3. 游戏总结

1. 通过倾听他人理由可以完善自己,因此倾听是很必要的。

2. 游戏者成功的关键在于体会角色的处境和心情,如果真的觉得自己的生命和游戏相联系,则在劝说时会很认真。

3. 这是一个帮助自己提高说服力的游戏,也可以锻炼心理承受能力。

游戏三:提问技巧训练——猜名人游戏(用于第 6 章)

1. 游戏程序

步骤 1:把学员分成 3 个小组,每组选一位代表面向成员就座。

步骤 2:教师给每个代表一个名人称号,除了代表本人以外学员均知道他(她)代表的名人。

步骤 3:现在开始猜,从 1 号开始,必须问封闭式问题,如"我是……吗?"如果成员回答是,则他可以继续问第二个问题,否则失去机会,2 号发问;依此类推。

步骤 4:先猜出者为胜。

2. 相关讨论

(1) 你认为哪位"名人"的提问最有逻辑性?最容易实现目的?

(2) 在你的沟通之中,你应该怎样改进提问的方法?

3. 游戏总结

(1) 对于销售人员或者一线服务人员来说,彬彬有礼地与顾客沟通,有逻辑地抓住客户的问题所在,提出合理解决方案,是其解决问题的标准模式。如何让大家在这一过程中游刃有余,需要平时积累和训练,本游戏提供了这样的机会。

(2) 在与人沟通的时候,一定要抓住谈话的主动权,不要让别人的意思左右你,而是让别人顺着你的意思往下说。就好比这个游戏一样,刚开始绝对是回答问题的人占有主动权,但经过合理的组织和运营之后,提问者是绝对可以逐渐占有主动权的。

游戏四:是下巴还是面颊(用于第 4 章)

1. 游戏程序

步骤 1:教师一边示范,一边请学员站起来,伸出右臂,与地面保持水平。教师说:"现在,请用你们的大拇指和食指围成一个圈。"(教师在说的时候,示范该动作)然后继续说:"请将上臂举起,弯成直角。"(继续示范该动作)

步骤 2:看看学员是否都做正确,然后继续说:"好,请用掌心托住你的下巴。"注意,当教师说"托住下巴"时,教师用掌心贴住面颊。

步骤 3:教师四处看看,但什么也不要说。5~10 秒后,学员中有些人会意识到错误并转而用掌心托住下巴。再过几秒,学员会大笑起来。这时教师可以强调:"一位培训师的行为往往比他的言语更为有效。"

提示:如果时间允许,教师可以改变一些动作,看看学员们这次是否反应过来,根据培训师的提示来做动作。

2．相关讨论

（1）有多少学员跟着培训师的动作做了呢？为什么？

（2）有时候，行为上发生的问题会导致沟通的失误，通过这个游戏，启发我们认识到阻碍有效沟通的困难有哪些？

（3）讨论如何更好地运用行为动作来进行沟通。

（4）在工作中，你是否遇到过类似情况？如何更好地处理这些问题呢？

3．**游戏总结**

（1）很多沟通问题就是由于理解不够准确而造成的。在与他人交往时，有时会出现一些言行不一的现象。这种疏忽就有可能导致别人一些理解上的错误，造成不必要的误会。我们要在平时多加注意，出现问题及时改正与解释，当然我们还应该学习一些可以有效化解这种错误的方法。

（2）从游戏中可以体会到，人们评价你的标准通常是你的行为。事实胜于雄辩，要时刻关注自己的行为，努力做到言行一致。

（3）在日常生活中，非语言沟通会起到很重要的作用。在语言沟通的同时配合适当的非语言沟通，可增强沟通的有效性，我们应多学习一些非语言沟通的技巧。

参考文献

1. 苏勇,罗殿军.管理沟通[M].上海:复旦大学出版社,2005.

2. 魏江,严进.管理沟通——成功管理的基石[M].北京:机械工业出版社,2006.

3. 胡巍.管理沟通:案例101[M].济南:山东人民出版社,2005.

4. [英]Nicky Stanton.商务交流[M].王秀村,等译.北京:高等教育出版社,1998.

5. 金咏韩,金咏安.开会就要学三星[M].北京:新华出版社,2005.

6. 梁丽芬.商务沟通[M].北京:中国建材工业出版社,2003.

7. [美]Richard Luecke.商务沟通[M].李雪,等译.北京:机械工业出版社,2005.

8. 《全球一流商学院EMBA课程精华丛书》编委会.商务人员的沟通[M].北京:北京工业大学出版社,2003.

9. [美]Mary Munter,Lynn Russell.商务演示指南[M].沙丽玎,姜晓春,译.北京:清华大学出版社,2003.

10. [美]基蒂O.洛克.商务与管理沟通[M].康青,等译.6版.北京:机械工业出版社,2005.

11. [英]理查德·D.刘易斯.文化的冲突与共融[M].关世杰,译.2版.北京:新华出版社,2002.

12. [美]基蒂·O.洛克,斯蒂芬·乔·卡奇马莱克.商务沟通教程[M].兰天,王国红,译.北京:人民邮电出版社,2004.

13. 宋莉萍.礼仪与沟通教程[M].上海:上海财经大学出版社,2006.

14. 康青.管理沟通[M].北京:中国人民大学出版社,2006.

15. 金正昆.商务礼仪[M].北京:北京大学出版社,2005.

16. 一分钟情景销售技巧研究中心.电话沟通:一分钟情景销售技巧:电话销售[M].北京:中华工商联合出版社,2005.

17. 赵云龙.电话营销学[M].北京:中国经济出版社,2003.

18. 詹一虹,李炎芳.研究生大学生就业指导与范例[M].武汉:华中师范大学出版社,2003.

19. 李仁山.大学生就业指导与范例[M].北京:首都经济贸易大学出版社,2004.

20. 《大学生就业指导新编》编写组.大学生就业指导新编[M].北京:北京大学出版社,2004.

21. 宝利嘉顾问.好工作都到哪儿去了[M].北京:中国社会科学出版社,2004.

22. 王燕希.实用商务英语写作大全[M].北京:对外经济贸易大学出版社,2003.

23. 沈宽.职场点津[M].上海:上海科学技术文献出版社,2003.

24. 陈核来.大学毕业生就业指南[M].长沙:国防科技大学出版社,2003.

25. 北京高校毕业生就业指导中心.大学生就业指导理论与实践[M].北京:中国财政经济出版社,2004.

26. 胡文仲.文化与交际[M].北京:外语教学与研究出版社,1999.

27. 石定乐,彭春萍.商务跨文化交际[M].武汉:武汉大学出版社,2004.

28. [美]玛丽·埃伦·伽菲.商务沟通过程与结果[M].兰天,译.大连:东北财经大学出版社,2009.

29. [美]凯瑟琳·伦茨,玛丽·弗拉特利,葆拉·兰茨.商务沟通[M].朱春玲,檀文茹,译.12版.北京:中国人民大学出版社,2012.

30. [美]琳达·比默,艾里斯·瓦尔纳.跨文化沟通[M].孙劲悦,译.4版.大连:东北财经大学出版社,2011.

教师服务

感谢您选用清华大学出版社的教材！为了更好地服务教学，我们为授课教师提供本书的教学辅助资源，以及本学科重点教材信息。请您扫码获取。

≫ 教辅获取

本书教辅资源，授课教师扫码获取

≫ 样书赠送

企业管理类重点教材，教师扫码获取样书

 清华大学出版社

E-mail: tupfuwu@163.com
电话：010-83470332 / 83470142
地址：北京市海淀区双清路学研大厦 B 座 509

网址：http://www.tup.com.cn/
传真：8610-83470107
邮编：100084